新訳

最前線のリーダーシップ

何が生死を分けるのか

LEADERSHIP ON THE LINE
WITH A NEW PREFACE
STAYING ALIVE THROUGH THE DANGERS OF CHANGE

RONALD A. HEIFETZ
ロナルド・A・ハイフェッツ
MARTY LINSKY
マーティ・リンスキー
野津智子 訳

英治出版

LEADERSHIP ON THE LINE

WITH A NEW PREFACE

Staying Alive Through the Dangers of Change

by

Ronald Heifetz and Marty Linsky

Published by arrangement with Harvard Business Review Press
through Tuttle-Mori Agency, Inc., Tokyo

［新訳］最前線のリーダーシップ†目次

PART 1　リーダーシップに伴うリスクとは

PART 3　己を知り、心をひらく

編集部注

・本書は二〇〇七年に刊行された『最前線のリーダーシップ』（ファーストプレス刊）の原書に新序文が加えられた「*Leadership on the Line, With a New Preface*」の全訳である。

・登場人物の肩書きは原書執筆当時のもの。

・理解を深める一助として、原書にはない改行、太字の処理を施した。

・未邦訳の書籍は、仮題のあとの括弧に原題を記載した。

［新訳］

最前線のリーダーシップ

何が生死を分けるのか

新版に寄せて

適応力がなければ、生き残り、繁栄することはできない。これは、地球に生命が誕生して以来、どの種にも共通している。

言うまでもなく、難題にうまく対処し、不確実性や変化を乗り越えて繁栄を手にしようとする人間のシステムも、例外ではない。システムの形が、世界規模のネットワーク、国家、民族、市町村、企業、家族、あるいは個人など、どのような形であろうと、である。

そのため、所属する共同体《コミュニティ》（規模は問わない）が確実に前進し続けるために、スキルや能力やコンピテンシー（継続的に実績を上げる力）といったものを、何か一つ、伸ばす必要があるなら、適応力を選ぼう。また、形がどうであれシステムに適用される原則は、個人の場合にも当てはまる。

今や、かつてないほどに

本書の執筆にあたっては、次の三点を念頭に置いた。

❶適応力があって初めて、建設的に変化し、存続が可能になることを示す。

❷リスク軽減のためのツールと枠組みを提供する。どうすれば他者を導き、変化という危機を切り抜けて前進し続けられるかを理解してもらうためである。

❸日頃からチャンスを捉え、身近なところでリーダーシップを発揮するよう、人々の意欲を高める。

適応することはいつどんなときも必須だが、その重要性が今日ほど強調される時代はない。世界が直面するさまざまな難題に、今や誰もが対応する術を知らなければならないのだ――未承認の国家が主導するテロリズムや、戦争や、難民。嵐の猛威や、海岸沿いの都市を襲う洪水、干ばつ、気候変動がもたらす影響。新種のウイルスによる伝染病の急拡大《パンデミック》の危険性。家庭や経済の許容量を超えた人口増加。インターネットやソーシャル・メディアによってもたらされた、コミュニケーションのあり方や、戦争の仕方や、駆け引きの方法の変化、といった難題に。また、二〇〇八年に始まった、サブプライム住宅ローン問題に端を発する大不況は、全世界の株式市場において株価を急落させただけでなく、回復のばらつきが所得格差をいっそう拡大してしまった。

政治面では、アメリカ合衆国は初めてアフリカ系アメリカ人を大統領に選出したが、二極化の動きが右派にも左派にも現れ、選挙プロセスにしばしば大きな影響を及ぼすようになった。アジア、オーストラリア、ヨーロッパ、南アメリカの民主主義国家およびアメリカ合衆国の選挙において、勝利あるいはそれに近いものを手にするようになったのは、権威主義のきらいがあり、わかりやすいメッセージを伝え、秩序の回復と未来の姿と平穏な日々をアピールする政治家だ。トランプ大統領も、二〇一六年の選挙運動で、「アメリカをもう一度、偉大にする」という主張を繰り返した。そのキーワードは「もう一度」だ。それは、回復への欲求、国をかつての姿にしたいと望む気持ち——誰もがそう願うわけではないが——である。だがその気持ちは、新たに生じた、見慣れない、しばしば脅威を感じる現実に適応するなど、難しいし、苦しくてイヤだ、と抵抗することにほかならない。

絶え間なく続く複雑で抜本的な変化は、誰にとっても挑戦だ。それは、個人にとっても集団にとっても、新しい、まれに見るチャンスである一方、必ず何かを失うことになる。誰かが取り残されたり、古くからの価値観に疑問が生じたり、大切な規範や慣習が行われなくなったり、全く突然に、雇用保障や慣れ親しんだ安心感が消えたり、予測がつかなくなったり、といったことが起きるのだ。

こうしたさまざまな不安定さによって、世界秩序における問題や、波に乗っている人と、波に乗れず溺れている気がしている人との経験の違いがもたらす課題が浮き彫りになった。

たとえば人口増加を考えてみよう。人口政策の重要性について世界規模でのコンセンサスが崩れたのは、ある意味もっともだと思われる理由のため、つまり、貧困やテロ、性的目的の人身売買、パンデミック、人々の大規模な移動、そして言うまでもないが気候変動に大いに関連があるためである。多くの国々において、家庭も教育制度も地域経済も子どもの数に圧倒されており、少年はともすればテロリストや犯罪者の道へ引きずり込まれ、少女は性犯罪者や人身売買業者の餌食にされてしまうことが少なくない。

また、気候変動がこれほど厄介な問題になっているのは、多くの消費者が、燃料と食肉について連綿と続いてきた仕事や消費の仕方を少しも変えようとしないからであり、とりわけデジタル時代においては、世界の圧倒的多数の貧困層の若者が豊かになりたいと強く願い、消費を増やそうとしているからでもある。最低限の暮らしや孤立した状態に、人々が幸せを見出すことは、もはやない。

パンデミックにしても、人々が密集して暮らすことが原因で起こるのだ。そして、こうした要因が絡み合って、西洋を含めたあらゆるコミュニティや社会の「包み込む環境」に緊張がもたらされ、国内においては干ばつや洪水が、国外に関するところでは人々の移動や伝染病やテロが起きるきっかけが生み出されている。たとえばシリアでは、農村の急激な成長と二〇一一年より前の長期にわたる干ばつとが相まって、おびただしい数の農民が都市部へ流れ込み、内戦や、残忍な抑圧、逆行的なイスラム勢力の台頭、テロ、人々の大規模な移動が起きる十分な土壌が生まれた。

リーダーシップに関して言えば、こうした状況からは、断固たる姿勢と、保護貿易主義と、秩序の回復への強烈な欲求が、驚くほど生まれやすい。歴史を振り返れば、専制政治はたいてい危機的状況から生じている。それと同様に、現代のような状況からは、確信と答えを求める政治的市場がつくり出されるのだ。困窮した市民は迎合し、政治家は市民の機嫌をとる。政治家は、選挙に勝つために大げさな約束をし、実行できないために不信を買う。数十年にわたり、適応を要する課題が次々生じる中にあって、人々は当然、こう思うようになる。お偉いさんたちにはがっかりだ。ちっとも期待に応えてくれない。われわれの苦しみをわかってくれない。自分が話すばかりで、われわれの話に耳を傾けてくれない……。裏切られたと感じると同時にしだいに不安を募らせ、多くの人が憤然として、より小さな帰属集団に引きこもる。多様な集団が結束することによるひずみが、世界各地で顕著に現れる。

この悪循環を、私たちは断たなければならない。市民は自分たちの要求の複雑さと結果にきちんと向き合うべきだが、政治家もリーダーとして、もっと誠実かつ巧みに市民を巻き込んでプロセスを引っぱっていく必要がある。有権者に難しい選択を迫らない問題しか熱心に取り組まない、などという姿勢では駄目なのだ。抜本的な変革は、大がかりというより率直であり、経験するというよりだんだん起こるもの、個人のゆるぎない価値観と、人間社会における共通の方向性を示す価値観から生まれるものだ。私たちは信じている――リーダーシップを発揮し、生き残ることは可能である。再選を果たし、かつ、反復と適応を特徴とする再生プロセスにおいて、人々に変革の一翼を担ってもらうことは可能である、と。

私たちは、混乱と不安をひどくあおられる経験を、今まさにしている。しかし、意義深く、劇的で抜本的な変革は、具体的にどことは知れないところから始まり、経験するというよりしだいに起こり、そして、価値観――人間一人ひとりの価値観と、人間社会の共通の価値観――の中に深く組み込まれているのである。

リーダーシップの落とし穴――変容（トランスフォーメーション）のジレンマ

私たちや仲間がリーダーシップの実践について一連の考え方を打ち出したのは、三五年前だった。当初、ロナルドはライリー・シンダーと協働し、次いで画期的な著書『リーダーシップとは何か！』（産能大学出版部）を出版した。さらにロナルドとマーティは共著として本書を世に出したが、そのいずれにおいても、リーダーシップが持つ上昇志向の性質を的確に表すためにしばしば使ったのは、「変容的（トランスフォーメーショナル）」という言葉だった。

だが、リーダーシップの枠組みとして、この言葉を選択することには問題がある。第一に、「自分」を押し出した尊大さが助長される――「私のトランスフォーメーショナルなビジョンを売り込んでやろう」。そんな態度のリーダーシップはいともたやすく、「私と私のビジョン」を中心に据え、チームとして取り組むべきことを脇に追いやってしまうのだ。そのような変容マインドセットの持ち主は、診断的な集中と探究のプロセス――まず、真摯に耳を傾けて、それぞれの価値観や能力や状況の違いを理解し、その後、前進するための方法を考えるという、きわめて重要なステップ――から始めたりしない。共通の目的を積極的に探索することも、めったにない。自称「トランスフォーメーショナル・リーダー」はまず間違いなく、解決策を探すことから始めて、次いで、リーダーシップとは、相手を納得させて、やる気を引き出せるかどうかの問題だと考えるのである。

第二に、変容マインドセットを持つ人は、歴史に無関心になりがちだ。改革に関する考え、おそらくは「ベスト・プラクティス」を掲げて行動を起こすものの、それが根を張る土壌にほとんど敬意を払わないのである。理論上は素晴らしい考えだったとしても、その考えの導入によって、必要以上に人々を追い払ってしまい――つまり戸惑わせ、価値を低めてしまい――、最終的に、意図はよかったのだが、文化的免疫反応が起こり、独創的なその考えがしばしば拒否されたり歪められたりしてしまう。そのようなアレルギー反応は、エジプト革命、イエメン騒乱、アラブの春のように即座に起こることもある。中国革命のように四〇年、あるいはロシア革命のように六〇年かかる場合もある。

第三に、変容と言うほどの変化ばかりを強調しすぎると、熱心でチャレンジ精神旺盛な人たちに、組織全体の大がかりな改革を進めてほしいと促すと同時に、リーダーとして果たすべき、段階的に増える日常の仕事ややりとりについては、減らしたり軽んじたりしても問題ないと伝えることになってしまう。今日の世界では、あらゆるレベルで適応が必要とされている――家庭での子どもの育て方にしろ、隣人や消費者や市民の交流の仕方にしろ、国境を越え、国家間で活動する方法にしろ。二一世紀の難題に必要なのは、ただ一人の救世主ではない。活動の場がどこであれ、身近にある難題を解決するために人々の創造性を結集するようなリーダーシップが、あちこちで生まれることなのである。[1]

持続可能な変革には適応力がある

現代には根本的で広範囲な変革が必要だ、と私たちは考えている。今日の難題に対応する人々の可能性を根底から変え、新しい方法で成功する、そんな変革である。

私たちはまた、持続可能で抜本的な変革は、革命的というより段階的に起きるものであり、文化的DNAを、捨てるより大切に使い続ける場合のほうがはるかに多いとも考えている。

たとえば、グーグルの検索エンジンは、すでに進化していた経済的・技術的インフラ、すなわち、アメリカ経済システムおよびオンライン製品の成長市場（テクノロジー産業の密接なネットワーク、シリコンバレーのエコシステム、多くの既存の工学的解決策）に依存し、それらを大切に使った。グーグルのテクノロジーによって、私たち人間の可能性は根底から、しかも持続的に変わった。なぜなら、その意義深い変化が、すでに確立されていた技術的・経済的・文化的な能力や制度や価値観に根ざし、そこから生み出されたからである。グーグルのビジネスモデルは、広告収入と新たなデータ収集技術に基づいており、オンライン市場を根底から変えたが、その大部分において、広告およびマーケティング業界で長い年月をかけて進化した、重要な知恵と貴重な能力が活かされていたのだ。歴史から例をとるなら、アメリカ革命ではイギリスの文化的DNAの大部分、すなわち言語、芸術、科学、政治理論、新しい自由市場システムが大切に使われていた。民族性ではなく価値観に基づいて築かれた国家は、多様性を受け容れる構造を持ち、変革を起こす力だけでなく、適応力も備えていた。建国者たちは、変化を起こしたというより、すでにあるものを大切に使い続けたのである。

抜本的な変革を持続するには、それ自体の文化に根ざしていることはもちろん、変化する環境をうまく整えなければならない。内的現実と外的現実の両方が、環境に適応できなければならないのだ。そのため、リーダーはまず、人々の声に耳を傾けて学ぶことが肝要だ。すなわち、人々の現状を知り、彼らがすでに知り、大切にし、実際にしていることのうち最良のものが何かを見きわめなければならない。次いで、それを土台にして一歩ずつ進めていく必要がある。変革についての考えだけを念頭に置いたリーダーシップは危険だ。人々の価値観、技能、経歴はもちろん、環境の変化にもしっかり配慮して、かつてない難題への対応力を高め、新たな機会を活用しなければならないのだ。

システムの適応――コロンビアの例

政府のトップが号令する一大改革でさえ、段階的に増える業務ややりとりを、一日一日、無数に積み重ねて進められる。ロナルドは過去数十年にわたり、世界各国の大統領や首相に、知識と助言を提供してきた。誰もが、それぞれの社会で意義深い改革を実行したいと切望した。そして、誰もが（案件によって）成功もすれば失敗もしたが、その差を生む原因の一つは、重大な社会改革を推し進め、人々に然るべき心の準備をしてもらううえで必要となる事柄について、段階的で適応性のある考え方ができるかどうかだった。

コロンビアのフアン・マヌエル・サントス大統領は、まだ就任前の二〇一〇年八月に、コロンビア革命軍との和平合意へ向けて、大きな、しかし段階的な歩みを開始した。国防大臣を務めていたため、内戦については詳細を把握している。彼はまず、和平交渉へ向けてエコシステム、すなわち「包み込む環境」をつくった。元ベネズエラ大使を外務大臣に任命し、コロンビアのゲリラをかくまっていたベネズエラのウーゴ・チャベス大統領と仕事上の関係を構築したのだ。次いでチャベスを説得し、ゲリラ勢力に圧力を加えるよう方針転換させた。そうすることで武力衝突を終結させ、交渉のテーブルへ進むことを狙ったのである。

サントスは、ゲリラ支援国家として名を馳せるキューバにもうまく働きかけた。結果として、ラウル・カストロも方針転換し、和平交渉に臨むようコロンビア革命軍に圧力をかけ、そのうえ、交渉の仲介役を引き受けた。サントスはさらに、イスラエル・パレスチナ間の和平交渉とオスロ合意を仲介したノルウェーも巻き込み、キューバとともに中立的な立場で仲介役を担ってもらった。いずれも、大きな動きであると同時に、段階的に進む動きでもあった。

実際の交渉には、五年以上の年月を要した。サントス大統領は、交渉に向けて一流の人材をそろえていたが、選択肢を増やし、プロセスの主導権を握り続けるべく、革命軍と意思疎通を図るためのパイプを複数つくった。また、来る日も来る日も、交渉チームの仕事、仲間の政治家からの難題および反対意見、一般市民との難しい調整に心を砕いた。というのも、そのどれもが、交渉のテーブルに積み上げられた、国全体を巻き込む難題に立ち向かうことを迫られていたからだ。山積する問題は重大で難しく、武器を押収する手順のように限定的なものもあれば、五〇年前に最初のゲリラ戦を引き起こした不平等に対する政策のように広範なものもあった。ただ、どれもが、詳細で具体的な分析と創造力を必要としていた。交渉の担当者から一般の市民まで、あらゆる人の心が大きく変わることを必要としていた。サントス大統領が二〇一四年に再選され、二〇一六年に和平合意を締結したことは、重大な社会変革の促進という、きめ細かく、日々さまざまなやりとりを繰り返しながら進められる、予断を許さぬ仕事が完遂されたことを証明している。

むろん、結論はまだ出ていない。二〇一六年一〇月、和平合意は国民投票で否決されたが、サントスは素早く適応し、合意案を修正し、すぐさま議会の承認を得た。任期の最後の年にこうした成果を確実に手にするために、サントスは国民感情の修復に注力した。大統領になって以来、地方の関連するコミュニティに関わって信頼関係を築く時間が、ほぼなかったのだ。交渉プロセスに関わった人は誰もが、長年にわたり大変な努力を重ねる中で、大きな気持ちの変化を経験した。どの段階においても、大統領が彼らに対し十分に心を砕いた結果である。だが、配慮が足りているとは言えない人たちがいた。和解の衝撃に耐えなければならない人たち――誘拐されたり殺されたりした人の家族――や、体制が変われば政治的、経済的、あるいは文化的な地位がおびやかされる人たちである。

持続可能な平和は、協定を一つ結んで実現されるものではない。暮らしが適応性のある変化をして初めて、すなわち人々が、忘れえぬつらい過去と折り合いをつけ、新たな社会政策・経済政策を手に入れ、かつてない機能する政治的関係を築いて初めて、実現されるのである。平和は数十年かけて築かれていく――サントスや後継者をはじめ、権力の有無にかかわらず同国のあちこちにいるリーダーたちが、適応力のきわめて高いリーダーシップを発揮して初めて進むプロセスを、何度か繰り返しながら。

二〇一六年にサントスがノーベル平和賞を受賞したのは、勇気と粘り強さと政治的手腕をもって、そして段階的に考えるマインドセットと適応へ向けたアプローチをもって、非凡なことを成し遂げたからだった。彼は平和に道筋をつけ、それが持続する可能性を高めたのである。

個人レベルでの適応――人生の各段階

システム全体として適応へ向けて取り組むのは大変だが、それは個人にとっても同様である。

今までの人生で、公私のどちらかで、あるいは両方で、予期せず起こった楽しくない出来事に対処しなければならなかった経験が、誰しもあるだろう。愛する人が突然亡くなった。一生添い遂げるはずが離婚してしまった。選挙で負けた。仕事を失った。健康を損ねた。事業で失敗した。期待していた恋が不意に駄目になった。信頼していた友人に裏切られた……。

あなたにも、これらに類する経験があるはずだ。

こうした状況で適応する難しさは、サントス大統領とコロンビア国民が直面した難しさと全く変わらない。あなたは何を大切にして前へ進むのか。どんなことを記憶から消して、終わりにするのか。喪失感をどうやって乗り越えるのか。どんな新たな行動や価値観や信念を受け容れるのか。

これが、本書を世に出してからずっと、マーティにとって、とくに頭から離れないテーマになっている。ここ数年に関して言えば、とりわけ老いという不可避のプロセスに適応する難しさに、頭を悩ませている。医療の進歩、食生活指針の整備、健康的なライフスタイルの実践。これらは、かつての世代より長く健康に生きられる可能性が、すべての人にあることを意味している。そしてシンプルな選択肢が二つ、存在する。

❶かつての世代と同じ道を歩む。退職し、暖かい土地に移り住んで、ゴルフやトランプを楽しみ、本を読み、旅行し、子どもや孫とともに過ごし、ボランティア活動をして社会に還元する。

❷あるいは、今までしてきたことをこれからもする。そうせよというシステムの圧力は相当なものだ。なぜ最後までやり抜かないのか。ずっとしてきたこと、自分にふさわしいこと、得意なことをすればいいではないか。世間はその価値を認めて（報いても）くれるし、自分は有能で役立っていると実感できる。悪くない。現に、多くの仲間がそうしている。

しかしながら、人生のその時期を新たな一章と捉えられるかどうかが、ここでの「適応課題」になる。

決まりきった道筋を歩み、華やかに老後を迎えてそのまま輝くような人生の黄昏時を過ごすだけでなく、全く新しい旅の一ページ、新たに生み出す必要のあるもの、メアリー・キャサリン・ベイトソンが近著『その先の人生を考える』（未邦訳／*Composing a Further Life*）の中で「積極的な知恵」と呼んでいるものとして捉えられるかどうか、である。「積極的な知恵」について、ベイトソンは次のように説明している。「学んだと思うことを選び、それを、より多くのさまざまな人に活かしてもらうにはどうすればいいかを、あるいは、自分がかつて使ったのとは違う方法で活かすにはどうすればいいかを理解するという挑戦である」

その点を理解してなお、マーティは言う。これまでに学び、観察し、教わり、経験したことはどれも、人生のこの段階に対応する備えにはならなかった、と。肉体の衰えとともに（それに、ああ、記憶力も弱まり始める）、難しい選択を迫られ続けるようになる。衰えゆく肉体に屈服するか、戦うか、仲良く付き合うか、それとも回復を試みるのか。回復させることは、かつては好ましい選択だった。だが、今は必ずしもそうとはかぎらない。腰の手術を回避するために、走ること（彼という人間の核心的部分だ）をやめて、理学療法士のもとへ行き、毎日四〇分間の運動をするべきか。補聴器はどうする？　白内障手術を受けるのか。立て続けのフライトはもうやめにする？　睡眠時間が七時間に満たない日が連続するのはもう無理なのか。昼寝でもするか？　なんてことだ！

何をあきらめるか。何を手放さずにおくか。もとより、残されたあらゆる時間をどうすれば最大限に活用できるか。これは、心の痛みを伴う、優先順位の決定プロセスである。大方の人たちと違い、マーティにとって、行き着く結論は見えている。今からそのときまでに何を、いつ、どのようにするかは、むろん完全にはマーティの思いどおりにならない。しかし、一連の選択肢を毎日一つずつ形にすることによって、そして、決して手放してはいけないものとそれほど重要ではないものという観点から選択をすることによって、自分自身やものごとをコントロールできているという感覚を持ち続けることが、マーティの新たな、フルタイムに近い仕事になっている。

私たち自身の進化

私たちは教壇に立つ者として、またコンサルタントとして、本書で示した枠組みやツールに対する反応が、大不況が起こって以来、劇的に変わっていることに気がついた。

それ以前には、適応するという難題に取り組むことは、多くの人にとって、「できればしたほうがいいこと」であって、「必須」ではないように思われた。だが二〇〇九年以降、人々の見方に変化が起きた。適応できることは、今すぐ必要だが、多くの個人や組織にとって、困難で痛みを伴う課題だと考えられるようになったのである。

この認識から、ハーバード・ビジネス・レビュー・プレスの編集者たちは本書を再版しようと判断し、さらにこの序文が世に出ることになった。本文には大きな変更を加えないように、と強く要望された。「今のままで十分、真実を衝いているから」と。その一方で、私たちの新たな学びを反映し、さらに、読者が頭の片隅に入れて本書を読み進められるように、概念に変化のあったことについて、この序文で示してほしいと求められた。

その一つは、政治的思考および行動に関する概念だ（第4章）。読者や学生やクライアントからの要望を受けて、私たちはこの概念を、ごく基本的なレベルから広げて発展させている（その差異については、本書の続編となる『最難関のリーダーシップ』で述べている）。政治的行動には、協力者《パートナー》を持つ（同章のポイント）よりはるかに多くのことが含まれる。それは介入をカスタマイズすること、すなわち、イニシアティブを発揮するために、言動を調整して、個々の対象グループを巻き込むことだ。また、「職業的、個人的な役割を担う人はみな他者と考えを同じくしており、ゆえに、全員が他者を象徴すると言える」と知ることでもある。人は人を象徴する。そうした職業的、個人的な道理を尊重することは、協力を得るための選択肢を見つけるカギにもなる。政治的行動ではさらに、深い共感、つまり人々が自他に語るストーリーを、たとえばかばかしいと思うストーリーだったとしても、理解することが必要だ。すると、自分ではなく相手の立場に立ってその人と向き合えるようになる。このように行動するには、その人が象徴している人たち、つまりその人の「背後にいる人たち」にとって重要なものが何かを知り、動機や関心、価値観、基本方針が自分と全く異なる、あるいは正反対である人やグループとも、進んで協調関係を築くことが必要になる。

また、対立を調和へ導くこと（第5章）が、包み込む環境をつくるという、より包括的な考えの一部であることも、私たちはここ何年かの間に学んだ。対立を調和へ導くには、一種の器――人々をばらばらにし、不和をもたらしかねない力と対照的に、人々を団結させる絆――が欠かせない。それは縦および横に求められる絆、つまり権威に対する縦方向の信頼と、社会関係資本（ソーシャル・キャピタル）と呼ばれる横方向の信頼である。このような包み込む環境をつくる構造やプロセスに関して、私たちの同僚が注意深く詳細な分析を行って、政治学と社会学、交渉と外交の分野で素晴らしい成果を上げている。また、リーダーシップには、実際に問題に取り組むペースや順序を調整して分裂を阻止するだけでなく、包み込む環境を整えて、信頼と共通の利益による結びつきを強め、歩み寄りや革新と引き替えに何かを失うことがそうするだけの価値を持つようにする必要もある。料理に鍋が欠かせないのと同様、リーダーシップにおいても、いつ、どの要素を入れるかはもちろん、鍋を強固にすることと温度をコントロールすることが重要だ。多くの人の話によれば、コンフォート・ゾーンから出て熱を上げ下げする（とくに上げる）のは、自分ひとりならまだしも、容易ではないという。もっとも、人々に難題を解決してもらうためには、それが不可欠であることを、彼らは理解している。熱を上げるための方法はたくさんあるし、中にはチャレンジングなものもある。ただ、決定的な影響をもたらすのは、包み込む環境を強固にすることである。

同様に、優れた介入には（第6章）、戦術的のみならず戦略的に、するべき人に仕事を返すことが絡んでくる。介入によって適応課題を前進させるためには、試したり、問いかけたり、当事者本位の対応をしたりすることも不可欠になる。これは、卸売活動ではなく、小売業なのである。一方で、能力と文脈についても、戦略的に考える必要がある。前者は優先順位をつけ、工夫することであり、後者は、漸進的な変化において、介入する時期やペースや順序を見極めるということだ。

本書のしめくくりとして（7、8、9章）、「自分を知り、自分を戒める」ことが、生き残る礎となる点を述べる。リスクを考えれば当たり前だが、リーダーとして行動しようとしている人は、生き残るための助言に強い関心を持っている。だが、抵抗や批判や個人攻撃を受けて傷つく人は少なくない。そこで、自分の感情を冷静に認識し、戒めることができると、個人攻撃されたときには過度な自己防衛に走らず、個人的でない攻撃を受けたときにはいっそう多くの選択肢を手にして、余裕をもって対応できるようになる。役割と自己とを効果的に区別し、強烈な欲望を管理し、自分の中に「錨《いかり》」を下ろそう。そのために、仕事やプライベート、ときには先人によってすり込まれた、義理や道理に由来する、自分の中のいわば初期設定を知ろう。その後、そうした義理や道理を再検討して、初期設定にとらわれず、目の前の現実に対し、より独創的な対応ができるようになってほしい。

本書を仔細に読み直し、新たにこの序文を書き、推敲を加える作業は、私たち二人が自発的に行ったことであり、一五年前に初版が出版されて以降の私たちの経験と激変した世界とを反映する機会になった。適応への変革を導くという意義深い、しかし困難な仕事を進めるうえで、『最前線のリーダーシップ』こそ有用な指針であるという声を、今なお本当に多くの人から寄せてもらっていることに、身の引き締まる思いである。

さらには、山あり谷ありで長く続いてきた、私たち二人の仕事上の協力関係とプライベートでの友情を再確認し、強める機会にもなった。適応課題は日々、私たちとともにある。数多《あまた》の人を巻き込んで、適応へ向けた変革について読み、執筆し、講義し、教え、助言しているからといって、その達人になれるわけではないのだ。世界の変化がとどまることがないのと同様、学ぶ必要がなくなることは決してないのである。

二〇一六年一二月一日
ロナルド・A・ハイフェッツ
マーティ・リンスキー

はじめに

リーダーシップを発揮する機会は、毎日、私たちの前に現れる。

- 父親は、夕食のたびに始まる非生産的な言い争いにうんざりしている。だがある日、そんなパターンを断つべく、家族向けのカウンセリングを受けることにする。
- 投資銀行家は、一〇〇〇億ドルの買収成立まであと一歩というところになって、すべてを振り出しに戻しかねない問いを投げかけ、みなをハッとさせる。「現在の両社の人材と文化の違いを考えると、投資家が納得するほど早くに相乗効果を生み出せるだろうか」
- 刑務所の建設について、政治家は、「われわれが暮らす土地にはつくらせない！」という、いつものスローガンを掲げるのではなく、地元で引き受けることを有権者に提案する。
- 幼い頃に母親を亡くした一〇代の子どもが、不良になりかけている。それを憂う近所の住人が、子どもの父親と家族を支援するために、週に一度、近隣の親たちを交えた、話し合いの場を設ける。

》あなたが出席した会議で、本当の問題点に触れられないままになっている。そこで、あなた自身がその点を提起することにする。

意義ある問いを投げかけ、より高い価値観について話し、未解決の対立を浮かび上がらせる機会が訪れない日はない。周囲の人の人生に影響を与える機会は、一日の休みもなくやってくるのだ。そしてあなたは毎日、そうしたプラスの行動に出るか、それとも、誰かの気分を害するのを避けるために何も言わずにおき、次の日もまた同様にするかを、選択することになる。慎重であることは正しい。思慮深いのは人として長所でもある。実際、支持されにくいことをコミュニティで率先してやったり、物議を醸す新しいアイデアを組織で提案したり、価値観と実際の行動が違うことについて同僚に疑問を呈したり、あるいは、厳しい現実に立ち向かってほしいと友人や身内に頼んだりすると、相手を戸惑わせてしまう。つまり、人々を激怒させるリスクを冒し、それと同時に人々から攻撃されやすくなる。リーダーシップを発揮すると、いろいろ面倒なことになるかもしれないのである。

リーダーとして行動することは、自分の身を危険にさらして生きることである。なぜなら、リーダーシップが重要であるとき、すなわちリーダーとして人々を導き、難しい変化を乗り越えようとするとき、人々が大切にしているもの――日々の習慣、ツール、道理や義理、考え方――を手放してほしいと、当然のように要求するのに、代わりに提供するものは、可能性のほかに何もないからである。そのうえ、リーダーシップとは、与えられている権限を超えて目前の難題に取り組むことを意味する場合が少なくない。あなたが、それまでの個人あるいは組織のバランスを乱すと、人々は拒否反応を示す。そして、ありとあらゆる巧みな、思いもかけない方法で、あなたを退場させようとする。あなたを無視したり、ないがしろにしたり、追い出したりするのである。

リーダーとして行動する機会が数えきれないほどめぐってきても、つい躊躇してしまうのは無理もない。自分の身を危険にさらして一歩を踏み出し、組織やコミュニティや家族の一部あるいは全体を導いた経験のある人ならみな、個人としても仕事のうえでもその立場が脆弱であることを知っている。言い方がどれほど穏やかでも、やり方がどれほど注意深くても、その道がたしかに正しくても、リーダーとして行動してゆくことは、茨の道なのだ。

本書は、リーダーとして行動する機会を捉え、かつ生き残ることをテーマにしている。中心となるのは次の問いだ。リーダーシップはなぜ、どのように危ういのか。その危うさにどうすれば対応できるか。いよいよ困難を極めたときでも情熱を失わないためには、どうすればいいか。私たちはまた、リーダーシップをさまたげるものについて率直に述べると同時に、思いきってやってみる重要性について理想を掲げている。リーダーシップを扱う本は多々あるが、いずれも、鼓舞《インスピレーション》することについて述べるばかりで、奮闘《パースピレーション》することについては軽んじてしまっている。一方、本書では、リーダーの仕事がどれほど困難であるかを念頭に置いている。私たちは、奮闘に対する報いが心の傷だけになってしまっている人があまりに多いことを知っている。私たち自身も傷を負っており、思い込みで話をしているわけではない。

だが、リーダーとして行動することは、多くの困難がある一方で、犠牲を払う価値のある仕事だとも思っている。コミュニティや組織や社会が必要としているのは、トップのリーダーシップ不足に不平を言う人でも、行動せよと「指示」されるまで傍観している人でも、自分が幹部職に就くまで何もしない人でもない。仕事や暮らす場所にかかわらず、とにかく目の前の難題に敢然と立ち向かう人である。それはいつの時代も変わらないが、二〇〇一年九月一一日以降の、不確かで不安定な世界においては、なおさら必要性が増している。

ただ、そうした難題に取り組むからといって、公私いずれにおいても、拒否反応を示される必要も無視される必要もない。ジョニー・キャッシュの言葉を借りるなら、「ルールに則って」、一歩を踏み出し、影響をもたらし、非難に耐え、生き残り、努力の成果を存分に味わうことは可能なのだ。

リーダーとして行動することに、思いきってやってみる価値があるのは、物質的な利益や個人的な出世を目指しているわけではないからである。周囲の人の暮らしをよりよくすることによって、リーダーシップは人生に意味をもたらす。つまり、目的を生み出すのである。私たちはこう考えている――どんな人にも、それぞれに、素晴らしい力が備わっており、その力を組織や家族やコミュニティが繁栄するために役立てることによって、より大きな目的意識が生まれる、と。その力とは、知識かもしれないし、経験、価値観、存在そのもの、勇気、知恵かもしれない。あるいは、本質に迫る好奇心を持ち、相手を不安にさせる問いをあえて投げかけることかもしれない。

つまり、本書のテーマは何よりもまず、あなたであり、リーダーとして行動するという多難な道を進みつつも、生き残り、成功する方法である。さらに、人生により多くを注ぎ込めば、得られるものも増えるということも伝えたい。私たちは本書を、こんな人たちのために書いた――一歩を踏み出したりはっきり主張したりしたら必ず傷つくことになると思っているせいで、静観を決め込んでいる人のために。そしてもちろん、人々に変わることを提案したものの、あえなく撃沈されることがどういうことかを、身をもって知っている、勇気ある人のために。あなたとあなたの考えを危険にさらすこと、リスクに効果的に対応すること、生き残って奮闘の成果を称えること、それが本書のテーマだ。

また、現代にも目を向ける。リーダーとして行動するリスクを個人が冒すことが、これほどまでに重要かつ複雑だった時代はない。経済がグローバル化し、必然的に文化の相互作用が起き、インターネットによって簡単に情報が手に入りコミュニケーションを図れるようになったことで、相互の依存性も明らかになった。役割がはっきり分かれる階層構造を持つ組織は時代遅れになり、もっと柔軟で、独創性を発揮する余地があり、それに伴う変わりやすさを持つ組織が台頭しつつある。さらには民主化が、国はもちろん、さまざまな組織でも広がってきている。これらの動きのどれもが、あなたが影響をもたらす新たなチャンスを広げている。

本書は私たち、つまりロナルドとマーティについての本でもある。私たちは三十数年来の仕事仲間、友人であり、ともに仕事をし、教育に関わってきた。研究や経験を共有し、現代社会におけるリーダーシップの必要性についての考えを探求し、試し、磨いてきた。語り合い、一緒に仕事をすればするほど、経験や理解が重なっているのがいっそうよくわかるようになる。最初に、ロナルドが音楽と医学の観点から世界の動きを推測し、次いでマーティがメディアと政治学の観点から同様に推測する。この四つの分野はどのようにリーダーシップと関連しているのか。まず音楽は、人を感動させ、聴く者の心の奥深くで美しいハーモニーを響かせる。そして調和、タイミング、即興、創造性、インスピレーションという、とらえどころのない、しかし重要な性質にとっての言語になる。政治学は、誰も自分ひとりでは意義あることを何も成し遂げられないこと、そして、問題が困難であればあるほど、解決策の結果について責任を負う人は、解決に向けた取り組みについてもいっそう責任を負わなければならないことを教えてくれる。精神医学は、人間が一人あるいはチームで難題に取り組む方法について理解を深め、メディアは、どんな人がどのようにメッセージを伝えるかが、メッセージの内容と同じくらい、進歩にとってはしばしば重要であることに気づかせる。この四つをはじめとするさまざまな分野のものの見方と学びによって、本書の深みが増し、色彩が豊かになることを願っている。

私たちはコンサルタントとして、公共・民間・非営利セクターのクライアントとともに問題にあたってきた。また教育者として、ハーバード大学ケネディ・スクールで二〇年にわたり、何百人もの学生に教室の内外で関わってきた。その経験から、多くの人が個人として、市民として、また仕事において、リーダーシップというフロンティアで活動していることがわかってきた。人々を動かし、機会を捉えて難題に取り組む責任を負う人たちに、何度となく刺激を受けてもきた。世界中の学生やクライアントの話から得た学びを精選し、これからお話ししよう。本書は、最新のアイデアを紹介する本ではなく、みなさんが自分の経験を明らかにし、整理して、意味を見出すのを手助けするガイドブックだ。

本書で示す多くの考えは、もとはロナルドが以前の著書『リーダーシップとは何か！』に書いたものであり、実際、その最終部「生き残るために」を発展させて、本書は生まれた。注目すべきテーマなので、ぜひ深く掘り下げてほしいという要望も、その後の講義やコンサルティングの中で、大勢から頂戴してきた。『リーダーシップとは何か！』の目的は、適応へ向けた変革という観点から見たリーダーシップと権威を理解するのに役立つ、理論的な枠組みをもたらすことだった。これに対して本書は、言うなれば声と顔つきが違う。二作目となる本書を、私たちは前作より焦点を絞り、実地に役立つ、個人向けの本にしようと思った。仕事でもプライベートでも、あなたにとって使いやすく、有用で、気持ちを奮い立たせるのに役立てば、とてもうれしい。

本書は、さまざまな国や職業、地位の人々との、長年にわたる取り組みが基礎になっている。ともに問題に取り組んだ人たちには、サラリーマンやマネジャーもいれば、活動家もいる。国家元首や多国籍企業のトップもいる。専業主婦もいれば仕事を持つ親もいる。中・下級の兵士はもちろん、トップクラスの軍人もいる。企業幹部や政府高官もいれば、学校の教師や校長、聖職者や評議員もいる。

その中で、来る日も来る日も手をこまねいたままで、よしとしている人は一人もいない。彼らは成功を誇りに思い、しかし大半の人が、ほかの人たちを当惑させる考えを口にしたことが原因で心に傷を負っている。そして全員が、人生も仕事も意義深いものにしたいと思っている。

本書の第1部では、リーダーとして行動することがなぜそんなにもリスクが高いのか、リーダーシップを発揮しようとする人がどのように舞台から引きずり下ろされるかを述べる。

第2部では、脇へ追いやられるリスクを減らすための行動について、一連の考えを述べる。

第3部では、自分自身が失敗の一因となる場合を取り上げる。リーダーとして行動するうえで重要なのに、おろそかにされがちなこと、すなわち、自分の弱さを管理し、自分を大切にし、意欲を持ち続ける方法を紹介する。

リーダーシップを発揮する機会は常に、そこかしこにある。本書が提供する学びによって、あなたが、職場だけでなく家庭やコミュニティで、そしてあなたの最も大切なことの中で、みずからを危険にさらしつつ生き残れるようになることを願ってやまない。

PART 1

リーダーシップに伴うリスクとは

第1章 なぜ、リーダーは危険にさらされるのか

マギー・ブルックが育ったのは、一二歳を超えると酒を飲むのが当たり前という、小さなネイティブ・アメリカン居留地だった。だがマギーは二〇代で酒を断ち、その後一〇年以上にわたり、部族の人たちに健康な生活をしてもらおうと活動した。今では四〇代になり、孫のいる長老として、ひっきりなしに訪れる人たちにさまざまな助言を行っている。ある晩、そうした訪問者の一人に対し、ロイスという女性のことを語った。ロイスは、部族の人のアルコール依存症をなんとかしなければと、マギーの気持ちを初めて奮い立たせた女性である。

二〇年前、私はロイスの家でベビーシッターをしていました。ロイスは同じ部族で、近くのコミュニティに住んでいました。私は週に一度、数マイル離れたそのコミュニティへ行き、ロイスの子どもたちの面倒を見ていたのです。でも、二カ月ほど経った頃、ふと疑問に思いました。「きまって火曜の夜に、いったいロイスは何をしているのかしら。こんな小さな村じゃ、面白いこと

なんてないでしょうに」。それである晩、ロイスが出かけると、私は子どもたちに支度をさせ、ロイスのあとを追って集会所へ行きました。窓から中をうかがうと、大きな円を描くように椅子がきちんと並べてあり、ロイスがたった一人で座っていました。ほかの椅子には誰も座っていませんでした。

どういうことなのか知りたくてたまらず、その夜ロイスが帰ってくると、私は尋ねました。「火曜の晩になるたびに、何をしているの」。ロイスは答えました。「何週間か前に言ったでしょ。アルコール中毒者の更正会をひらいているのよ」。私はまた尋ねました。「ひらいているってどういう意味？　私、今晩子どもたちと一緒にあそこへ行って、窓から見たの。丸く並べた椅子に、あなた、たった一人で座ってたわ」

ロイスは口をつぐみ――それから言いました、「一人じゃないわ」と。「聖霊や先祖の人たちが一緒だった。いつか、部族の人たちも来てくれるでしょう」

ロイスは決してあきらめなかった。「毎週、ロイスは椅子をきちんと円に並べ、二時間座っていました」。当時を振り返って、マギーは言った。「誰も来ないまま、長い月日が過ぎました。三年後でさえ、ほんの数人しか来ませんでした。でも、一〇年後、部屋いっぱいに人が集まるようになり、コミュニティが変わり始めました。人々がアルコールを断ち始めたのです。私はロイスの行動に胸を打たれ、私たちが自分の健康を自分でむしばんでいることに、いても立ってもいられなくなりました」

ロイスと当時のマギーは、まずみずからアルコールを断ち、そのうえで友人や家族、隣近所の人たちにも習慣をあらためるよう提案した。とてつもない自省と粘り強さと勇気がなければ、このコミュニティを導くことはとうてい不可能だった。実はこのコミュニティには、かつて多くの変革者がいた。中には善意から行われた変革もあったが、人々は、なじみのある確実なやり方を強制的にやめさせられたのである。そんな過去を持つコミュニティが今また、劇的な改善が約束されているわけではないにもかかわらず、習慣を変えるようにと言われている。ロイスとマギーが頼んでいるのは、酒を飲んでいい気持ちになるのをやめて、代わりに、大変な努力をして習慣をあらためてほしいということなのだ。彼女たち自身がまず依存症を克服しなければ、何の進展も見込めないだろう。だが、人々にとって酒を断つのは、とりわけ見えない未来と引き替えでは、きわめて難しかった。過去に習慣を変えさせられた際に抵抗した彼らは、ロイスとマギーに対してもやはり抗った。

彼女たちはあざけられ、無視された。帰属するコミュニティにいながら、何年もの間、疎外感を味わい、アルコールが振る舞われるパーティーや集まりでは疎んじられ、完全に除け者扱いで、休日でさえ孤独に過ごすようになった。実際、話し相手を得るために、二人はとてつもなく長い間、居留区から離れて週末を過ごしたのだ。隣人や友人や家族との大切な関係はもとより、二人はみずからをリスクにさらしていた。最終的には成功し、生き残った。だが、長い間、そうなるとはわからなかった。すべてを失ったかもしれなかった。[1]

リーダーシップはリスクを伴う

一九九〇年代初め、当時のイスラエルの首相イツハク・ラビンは、パレスチナとの和平合意へ向かって国を動かしていた。ゆっくりと、しかし確実に、ラビンは大多数のイスラエル人の支持を得つつあった。だが同時に、国内の右派勢力、とりわけ宗教右派をひどく刺激してしまっていた。長期の平和と引き替えに土地を譲るという難しい合意を、受け容れて乗り越えていこうと、国民を納得させたためである。だが右派にとっては、平和を得るために、自分たちの神聖な土地を手放すことになるなど、まっぴらごめんだった。とはいえ、土地問題についての議論は、敗色が濃い。そのため彼らは、ラビンの政策ではなく、ラビン本人を問題視するようになった。そしてラビンの暗殺という悲劇が起き、当然ながら、彼の政策は暗礁に乗り上げることになってしまった。あとを継いで首相になったベンヤミン・ネタニヤフは、イスラエル国民を平和の代償に向き合わせることに消極的で、和平路線から後退した。だが実を言えば、ラビンを失う直前の時期は、イスラエル国民が確固たる価値観を共有し、最も大切なものとそれ以外のものとを見きわめようとする意欲が、きわめて高まったときだった。

向き合いたくない現実から逃れる行動として、暗殺は極端な例ではある。ただ、ロイスとマギーが成功し、イツハク・ラビンが身を犠牲にして実現しようとしたように、コミュニティ全体に方向転換を求めることは、リスクを伴う。もし、人々によい知らせをもたらすことでリーダーが務まるなら、そんな簡単なことはない。ロイスは、毎週人々を集めて金銭を分けたり褒め言葉を並べたりすれば、椅子がいつまでも空いたままなどということはなかっただろう。ラビンにしても、土地を手放さずに平和を約束すれば、殺されずにすんだかもしれない。人は、変化に抵抗するのではない。何かを失うことに抵抗するのである。

長年の価値観や信念や習慣に疑問を投げかけると、人々にはあなたが危険な人間に見える。人々が「聞きたいと思うこと」ではなく「聞く必要のあること」を口にすれば、あなたは自分を危険にさらすことになる。あなたは熱い思いを抱き、よりよい未来がはっきり見えるかもしれないが、人々には同じく強烈に、よりよい未来と引き替えに失うものが見えるのだ。

言わなければならない重要なことを、言わずじまいになったときのことを思い返してみよう。言ってみたが失敗したときや、成功はしたものの、その過程で気持ちを傷つけられたとき、あるいは、誰かほかの人が言ってみて成功するのを目の当たりにしたときのことを。リーダーとして行動できるかどうかは、人々が心から納得できるように、ショッキングな知らせを伝えたり難しい問題を提起したりできるかどうかにかかっている。つまり、メッセージを無視せず伝達者をつぶしもせず、そのメッセージを検討するよう人々を促せるかどうかにかかっている。

ロナルドは医者として、日々この難題に向き合った。患者はみな、痛みを伴わない治療を医者に期待する。だが医者は毎日、患者に言わなければならない――健康を取り戻すには、変化という痛みに耐えるほかありません、と。好物をやめる。どんなに仕事に追われていても、運動する時間を毎日つくる。

副作用のある薬を服用する。煙草や酒、あるいは仕事への依存症を克服する……。

ロナルドは、専門家として技術が優れているだけでなく、この難題にみごとに対処できる医者に何人か会ったことがある。彼らは、患者とその家族に、どうすれば価値観や考え方や長年の習慣をあらためてもらえるか、その方法を心得ていたのである。ただし一筋縄ではいかなかったし、リスクもあった。この医者は思いやりがないとか冷たいなどと思われてしまったら、話し合いは裏目に出てしまい、怒った患者はさまざまな手段を使って医者の評判を傷つけようとするかもしれないのだ。ほとんどの医者は、この難題についてうわべだけの関心を見せる程度で、患者のノンコンプライアンス（患者が薬を飲んだり助言に従ったりしないことを表す、医者の言葉）について不平をこぼしてばかりいる。苛立ちのあまり、医者はきっとこう思う。「なぜ患者は、現実に向き合わず、私の指示にも従わないんだ」。だがその後、医者は楽なほうへ流される。安全第一とばかりに、専門的な治療をさっさと行い、難しい話し合いを避ける。生活習慣をあらためさせようとして患者を戸惑わせたりはしない。

ロイスとマギー、それにラビンは、人々に厳しい現実に向き合ってもらう必要があった。患者が医者に、痛い思いをすることなく早く治してほしいと思うのと同様、ネイティブ・アメリカンはカジノができればいいのにとか、この苦しみに対して専門的な説明（アルコール依存症の遺伝的素因）が欲しいと思っていたかもしれない。大半のイスラエル人にしても、受け継いできた土地を欠片も譲ることなく平和を手に入れるほうを望むだろう。どのケースでも――患者も、ネイティブ・アメリカンのコミュニティも、イスラエル国民も――、人々は厳しい現実に適応するという難題と向き合わなければならず、適応するには、大切にしているものや今の生活スタイルをあきらめることを余儀なくされる。このとき、すなわち、人々に喪失と向き合ってもらわなければならないときに、リーダーは危険にさらされる。ラビン、ロイスとマギー、そして有能な医者たちは、変化を生み出すにあたり、核心的な、だが簡単には答えの出ない問いに答えるよう人々を促している。その問いとは、これだ。大切にしているすべてのものの中で、最も貴重な、断じて手放せないものは何か。犠牲にできるものは何か。

適応へ向けた変革のリスク

組織やコミュニティが直面するあらゆる問題に対して、すでに解決策がわかっているなら、リーダーとして行動することにリスクはない。たしかに、人々が日々向き合う問題の中には、十分に対処できるもの、必要なノウハウや手順がそろっているものがある。これを私たちは**技術的問題**と呼んでいる。しかし、裏付けのある専門知識や標準的な手順を使ってなお歯が立たない問題も数多ある。指示に従うだけの人には解決できない問題であり、これを私たちは**適応課題**と呼ぶ。なぜなら、そのような問題には、組織やコミュニティのありとあらゆる場所を巻き込んだ、実験や新たな発見や調整が必要だからである。考え方や価値観や行動を

表　技術的問題と適応課題の違い

	取り組む内容	取り組む人
技術的問題	今あるノウハウを使う	権限を持っている人
適応課題	新たな方法を学ぶ	問題を抱えている人

変えて、これまでとは違う方法を学ばなければ、適応力のある飛躍ができず、ひいては新たな環境で成功することもできない。そして、変化し続けられるかどうかは、問題を抱えている人たちに、変化それ自体を我が事として受け容れてもらえるか否かにかかっている。

適応のプロセスが始まったばかりの頃は、新たな状況が現況より上向くようには、まず見えない。失うかもしれないものばかりが、とかくはっきり見える。できるなら、先延ばししたり、誰かほかの人に肩代わりしてもらったり、あるいは助けを求めたりして、つらい調整をなんとかせずに済ませようとする。不安が募り、焦りが生じると、どうとでもなれという気持ちになって、答えを上の人間に求めることもある。こうした傾向によって、適応が必要な状況はそもそもリスクを孕むものになる。

適応課題に対する答えを、人々が手っ取り早く上の立場の人から得ようとすると、機能不全が起きる。責任ある立場の人は、どうすればいいかわかっているはずだと当てにされる。その重圧で、知らないのに知っているふりをしたり、期待外れの対応をしたりする。あるいは、新しい「リーダー」ならきっと問題を解決できると思われて、システムから排除される。実は、リスクと適応課題の間には比例関係がある。変化が大きければ大きいほど、新たに学ぶべきことが多ければ多いほど、抵抗が大きくなり、ひいては、リーダーにとってリスクが増す。だから、意識的あるいは無意識に、適応課題をあたかも技術的問題であるかのように扱うことによって、たびたびリスクを避けようとする。そんなわけで、社会は、リーダーシップではなく、型にはまった管理があふれている。

表の「技術的問題と適応課題の違い」は、型にはまった管理という技術的な取り組みと、リーダーシップという適応へ向けた取り組みとの違いを示している。

実は、リーダーシップが失敗する原因は一つであり、政治、地域社会、企業、非営利セクターのいずれにおいても共通している。それは、責任ある立場の人が、適応課題を技術的問題のように扱ってしまうことである。

この診断ミスがたやすく起きるのは、困った事態になった際に、権限を持つ人がきっと目標や保護や指示をくれるだろうと誰もが当てにするときだ。適応するという重圧に直面すると、人々は問いより答えを求めるようになる。打撃は避けられないと言われるより、どうすれば変化という痛みから守ってもらえるかを知りたがる。そしてもちろん、あなたはそうした必要性や期待に応えたいと思う――打撃を受けるという悪い知らせに対する、彼らの不満や怒りの矢面に立つのではなく。

適応に向けてプロセスを進めるときには、あたかも技術的な解決策が役立つ状況であるかのように振る舞って人々の期待に応えようとするのではなく、人々に非現実的な期待を修正してもらわなければならない。また、リーダーに過度に頼るのをやめ、みずからの力を発揮して解決策を探してもらう必要もある。これを実行するには、圧倒的な存在感と時間とコミュニケーションが必要だが、ときにはあなたが持っている以上の時間と信頼が必要になる場合もある。

二〇〇〇年一月初め、エクアドルのジャミル・マウアド大統領は、まさにその苦境に陥った。彼を失職に追い込もうと、数千人のエクアドル先住民が集団デモを起こす気配を見せていたのだ。就任当初は七〇パーセントもあった支持率は、一年足らずで一五パーセントまで落ちていた。国の経済も急速かつ壊滅的に崩壊しつつある。デモの前夜、マウアドはいよいよ追い込まれた気持ちだと述べた。「私は国民との絆を失ってしまった」

一年前には、彼は平和をもたらした英雄だった。就任後数カ月で、二〇〇年以上続いていたペルーとの戦争を終わらせ、歓喜の渦巻く中、和平条約に調印したのである。だが英雄的な業績は、それから四カ月と経たない間《ま》に、数えきれないほどの自然災害および経済破綻によって消し飛んでしまった。エルニーニョ現象による嵐のせいで、エクアドルのGDP（国内総生産）の一六パーセントが大打撃を受けた。東アジアを襲った金融危機が、中南米にも押し寄せた。それだけではない。高インフレ、過大な対外債務、銀行の破綻、エクアドルが輸出を始めて以来最安値となる石油価格、八年で四人の大統領を失脚させる政治風土……。こうした一連の国家的危機に、さらに事件が加わった。二〇〇〇年一月二一日、軍部と先住民の連合が、マウアドを失脚させたのである。

マウアドは、首都キトの市長であることと一国の大統領であることには、明確な違いがあると述べた。市長だったときは、町を歩けばいつも、人々は手放しで歓迎してくれた。マウアドは町に出て、市民同士が協力して問題を解決するように仕向けることもできたし、少しばかり顔を利かせて支援することもできた。市長を務めていたときには、人々が求めているのは市内の問題に対する市内で完結する解決策であり、一緒に取り組んでもらえるという強みがあった。彼は人々の気持ちがわかったし、人々もまた彼の気持ちを理解してくれていた。

ところが、大統領になり、国の経済危機に対して責任を負うと、どこかほかの地域や地方に犠牲を払わせることになる解決策を見つけるよう求められた。また、変化を余儀なくされるのを、人々はいやがった。マウアドはたびたび外国へ赴き、ＩＭＦ（国際通貨基金）や世界銀行、米国財務省の支援を求めた。国内はもとより、中南米諸国や欧米の優れた経済学者にアドバイスも求めた。やがてわかったのは、どのような現実的な解決策を考えようと、必ず各地域、各セクターに多大な痛みを、少なくとも短期間は耐えてもらうことになる、という現実だった。

マウアドはのちにこう述べた。「土曜の夜に救急病棟で働く医者の気分だった。片方の脚が壊疽《えそ》を起こした重傷者が運び込まれてくる。医者としての経験から言って、患者を救うためには脚を切断せざるを得ない。ところが患者の家族は、なぜそんなことをする必要があるのかと言う。私は、助けるには切るほかないという主張を崩さず、家族からの信頼を失う。そうやって家族は、患者が向き合うことになる問題の責任を私に押しつけたのだ」

大統領になった彼は、さまざまな国民との関係が冷えこんでいく中、強まる反感に立ち向かい、低迷する経済を立て直すべく、適切な経済政策を見つけることに注力した。だが、ワシントンへ何度行っても何の支援も得られなかった。政策の専門家と数えきれないほど協議を重ね、処方箋はいろいろ出してもらえたが、苦境を脱する明確な手段は見つからなかった。そうこうする間にも、食料品の値段が上がり、地方に住む貧しい人には手が届かなくなった。多くの村人が都市へ流入し、路上でものを売った。インフレが進み、労働組合は、給与支払小切手に価値がなくなったことに激怒した。企業は不信を募らせ、資金をアメリカ合衆国へ送り、そのせいで銀行の破綻が加速した。

マウアドは大胆な行動に出て危機に対応した。公務員の給料をカットし、兵役の義務を緩和した。軍装備品の注文をキャンセルし、その債務を不履行にした。取り付け騒ぎと外貨準備の流出を防ぐために銀行口座を凍結し、ついには米ドルを法定通貨とした。

だが、その適応課題の深刻さはとてつもなかった。いちばん楽観的なシナリオをたどったとしても、経済回復の恩恵を人々が実感できるようになるまでには、失業者はさらに増え、物価が上昇し、不確実性が高まるにちがいなかった。一方で、この上なく見事な政策が打ち出され、加えて原油価格が上昇していたとしても、競争の激しい世界へ経済を開放したことによって引き起こされた絶え間なく続く混乱を、おそらく止めることはできなかった。

マウアドは悪化する経済を食い止めようと根気強く尽力したが、皮肉なことに、国民はマウアドを、あまり熱心ではないと思っていた。ある意味、彼らは正しかった。マウアドの心は国民から離れてしまっていたのだ。彼のたとえ話を使うなら、それが最良の選択であるという理由で彼は切断を行ったが、何に耐えることになるかについて、家族に覚悟をさせなかった。切断するだけなら、多くの外科医が行えただろう。だが大統領として、マウアドであれば、家族がその状況に立ち向かうのを支援できたはずだった。技術的問題の専門家との課題解決へ向けた取り組みや、支援を得るための外国債権者への説得に大半の時間を使ってしまい、マウアドは政治家仲間や、街や村にいる国民にあまり注意を向けなかった。今にして思えば、政治的な適応課題に専念できるよう、技術的な仕事はすべて関係省庁の専門家に任せるという選択肢もあっただろう。だが実際には、週間カレンダーを見返すと、マウアドは時間の六五パーセント以上を技術的問題の解決に費やしてしまい、ほかの政治家や、現況に直接の利害関係を持つ公共団体に関わった時間は三五パーセントに満たなかった。人々の目に「自分たちのために闘ってくれる人」とはっきり映る機会——希望をもたらし、グローバル化経済における近代化のプロセスとそれに伴う痛みを説明する機会——として日々を活かすのではなく、まず適切な解決策を探し、その後、必要な技術的修正を人々に納得して受け容れてもらうことに大半の時間を割いてしまっていた。適応課題を認識してはいたが、手っ取り早い改善策を探し、それによって課題に取り組む時間を稼げることを期待していたのである。[2]

彼がきわめて不利な立場に立たされていたのは間違いない。ただ、複雑な難題の技術的側面にばかりエネルギーを注ぐと、短期間で結果の得られる選択肢を選んでしまうものだ。それによって、適応の必要な要素に対処する時間を、いくらか稼げる場合もあるだろう。だが、貴重な時間を使い果たし、気がつけば、マウアドのように、時間切れになってしまうかもしれない。さほど深刻でない危機なら、人々をつかの間《ま》いい気分にできるかもしれないが、やがてあなたは信用と、ことによると仕事を危険にさらすことになる。人々が、何の覚悟もしないまま今の状況で生きる羽目になったと気づいたとき、あなたは現実を突きつけられる。人々が責めるべきは、困難から目を背けていた自分自身であるはずだが、まず間違いなく、あなたに矛先が向くのだ。

リーダーの立場に立っているなら、問題の技術的側面に集中せよと、組織内からも圧力がかかる。多くの人は、難しいことを聞かれてさっと答えられたら得意になる。人々の不安を払拭すれば報われる。

有能な人だ、英雄だと思われたい。ものごとに果敢に取り組み、みんなに激励される、あの感覚がたまらない。だが、人々の習慣の核心に関わる問題を提起することは、少なくとも当分の間は報われない。受けるのは、喝采ではなくブーイングだ。実際、多少なりとも拍手が――鳴ればだが――聞こえてくるまでには、長い時間がかかるだろう。トマトを投げつけられるかもしれない。弾丸が飛んでくるかもしれない。リーダーには、敵意に耐える力が必要だ――人々とつながり続けるために。人々から心が離れ、ただでさえ高いリスクをさらに高めてしまわないように。

技術的問題を解決することが重要でないということではない。医療関係者は、適切な手順と規範と知識を持ち、たしかな専門技術を使って、日々、緊急救命室で命を救っている。経営管理のノウハウを活かすことによって、数えきれないほどの製品やサービスが生み出されており、その多くが日常生活の必需品になっている。技術的な問題だと判断する基準は、重要かどうかではなく、単に、解決策が組織のいわば得意技としてすでに定着しているかどうかである。一方、適応を要する課題なら、組織は、衰退しないために、変わることを余儀なくされる。

二一世紀の今、人や組織は、個人的な生活でも社会のどのレベルでも、適応を求められる課題に日々直面している。そして、リーダーとしてそれらの課題に対処する機会の一つひとつが、リスクを連れてくる。たとえば、車が故障し、修理に出すとする。たいてい、車はきちんと直って戻ってくる。しかし、家族の誰かの運転の仕方に故障の原因がある場合、この問題はきっとまた起きる。次も元どおりに修理してもらえるかもしれない。だが、修理工によって解決される、純粋に技術的な問題として対処し続けると、この家族は適応を要する根本的な問題——母親に飲酒運転をやめさせる、祖父に運転免許証を返納させる、一〇代の子どもにもっと注意深く運転するように言う——を避けることになる。どんな家族にとっても、一歩を踏み出し、母親（あるいは祖父、一〇代の子ども）と厄介な会話を始めるのは、難しく、リスクを伴うのだ。

二〇〇一年九月一一日のテロがアメリカにもたらした適応課題は、今なおこの国に巣くっている。まさかワールド・トレード・センターを破壊されるとは思わず、アメリカ人はかつてない脆さを実感した。これに対し、アメリカ政府は当初、テロを低く評価し、監視システムや、軍事および警察活動や、刑事司法といった技術で対処できる問題だと考えてしまった。だがテロというのは、自由権、容易に襲われたりしないという自負、さらには一〇〇〇年前の十字軍から続く西洋キリスト教社会と東洋イスラム教社会との溝を埋めようとする力に対する挑戦であり、適応課題の典型である。いったい私たちは、政府の役人を信じて、社会全体の安全のために、個人情報を委ねるべきなのか。健全な関係を築くには、何よりもまず安全を確保しなければならない、そんな相互依存の世界が自分たちの今生きている時代だと、納得できるのか。「自分たちの宗教が教える絶対の真理こそ、究極だ。だから、他宗教の信者の魂を救済するのが使命だ」という独善的な信念を持つことが神への信仰だと説く、そんな宗教的な傲慢さを変えることができるのか。

こうした適応が求められる状況でリーダーシップを発揮する機会は、アメリカのほぼすべての人にある。だが、より難しい問題——中には、ある宗教を絶対とする信念のように、信仰上の忠節や教義に端を発する問題もある——を提起するときには、個人的なリスクを負うことになる。

権限を超越する

自分たちの仕事や暮らしを混乱させる人物を、人々が選んだり雇ったりすることはまずない。政治家に対してもマネジャーに対しても、人々は権限を、困惑するような問いや難しい選択を突きつけるためではなく、適切な答えをもたらすために使ってほしい、と期待するのだ。そこで、権限を超越すること——人々に目の前の問題に立ち向かってもらうために、リーダーとしての威信や地位を危険にさらすこと——が、リーダーシップを発揮する際の最初の挑戦であり、リスクということになる。人々の期待に進んで異を唱えずして、社会システムやその限界からの支配を逃れることはできないのだ。

一般に、向き合いたくないことに無理にでも向き合わせる人に、権限が与えられることはない。選ばれるのはむしろ、保護を与えて確実に安定をもたらしてくれる人、混乱を最小限に抑えた解決策を考えてくれる人である。だが、適応課題に取り組むときには、リスクや対立や不安定さが生まれる。なぜなら、その課題の根底にある本当の問題を解決しようとすると、深く根を張った習慣を覆すかもしれないからである。かくして、リーダーシップを発揮する際には人々を不安にさせることが不可欠になる——ただし、彼らが対処できるスピードを超えないことが肝要である。

会社がしばしば適応課題に直面するのは、新たな市況によって事業が脅かされるときだ。たとえば二〇世紀最後の一〇年間には、ＩＢＭの革新者たちが、未来の「インターネット」を操る小規模企業が本当はどんな脅威をもたらそうとしているのか、なんとかして会社に気づいてもらおうと奮闘した。この革新者たちは幾度となく、前出のロイス――コミュニティの人たちに、アルコール依存症に立ち向かってもらうべく、辛抱強く戦った女性――と同じ立場に立たされた。彼らの戦いは、適応への取り組みが実を結ぶそのときまで、リーダーシップにどれほどの粘り強さが求められるかを、如実に示している。

一九九四年、巨大企業のＩＢＭは、技術的問題の解決に関してずば抜けた能力を誇っていた。彼らは技術の粋を集め、一九九四年冬季オリンピックの公式テクノロジー・スポンサーを務めた。そして、ノルウェーの広大な土地のあちこちに散らばる選手、競技エリア、時間や速度、順位表について、記録をつけた。[3]

そうした技術的分野はマネジャーたちの得意とするところであり、ＩＢＭがスポンサーという立場を守りたいと思ったのは無理もない。順位表がテレビに映し出されると、視聴者はあわせてＩＢＭのロゴも目にすることになる。これは、ＩＢＭのマネジャーがよく知る事業分野――スポーツ、テレビ、マーケティング――における、うまい問題解決法だった。ＩＢＭメインフレーム・システムの既存顧客が、オリンピックのテレビ観戦中にＩＢＭのロゴが現れるその意義に気づかないはずがなかった。

だが、市場は変化し、ビジネスはインターネットの時代へ移りつつあった。素早く適応できない企業は立ちゆかなくなった。オリンピックではテクノロジーの巨人として成功を収めたＩＢＭにも、暗雲が漂い始める。製品ラインの多くが変化に対応できず、過去三年で一五〇億ドルの損失を出していたのだ。財政的な痛手を被ったことで、ＩＢＭの人々は弱気になり、いよいよリスクを回避するようになった。加えて、文化的にも感情的にも、インターネットの世界へ一足飛びに移行する準備ができていなかった。[4] 組織全体に染みついていた高慢で偏狭な価値観に、新たな市場へ早期参入することへの抵抗感が加わった形である。ほかの何より、ＩＢＭの文化と潜在的な価値観が変わらなければ、インターネット時代における成功は望むべくもなかった。

そんなとき、デイヴィッド・グロスマンという名のＩＢＭの若いエンジニアが、駐在するコーネル大学理論センターにほど近い自宅でオリンピックを見ていて、こんなことに気がついた。野心的なあるウェブサイトが、ＩＢＭがテレビ各局へ送っているデータを傍受してインターネット上に流し、あまつさえ、ＩＢＭがつくったさまざまな表データに、サン・マイクロシステムズのロゴをつけていたのだ。グロスマンは衝撃を受けた。「ところが、ＩＢＭは気づいてさえいなかった……」。当時を振り返って、彼はそう述べた。

多くの難題と同様この問題にも、技術的な側面と適応を要する側面の両方があることを、彼はすぐに見抜いた。技術的な側面について彼がマネジャーたちに理解させ、次いでＩＢＭの弁護士がサン・マイクロシステムズに書面を送り、同社のサイトへのＩＢＭのデータ掲載中止を求めた。ＩＢＭの成果物に関わるこの問題は、ＩＢＭの既存の法的、技術的専門知識を使うことで解決された。

並行して、グロスマンは事業がインターネットによって奪い取られるおそれをマネジャーたちに説き、インターネット時代にそぐわず機能もしない社内の価値観や長年の習慣を明らかにした。そうした価値観や習慣のせいで、ＩＢＭは新たな市場への参入という現実に取り組めなくなっていたのだ。インターネットは、全く新しい販売ルートと、おびただしい数の新製品・サービス――インターネット・アプリケーションやインターネット向けの新たなソフトウェアを使って既存顧客にコンサルティング・サービスを行うなど――を生み出す可能性とをもたらした。その変化のスピードは、長いキャリアを持つシニア・マネジャーの誰もが見たことがないほど速かった。ところがＩＢＭはまるで、自動車の時代がもうそこまで来ているのに、馬車用の高級なむちが順調に売れ続けていくことを当て込んでいるかのようだった。ＩＢＭはあまりに時勢に取り残されていた。実際、冬季オリンピック開催中に不正行為を見つけたときも、電子メール・システムが古くて、グロスマンはサン・マイクロシステムズのウェブサイトのスクリーン・ショットを、ノルウェーにいるマーケティング担当者に送ることができなかった。

幸い、現状を十分に理解し、グロスマンが問題を提起した際に味方になってくれたマネジャーたちがいた。わけても、ＴｈｉｎｋＰａｄのマーケティング担当マネジャーだったジョン・パトリックは必要な配慮を請け合って、グロスマンと仲間の革新者たちが、ＩＢＭの企業文化になってしまっている時代遅れの価値観と習慣を変えるのを、後押ししてくれた。

グロスマンやパトリックたちが社内で奮闘すること五年。新たなミレニアムが目前に迫る中、ＩＢＭのマネジャーたちは、高い価値観と柔軟な考え方と新たな行動パターン――インターネットの時代においてＩＢＭを革新的な集団にするもの――を持つチームとして生まれ変わった。

それはきわめて意義深い変化だった。ＩＢＭは、官僚主義で時代遅れな組織として有名だった。だが一九九九年、ＣＥＯのルー・ガースナーは、五年にわたる改革の成果をたしかな数字にして、ウォール・ストリートの投資家に示すことができた。ＩＢＭが高利益を上げる企業であり、社内業務、ビジネスプロセス、顧客対応において、最も革新的なインターネット企業のそれに引けをとらないことも証明できた。年間八二〇億ドルの売上のおよそ四分の一が、インターネット関連事業からもたらされた。[5] 文化が変わったことがはっきりと証明されたため、ＩＢＭの株価は一気に二〇ポイント上昇した。[6]

インターネットの問題が、会社全体ではなく小さく管理しやすい部署に入り込んできたとき、グロスマンとパトリックはそれを、ＩＢＭの専門家が得意とする技術的問題として捉えるのではなく、ＩＢＭがずっと無視してきた文化や価値観の問題として示した。ＣＥＯのガースナーは、この改革について次のように述べた。「われわれがぶつかった問題は、大企業ならどこでも抱えているものだ。会社をウェブに載せると、分権組織であるために起こるあらゆる非効率性が明らかになる」[7]

グロスマンとパトリックは中間管理職として、ほんの数人ながら部下を監督する権限を持っていた。といっても、部下に会社の方針に反する行動をとらせることはできなかったし、グロスマンとパトリックそれぞれにも上司がいた。だが二人は、前へ進むために、権限を超越した。パトリックは次のように述べている。「新たな可能性を拓くには、職務権限を超えて行動しなければならないときがある」[8]

平のエンジニアだった頃、グロスマンは、鼻つまみ者になる危険も顧みず、指揮系統を迂回する行動を起こしたことがあった。ＵＮＩＸコンピュータを持って、ニューヨーク州アーモンクにあるＩＢＭの本社に一人で乗り込み、マーケティング担当のシニア・エグゼクティブであったアビー・コーンスタムに、インターネットを紹介したのである。パトリックも同様で、初期のインターネット見本市へ行き、最大の展示スペースを持つ意味の大きさを知ると、明くる年の見本市ではＩＢＭが最大のスペースを持つことを決めてしまった。その判断を一人で下すことは彼の仕事ではないにもかかわらず、である。だが、官僚的な上司たちが資金を確保し、権限を与えてくれるのを待っていたら、スペース割り当てのオークションは終わり、チャンスを逃すことになっていただろう。

前へ進むために、職務記述書で決められた狭い領域を超えて行動することは、リーダーシップの要といえるが、危険と隣り合わせでもある。権限の境界を進んで超えることによって、組織やコミュニティによい結果をもたらせるかもしれない。あとから考えれば、成功するために不可欠だったと評価されるかもしれない。しかしながら、その過程においては、抵抗に遭ったり、おそらくは規則違反だとして上司から懲戒処分などの処罰を受けることになる。非常識だとか、軽率だとか、あるいは傲慢だとも見なされてしまう。

グループやコミュニティが直面する、ただでさえ難しい問題がいよいよ厄介になるのは、そうした問題に取り組む権限を、グループやコミュニティが誰にも与えないからにほかならない。いやそれどころか、規則や、組織の文化・規範、標準的な業務プロセス、経済的インセンティブによって、人々は、最も困難な問題に立ち向かったり最も難しい選択をしたりしようという気持ちを、たびたびそがれてしまう。

一九九〇年代に、市長のルドルフ・ジュリアーニと市警トップのウィリアム・ブラットンは、ニューヨーク市の犯罪率を下げるべく強硬な姿勢で取り組んだが、彼らが行ったのは、多くの市民が望んだことであり、暗黙の内に権限を渡されていたことだった。警察による暴力や自由権の侵害といった代償を市民に払わせることなく、犯罪を徹底的に取り締まることを、彼らは期待されていたのである。多くのコミュニティと同様、大半のニューヨーク市民が、犯罪はなくなってほしいが、ほかの価値観が脅かされるのは真っ平だと思っていた。市民の期待に応えて、そして非公式に委任されたとおり、ジュリアーニとブリットンは犯罪率を低下させた。奮闘は報われ、一九九七年、ジュリアーニは大差で再選された。

だが再選される直前、一九九七年四月九日の夜に、数人の警官がトイレ用のラバーカップを使って、ハイチ系移民のアブナー・ルイマを暴行した。事件はまたたく間に世間に知れ渡り、続いて起きた論争により、それまでずっと避けてきた難しい代償のいくつかに多くの市民が向き合うことになった。犯罪率低下と引き替えの代償の一つは、自由権の侵害だ。その兆しとして、警察が人種によって取り締まりを差別する問題が、すでに広がり始めていたのだ。さらに一年半後には、丸腰だった若い西アフリカ系移民のアマドゥ・ディアロが、レイプ犯を捜索中の四人の白人警官によって、四一発もの銃弾を撃ち込まれた。全くの人違いであったにもかかわらず、である。四人の警官は無罪を言い渡されたが、事件は犯罪率低下と引き替えに払うべき社会的、人的代償について、さらなる問題を提起した。

リーダーシップと権限は、別ものである。もしジュリアーニが、「個人の自由が制限され、警官の暴行が増加するという犠牲を前提として、警察はどれくらい取り締まりを強化すべきか」と問いかけていたら、単なる権限の行使ではなく、リーダーシップの実践になっていただろう。市民と、ブラットン率いる警察が、その代償に取り組むことを強いられたら、ジュリアーニはマスコミからも市民からも警察からも責められたにちがいない。だが、それがきっかけになり、市民として、みずからが行った選択に対して責任を引き受けてもらえたかもしれない。さらには、創意に満ちた考えや新たな選択肢が生まれたかもしれない――実は、まさに同じ時期に、アメリカ各地のほかの警察が、さほど大きな犠牲を払わず犯罪率を劇的に低下させる解決策を見つけていたのだ。[9]有権者に対し、問題を自分のこととして捉え、代償を払う決心をさせる権限を、ジュリアーニとブラットンは与えられていなかったのだった。

むろん、権限を超えて行動しても、それ自体はリーダーシップではない。勇敢であってもビジョンがあっても、それと、厳しい現実に人々に取り組んでもらうこととは、何の関係もないだろう。たとえば、オリヴァー・ノース中佐はイラン・コントラ事件に際し、権限を超え、イランへの武器売却代金の一部をコントラ（ニカラグアの反政府ゲリラ）支援に流用した。その行動がホワイトハウスの承認を得ていたのかどうかはわからないが、アメリカ連邦議会から与えられていた権限を超えていたのは間違いない。ただしノース中佐は、アメリカの政策立案者たちに、イランとニカラグアによって引き起こされる問題に取り組ませるのではなく、ひそかに解決を図ろうとした。彼はリーダーシップを発揮したのではない。なぜなら、問題に真剣に取り組み、難しい選択をしなければならないという責任を、議会とホワイトハウスに引き受けさせなかったからである。

一方、年配の黒人女性、ローザ・パークスも、権限を超えて行動した。一九五五年、アラバマ州モンゴメリーで、バスの後部席に移動するのを拒んだときのことである。しかしノースと違うのは、そして彼女の行為がリーダーシップだと言えるのは、彼女や公民権運動の指導者たちが事件を機に、公民権の問題を避けるのではなく、人々にその問題に向き合い、責任を引き受けさせた点である。彼女の行動によって、抗議の叫びがうねりとなり、一九六〇年代の公民権運動を引き起こした。議会とホワイトハウスとアメリカ国民は、この問題を我が事として捉え、道理について今一度考え、新たな選択をすることを促されたのだった。

リスクの中心には「喪失」がある

リーダーシップを発揮しようと思う人は、しばしば、組織やコミュニティの抵抗に遭って驚くことになる。進歩を阻むことにしかならない習慣や考え方や価値観を変える手助けをしようとしているのに、つまり、人の役に立とうとしているのに、なぜ彼らは行く手をふさぐのだろう。

ロナルドは、ニューヨーク市ブルックリン区にあるキングス郡病院の緊急救命室で、研修医（インターン）として勤務していたときに、ボーイフレンドや夫から暴力を受けている女性を大勢診た。「別れたらどうですか。間違いなく、今より幸せになれますよ」という意味の問いを、よくしたものだ。返ってくる答えは、だいたいいつもこんな感じだった。「暴力をふるうのは酔っているときだけで、素面《しらふ》のときは本当に私を大切にしてくれるんです。飲んでるときはともかく、こんなに愛してくれる人は初めてです。別れるなんて考えられません」

よく知っている愛をあきらめて、見たことも聞いたこともない愛を選ぶよう説得することは、自分と人生を思いきって信じてみるべきだと納得させることに等しい。その選択をすれば、彼女たちは、問題はあるが満足と安心感をもたらしてくれる関係を失う経験をし、代わりに、未知の世界をひたすら手探りで進むような、不安な気持ちを味わうことになる。過去を捨てるときには、積み重ねてきたものを失うこと、とりわけ価値観――二人をつなぐ価値観――の持ち主を裏切る気持ちとも戦わなければならない。たとえば、子どもの頃に受けた、親からの言葉による暴力のせいで心に深い傷を負ったと認めると、親を裏切ったような気持ちが引き起こされる。最も近しい人との関係を吟味して、価値あるものだけを選び、取るに足りないものは捨てるというのは難しい。たとえできても、多少はそうした関係への裏切りを経験することになる。さらに言えば、変化は自信を脅かす。暴力を受けている女性は、その状況をよく知っているし、対処できているという自信をいくらか覚えている。だが、関係をご破算にすれば、人生をやり直しつつも、その自信を感じられない日々が続いていくことになる。

習慣、価値観、考え方は、不健全なものも含めて、アイデンティティの一部である。ものの見方や行動の仕方を変えることはすなわち、自分がどういう人間かという説明を変えることだ。

マーティがその経験をしたのは、離婚したときだった。幼い子どもが二人いたマーティはそれまでずっと、みずからの自己実現だけでなく、子どもたちの幸せにも全力を傾けようと自分に言い聞かせてきた。だが離婚するにあたり、どちらかを選ばざるを得なくなった。両方に同じだけの心を傾けているとは、もはや言えなかった。彼のアイデンティティが、変わったのである。

自分が何者であるかについての定義には、他人の目には自己破壊的に、あるいは成長を妨げるように映る役割や優先事項が含まれる。子どもなら、女になるとは一〇代で母親になることだと思うかもしれない。かっこいいというのは、薬物を服用したり子どもをつくったりすることだと考える若者もいる。あるいは、家族への尊敬がテロリストになることで示されるケースもある。高級クラブの会員になれば、ひとかどの人物になれると思っている金持ちもいる。現状に満足している姿勢を捨てさせる必要があるときでさえ、有権者の幸せが自分の喜びだなどと、まことしやかに述べる政治家もいる。自分についてのそうした概念を手放せば、おそらく大きな喪失感が引き起こされる。

習慣を変えるのが難しいのは、その習慣が安定をもたらすからだ。つまり先のことが見える。ところが、適応へ向けた変化という苦しみを経験するときは、今よりよくなるという保証がない。このことを、喫煙家は理解している。がんになるかどうかは予測できないが、煙草をやめたら、何ものにも代えがたい安らぎと満足を味わえなくなることは確実なのである。

だが、何より影響が大きいのは、習慣や価値観や考え方はほかの人から受け継いだものであり、それを捨てることはその人を裏切ることになる、という点かもしれない。たしかに、受け継いだものを守り抜きたいと思う、自分の中に深く根ざす気持ちは、アイデンティティの根幹になる。そして諸刃の剣である。一方では、家族やチーム、コミュニティ、組織、宗教への誠実な愛情を表しており、その愛情に忠実であり続けることは美徳である。だが、真心や愛情には、束縛や限界を示す側面もある。大切に思う人や組織からの愛情や評価や承認を失うかもしれない行動をとるより、私たちは直観的に、それらを守る道を選ぶ。ゆるぎない愛情を裏切るのは、受け容れがたいほどつらいことなので、そもそも取り組まない、あるいはアクティング・アウト（行動化）によって避けたりする。成長過程にあり、家庭で教わったことを取捨選択しようとしているティーンエイジャーが、乱暴になったり反発したりするのがまさにそれだ。

信義を尽くす対象を変えるのは、人生における最大級の難題である。一九六〇年代にアメリカ公民権運動を進めるにあたってとくに大きな壁となったのも、多くの善良な人々に、愛情あふれる両親や祖父母から受け継いだ考え方、習慣、価値観を捨ててもらうことだったにちがいない。そうした価値観を捨てることは、家族を捨てるに等しいと感じられたのである。

ある考えを教えてくれた相手から離れずにいる一つの手段として、人々はその考えにしがみつく。私たちの知り合いのアフリカ系アメリカ人の女性が、こんなことを話していた。この社会では白人男性が文化的価値観の主流だからという理由でみずから隷属的な役割にまわる友人がいるが、どうしても尊敬できない。亡くなった父親からいつも、おまえのほうが立場が低いなどということは決してないし、自分のことをそんなふうに考えては絶対にいけない、と言い聞かされていたからだ、と。そして彼女はこう言った。もし今そんなふうに考えるとしたら、大好きな父親との思い出を踏みにじることになる、と。

　また別の友人は、「敵対的な態度をとるよりへつらうほうが、相手を自分の側に引き込める」と母親に繰り返し助言された、と話していた。その友人は今ではこう思っているという。自分にとってプラスになることではないし、それを示す証拠もいろいろあるのに、母親を裏切らないために、仕事を始めてからほぼずっと、その姿勢にしがみついていた、と。

　最も深く染みついている価値観や考えの中には、親兄弟や人気のある教師やメンターなど、大好きな人から伝えられたものがある。そうした教えを捨てるのは、関係をないがしろにするに等しい気がするかもしれない。だが、前述の知り合いの女性が父親の教えを詳しく検討していたら、自尊心を犠牲にして他者に服従するか、誰にも従わないかの、二つの選択肢しか父親が示していないことに気づいたかもしれない。もっとよく考えていたら、そしてなんらかのアドバイスを得られていたら、第三の選択肢を見いだせたかもしれないのだ。力関係においては従属的な役割にまわりつつ、自尊心や自負心を持ち続ける道もある。さらには、敬意を損なわないように権威者に疑義を質し、下の立場から効果的に目的を追求する方法も数多くあるのだ、と。

　私たちのかつての教え子のシルヴィアは、この裏切りの問題を、今ではとてもよく理解している。彼女が所属するグループは、エイズや性感染症予防のためにコンドームの使用を促す公共広告を、初めてテレビで放映した。広告は、奔放で無責任な性交渉を、とりわけ若者に対し助長しているとして抗議の嵐を引き起こし、シルヴィアは殺しの脅迫まで受けた。だが、彼女の中で何かが呼び覚まされた。当時、シルヴィアにはティーンエイジャーの子どもがいた。抗議の声を上げた人たちの価値観は、彼女が親から教わり、次いで、子どもたちに教えた価値観だった。責任ある性交渉をすること、結婚するまで純潔を守ること、貞節によって互いを敬うこと、そうした価値観を信じるよう彼女は育てられたのである。と同時に、コンドームを配ることは、適応が求められるはるかに大きな問題――男女の関係、性風俗、自己責任に関する問題――の一時的、かつ技術的な解決にすぎないことも、シルヴィアにはわかっていた。キャンペーンを進めるにつれ、ずっと持ち続けてきた価値観に背いていることを、いやでも思い知らされる。テレビで広告を見るや、シルヴィアの母親は当惑し、子どもたちも混乱した。シルヴィアは厳しく不快な話し合いを何度も重ねることになったが、その中で、優先事項を明らかにし、家族との関係の中で期待されることと了解事項をあらためて考えた。自分にとってより大切な価値観を選択したシルヴィアは、愛する人たちを裏切っているという気持ちと必死に戦い、乗り越えて、自分のあり方をより慎重に統合し直したのだった。

†　†　†

リーダーとして行動する際にリスクがついてまわるのは、リーダーシップを必要とする問題の性質に原因がある。また、適応課題に取り組む際に激しい抵抗が生まれるのは、人々の習慣や信念や価値観を脅かすからである。人々は、何かを失い、不安に襲われ、大切な人や文化を裏切ることさえも求められる。アイデンティティのさまざまな側面を疑問視され、見直しを迫られるため、自信をゆるがされる。何かを失い、誰かを裏切り、自信を奪われる。要求されるものごとの、なんと多いことか。これでは人々が抵抗するのも無理はない。

抵抗は、リーダーシップを発揮させまいとして生まれるので、それとわかりにくい場合もしばしばだ。罠に気づいたときはもはや手遅れということもある。そこで、そうした危険に気づくことが、何より重要になる。

第2章 リスクのさまざまな側面

リーダーシップの実践は、さまざまな形でおびやかされる。崩れたバランスを元に戻す方法は組織や文化によって異なるが、巧妙なやり方が数えきれないほどありつつ、基本的には次の四つに分類することができる。「片隅へ追いやられる」「注意をそらされる」「攻撃される」「魅惑される」、である。リーダーとして行動する際には、そのうちのいずれかに遭うのを覚悟すること。ただ、方法は多様でも、目的は一つだ。適応へ向けた取り組みを拒むとき、人々は自分が持つものを守るために、あなたがリーダーシップを実践するのを阻止しようとするのである。

この点について、組織の仕組みは実にうまくできている。どのように巧妙かは四つの方法それぞれだが、いずれも露骨には行われないために効果を発揮する。だから、リーダーシップを実践しようとする人はある日突然、脇へ押しやられることになる。思いも寄らない部署や人に裏切られることも少なくない。誰かが、自分でも気づかぬ間に利用され、裏切る場合もある。私たち自身の経験から言って、リーダーとして行動しようと夢中になり、信じる道を突き進んでいるとき、そうしたやり口に気づくのは難しい。リーダーシップを発揮しようと思い、迫り来る危険に気づいたが、どんな手を打つにももう遅すぎた、という話も、今までに数えきれないほど耳にしている。

片隅へ追いやられる

これは文字どおりの意味の場合もある。一九七〇年代、かつてのアメリカ合衆国保健教育福祉省（HEW）に、セスという名の、マーティの知り合いがいた。勤続年数が長く、みなに尊敬される高級官僚である。そのセスが、社会福祉事業のやり方を根本的に変える新たな計画に、強く異議を唱え始めた。改革は、セスの上司であるHEW長官の発案で、最重要の計画である。セスは真摯に、しかし怒りを買うような言い方でしつこく反対意見を述べ、上司が最重要と位置づけているものを疑う発言をした。その疑問に耳を貸そうと思う者は、誰一人いなかった。

ある日、セスが職場に来ると、机が廊下に移されていた。担当する仕事のほとんどが、年配の同僚によって、ほかの職員に割り振られていた。彼は、自分の問題提起を正しいと信じ、主張を貫いたうえでのいわば殉教だと思って堂々としていたが、長くは続かなかった。ほどなくして彼はHEWを退職し、秩序を乱す疑問の声が聞かれることはなくなった。

たいていの場合、組織はここまで露骨に人を片隅に追いやることはない。あるアフリカ系アメリカ人の男性は、経営陣の一員であるにもかかわらず、自分の意見が取り入れられるのは人種問題に関連しているときだけだと不満をもらしている。軍関係者が多数を占める組織で、民間出身ながら最高幹部に昇進したある女性も、彼女の専門であるＩＴについて議論しているときにしか、意見に耳を傾けてもらえないという。ほかの幹部――すべて男性――と違い、得意分野以外のことについては、誰もろくに聞こうともしないのだ。

多くの女性が私たちにこんな話をしてきた。男性優位の組織では、組織全体のためにジェンダー問題に取り組むよう指示されたり、そのために雇ったのだと言われることさえある。だが、「形だけの平等主義」を目指したところで、効果的な役割を果たすのは至難の業であり、そのうえ自分だけが高い代償を払うことになる、と。ある問題を、個人あるいは少人数グループが、際立った象徴として体現してくれたら、組織はもはやその問題に取り組む必要がなくなる。ダイバーシティに対応する素晴らしい組織であるかのようなふりをして、その実、多様な考え方を業務に取り入れるという難題を避けるのだ。だから、女性たちは問題を組織の最重要課題にすることができなかった。それどころか、目の前の課題について違う角度から意見を述べると、それがどんな課題であれ、ほかのメンバーはやれやれといった様子でこう思うのだ、「また何か言ってる」。ジェンダーの問題をしつこく口にしていたために、それ以外の問題に関しても耳を貸さない口実を――本当はそれは口実にはならないのに――ほかのメンバーに与えてしまったのだった。

一九九〇年代半ばに、ニュー・イングランド水族館で進められたダイバーシティ推進計画が、まさにそれである。[1] この水族館は、ボストンのウォーターフロント活性化政策の目玉事業として、一九六九年にオープンした。またたく間に人気を博し、来館者数は、想定されていた年間六〇万人を大幅に上回り、一〇〇万人を記録した。だが一九八〇年代半ばにさしかかったとき、来館者、従業員、ボランティアのいずれにおいても、ボストンのマイノリティ集団の人数が常に少ないことに、評議員会と上級職員が懸念を示し始めた。その後一〇年にわたり、有色人種をターゲットにしたさまざまな新規計画が実行されたが、これと言った改善は見られなかった。一九九二年、評議員から成る文化的ダイバーシティ推進委員会が、マイノリティの若者からボランティアを募り、新規有給従業員の雇用予備軍になってもらおうという戦略を策定した。水族館の一九九二年のミッション・ステートメントには、スタッフおよび来館者のダイバーシティ推進に関する新たな優先事項を反映する項目が加えられた。

そうした取り組みにおいて最も顕著なのは、水族館の教育部門にマイノリティを対象にした夏季インターン・プログラムが創設されたことだ。通常の夏季インターン制度と違い、このプログラムでは給与が支払われた。資金の大半は、国の貧困ガイドラインを満たす家庭の学生に夏休み中のアルバイトを支援する外部機関からもたらされた。

多くの問題同様、この問題にも、技術的な側面（どうすれば有色人種の来館者や関係者を増やせるか）と、適応が求められる側面（われわれのどの価値観が有色人種を遠ざけているのか。その価値観を、われわれは積極的に変える意志があるか）とがあった。だが、プログラムの本質と目的、位置づけを考えれば、評議員たちが技術的側面にしか取り組みたがらないことは想像に難くなかった。

一九九二年の夏、準備不足のままインターン・プログラムが始まり、七人の高校生が参加した。そこそこうまくいったように思われたため、明くる夏には三〇人に枠が増やされた。だが、二年目はあまりうまくいかなかった。職場が手狭になり、ほかのボランティアたちとの間に亀裂が生じたのだ。とりわけ、ほかの高校生や大学生のインターンは、自分たちは無給なのに、同じ仕事でありながらなぜマイノリティのインターンは有給なのかと憤慨した。おまけに、マイノリティのインターンは、資金提供機関に選ばれたから参加しているだけで、彼ら自身は水族館にもその仕事にもあまり関心を持っていなかった。行動や参加日数や態度、さらには身なりに関しても、いろいろ問題があった。そうした問題があるのは彼らにかぎったことではなかったが、マイノリティならではの際立った特徴を持っているため、目を引いてしまうのだった。

一九九三年の夏の終わりに、水族館はグレン・ウィリアムズというアフリカ系アメリカ人を教育部門に採用し、スラム街の若者を対象としたプログラムの指揮を任せた。ウィリアムズは、ほかの教育担当者より年上で、唯一のアフリカ系アメリカ人であり、大半の担当者と違い、この分野について教育機関で学んだことがあるわけではなかった。一九九四年の末までに、ウィリアムズは十分な資金を外部から集め、スラム街の若者向けのプログラムをさらに二つ展開して、夏季インターン・プログラムを補完した。プログラムが拡大するにつれ、水族館のほかのスタッフとの緊張、つまり彼が所属する教育部門と、プログラムが組織に統合されるなら協力を要請することになるほかの部門との緊張も大きくなった。プログラムが小規模のままで、ほかの邪魔をいっさいしないかぎりは、何の問題もなかったのだが。

さまざまな障壁は、ダイバーシティの問題を水族館の片隅へ追いやることにみごと成功した。マイノリティのインターンが職場になじむことはついになく、プログラムは失敗に終わった。評議員は、自分たちの描く「多様性に富んだ素晴らしい水族館」というビジョンを掲げることには積極的だったが、マイノリティに来館してもらうために、水族館そのもの、つまり運営方法や文化や業務のあり方を変えることには、あまり熱心ではなかった。ウィリアムズは、挫折感を覚え、やがて退職した。権威構造の末端の立場では、ダイバーシティに対する組織全体の対応を一新することはできなかった。彼は尽力したが、何を訴えても耳を傾けてもらえることはなかった。低所得層の顧客や有色人種のコミュニティに気軽に足を運んでもらうには組織をあげて変わる必要があるのに、その変化がもたらす影響に、トップダウンのこの組織は、本当は向き合う気がなかったのだ。ウィリアムズにはそうした問題点がずっと見えなかった。なぜなら、ダイバーシティの問題に組織をあげて取り組むのだと信じて疑わず、支援を惜しまないという上層部からの言葉を信頼し、インターンその他のプログラムに参加する若者のために全力を傾けていたからである。プログラム自体はよいものだった。だが、組織全体で見れば、ダイバーシティの問題を解決するのではなく、片隅へ追いやることになってしまったのである。

ときには、気づかぬ間に、誰かを片隅へ追いやる行為に荷担していることもある。設立三五年になる立派なシナゴーグ（ユダヤ教の会堂）が、若いラビを主任ラビに任命した。三五年のうち三二年にわたって信徒を指導してきたラビが、引退を迎えるのだった。

若いラビにとって、最初はすべてが申し分ないように思えた。前任のラビは、公私どちらにおいても、適切な助言をくれた。口を挟まないと約束した。新任のラビが面接のたびに話していた、シナゴーグを現代的にするさまざまなプランを支援するとも述べた。だが、新しくやってきたラビにとって、戸惑うことがたびたび起きた。夕食に招かれて信徒の家に行くと、前任のラビも来ていて、たいてい隣同士で食事をすることになった。結婚式や成人式（バル・ミツバー、バト・ミツバー）や告別式を行う際、経験の長い前任者にも加わってほしいと信徒が頼むこともしばしばだった。さらに重要なことには、礼拝や儀式に関する具体的な改革についてアドバイスを求めると、丁寧ではあるが、いかにも気乗りしない返答しかもらえず、年配の信徒たちの返答もまた同様だった。そのため、若いラビはアドバイスを求めるのを控えるようになった。

それでも彼は、最大限の敬意をもって年上のラビに接した。常に従い、共同での仕事を受け容れ、改革を先延ばしし、つまり彼としては、道がひらけるのを待つことにした。シナゴーグが受けた講演依頼に、代わりに行ってもらうことさえあった。前任者の感情に気を配るのは当然であり、そのせいで引き継ぎが長引くのだと、彼はずっと思っていた。

だが、しばらくして、新任のラビは気がついた。不確かな未来を先延ばしし、長く信徒を指導してきたラビがもたらしてくれる、慣れ親しんだ快適な過去を手放すまいとする人々の大きな意志に、いつの間にか自分が手を貸してしまっていたことに。年長のラビが引退して新しいラビが就任すれば、必然的に変化と挑戦に立ち向かうことになる。その苦しい経験を、年配のラビも信徒たちも、できるだけ先へ延ばしたいと思っていた。新たな体制への移行という苦しみを先送りすることによって、若いラビはコミュニティの人たちに荷担してしまっていたのである。

ようやく、彼はそうしたダイナミクスと、コミュニティでの自分の役割を認識した。だが、信徒にとってすでに権威も信頼もない存在になっていたため、ラビとしての仕事を思うように果たせなかった。彼の起用を強力に推してくれた人たちは、遅々として進まない改革に失望した。一方、改革に猛反発している人たちは、今あるものを手放さずにすんでいることに意気揚々としていた。若いラビは絶望し、職を辞した。

片隅に追いやる行為は、もっと魅惑的な方法で行われることも少なくない。その一つは、あなたはまれに見る特別な人だ、あなたの考えほど重要で貴重なものはない、と褒めてその実、あなたのこともあなたの考えも小さな箱に閉じ込めてしまうという場合だ。まず、「特別な人」という役割によって、今取り組んでいる問題以外では重要な役割を果たせなくなる。つまり多方面で活躍することができなくなってしまう。次に、目下の問題についても低い評価を受けるようになる。なぜなら、その問題のことしか話さなくなるからである。さらには、形だけの平等主義が人を片隅に追いやった例からわかるとおり、組織は、その人がすることになる仕事と組織のミッションとの関係性や影響を検討しないまま、なんらかの特徴を持つ人を称賛し、歓迎する。あなたの仕事があなたにしかできないなら、それはあなたが進める変革であり、組織として推し進め、制度化する必要はないわけだ。

事例に登場する人たちの中には、リーダーシップを発揮しようとしたが片隅へ追いやられてしまい、組織の中で責任ある高い地位に就けなかった人もいる。しかしながら、片隅へ追いやられる可能性は、すべての人にある。トップレベルの、権威ある人たちも例外ではない。最たる例は、問題に深く関わりすぎて、自分自身が問題になってしまうケースである。

リンドン・ジョンソン大統領はベトナム戦争を、わが身に起きた問題として受けとめていた。むろん、戦争に負けた最初の大統領になりたいと思っていたわけではない。しかし同時に、国防長官のロバート・マクナマラに責任を押しつけたくもなかった。その戦争が一九六六年頃、反戦活動家に「マクナマラの戦争」と揶揄されていたとしても、である。ジョンソンはみずから矢面に立ち、やがて抗議者たちは「辞めろ、ジョンソン」と繰り返し叫ぶようになった。数々あったスローガンの中で、それはおそらく最も上品な部類だ。彼らは問題をすり替えた。すなわち、ベトナムから撤退して敗北を認めるのか、それとも、わずかな勝利の可能性のために莫大な財政的、人的犠牲を払うのか、という難しい選択を議会と世間に迫るのをやめ、代わりに、ジョンソン自身を攻撃したのである。ジョンソンは当初、戦争を徐々に激化させた責任を自分が負い、議会と国民に難しい選択を突きつけないことに、リスクがあるとは考えていなかった。実際、反戦活動家と同じくらい個人的に、その戦争のことを捉えていた。しかしやがて、戦争を自分の問題として捉えることで、対立についての議論をさまたげると同時に、自分が効果的に国内の重要課題を進展させられなくなっていることに気がついた。つまり、みずからオーケストラに加わることによって、指揮棒を手放してしまったのである。称賛すべきことには、彼は一九六八年の大統領選で再選を目指そうとせず、その座を降りた。[2]

問題を個人的に捉えると、片隅へ追いやられる結果につながりやすい。みずから問題の具体的な象徴になるのは、必要だがリスクの高い戦略なのだ。これは権限を持たずにリーダーシップを発揮しようとする場合にとくに言えることだが、大きな権限を持つ高い地位にある人にとっては、さらにリスクが高い。彼らはふつう、さまざまな構成要素を代表しなければならず、一つの問題の象徴になることはまずできない。対立の対象になるのではなく、自由に動けるだけの余裕を持って、対立を調和へ導く必要があるのだ。また、後述するように、権限を持つ立場で問題の具体的な象徴になると、問題を解決できるか否かが、成功だけでなく生き残れるかどうかをも左右してしまう。これは、事に臨む姿勢として、危険である。

注意をそらされる

これも、昔からある、片隅へ追いやられる方法の一つだ。

意識的かどうかはさておき、コミュニティや組織があなたの注意をそらせる方法にはさまざまある。あなたの計画にあれこれ付け加えたり、仰天するような提案をしたりもするが、常に用いられるのは、もっともらしい論理的な理由をつけてあなたの行動計画に異議を唱えるという方法である。

ベトナム戦争反対派はうまい具合に、マーティン・ルーサー・キング・ジュニアの活動範囲を、公民権運動から反戦運動へ広げさせた。むろん、それなりの理由があったから、できたことだった。活動範囲を広げることは、キングの道徳的信条に訴えるものがあったし、さらには、公民権運動を大きく前進させたことによって強まった、みずからの能力と勇気に対する彼の自負も刺激したのである。ただ、南部での公民権運動はきわめて厳しく、同じくらい困難な問題のいくつか、はっきり言えば、北部で人種差別を終わらせるという課題にはまだ手がつけられていなかった。キングの目をベトナム戦争へそらすことには、反戦感情の強い北部リベラル派と彼との結束を強固にし、北部での人種差別問題には取り組まない、という二重の効果があったのである。キングがもし公民権運動を、コミュニティや学校、法律事務所、企業に持ち込んでいたら、そこでの人間関係に緊張を生じさせたかもしれない。人々は、生き方を問われ、価値観に疑問を投げかけられ、行動や習慣をじっくり考え直すことになっただろう。それまでの生き方を守るか、友人や隣人の前でそうした生き方を非難するか、どちらかの行動をとる場面が報道されることにもなったかもしれない。

キングが注意を反戦運動に向けたことで、きわめて悪い結果が引き起こされた。支持層の中心である南部の黒人の心が離れてしまったのである。彼らは、北部だけでなく南部にもまだ難題が山積していることを知っていた。キングは、ベトナム戦争問題で大した結果を出せなかっただけでなく、公民権運動から注意をそらしてしまったために、投票権を獲得したときのようには、平等な社会の基盤を築いてさらにその先へと運動を広げていくことができなかった。北部の都市やスラム街で複雑な問題に直面し、運動は完全にストップしてしまった。

取り組むべき課題から離れさせる手段として、昇進や、魅力的な新しい責任を与えられる場合もある。予期せぬときに昇進したり、興味をそそられる、あるいは重要な仕事が現在の役割に追加されたら、立ち止まって考えてみよう。もはや私に取り組んでほしくない、組織自体としても取り組みたくないと組織に思わせるような、何か不都合な問題の象徴的存在に、私はなっていないだろうか、と。例を挙げよう。とある新聞の、何かと文句の多いコラムニストが、編集長に登用された。理由の半分は編集の腕が買われたためだが、あとの半分は、挑発的な記事をそれ以上書かせないためだった。また、ミズーリ州の最も貧しい学区にある小学校の校長は、児童や保護者の間ではとても評判がよかったが、教師たちには何かと難題をふっかけ、関係がひどくこじれてしまった。そこで教育長は校長を、地区本部のコンサルタントに異動させた。それだけではない。この校長は二〇年にわたって改革に尽力してきたが、教育長は「この校長を学校からうまく追い出した。おかげで教育システムに『秩序と平穏』を取り戻せた」と、あちこちで自慢げに話した。あるいは、企業経営の場合なら、次世代の労働組合のリーダーたちがもっと歩み寄ってくれることを期待して、派手に活動する組合員を上級一般職に昇進させ、それによって事態の収拾を図ることもある。

最高の権限を持つ人は、ほかの人たちの要求や計画に基づくあれこれに追われる中で、進むべき道がわからなくなり、つい注意をそらされてしまいがちだ。私たち著者の友人のエリザベスは、数十億ドルの予算、数千人の職員、数十万人に対する支援サービスを扱う、州の福祉機関のトップになるという、長年の夢をまさに叶えようとしていた。熱望した理由は、その機関を長年見てきて、改善につながりそうな新規の行動計画と改革案をいろいろと温めていたからである。現在のシステムを変えたくない人たちの反発を買うことはわかっていたが、度胸と勇気をもって臨めば、絶対やり遂げられると思った。しかし彼女は、重要なダイナミクスを二つ、見落としていた。

一つは、各種福祉プログラムの規模や適用範囲、実施システムに関してである。たしかに組織内外の関係者の意見はばらばらだったが、ある一点に関しては一致していることに、彼女は気づいていなかった。それは、問題が何であれ、誰か一人が抱える問題ではなく、全員が関わる問題に重点的に取り組むべきだということである。そしてもう一つ、彼女が理解していなかったのは、真っ向から衝突しなくても、要望やら何やらできりきり舞いさせれば、彼らは簡単に彼女の計画をつぶせるということだった。

彼女がまさにその職に就こうとしているときに、マーティが提案した。六カ月後にランチをしながら、達成したいと思っているさまざまな計画の進み具合を確認しよう、と。そして彼女は、勇んで戦いの場へと赴いた。やがて、約束のランチの日が来たが、エリザベスは苛立ち、不満げな様子だった。

「一体どうしたんだ」とマーティは尋ねた。「どうもこうもないわ」と彼女は訴えた。「ここまで忙しくなったのは初めてよ。予定表はいつもびっしりだし、どれもこれも大切なミーティングばかりだし。ほとんどのミーティングが、なかなか意見がまとまらないのよ。働く時間も今までと比べものにならないくらい長くて、帰る頃には毎日もうぐったり。週末は家でも仕事をしてる。考えていた計画には、やっとどうにか取りかかれたところ。考えてみれば、この仕事を始めてから、まだ一〇〇人くらいにしか会ってない。まるで、部署とか地位に関係なくみんなで結託して、自分たちのリストにあるいろんなことで私を忙殺して、私のリストにあることには絶対取り組めないようにしているみたいなのよ！」

エリザベスは、仕事の虫として有名で、とても几帳面だ。関係者に対しては、たとえ意見の合わない相手であっても、必ず電話に出て連絡を絶やさない。また、方針をめぐって活発に議論するのが好きだ。そうしたことを、福祉機関の人たちは知っていた。

彼女の言ったとおりだった。彼らはいつの間にか結託していた――現実的に集まって相談するわけではなく、ウォレン・ベニスの言う「無意識の共謀」によって、エリザベスを行動計画から引き離したのである。[3] 未決箱を満杯にして注意をそらすことで、彼らはエリザベスがみずからの計画に集中できないようにした。おかげでエリザベスは、さまざまな意見や問題や、長年続いてきた仲間内でのもめごとの対応に忙殺された。その方法はうまくいった。実際、彼女の計画についてじかに意見をぶつけ合うより、はるかに効果的だった。

攻撃される

あなたのメッセージをかき消すもう一つの確実な手段は、個人攻撃である。やり方がどうであれ、取り組んでいる問題からあなたの性格や仕事の仕方へ、あるいは攻撃そのものへ話題を変えることができたら、攻撃する人は、問題を会話からまんまと閉め出せたことになる。注目してもらうことがリーダーシップには不可欠なのに、それをあなたは失ってしまうのだ。重要な問題に注意を向けてもらえずして、どうやって、人々を正しい方向へ導いたり、進歩を促進したりできるだろう。

なんらかの形で攻撃された経験は、あなたもあるはずだ。メッセージの伝え方を批判されたことがないだろうか。癇に障る／ソフトすぎる、強引すぎる／穏やかすぎる、けんかを売られている感じがする／なだめすかされている感じがする、冷たい／情熱的すぎる、といった具合に。いずれにせよ、よい知らせを伝えたり大金をみんなに与えたりするときに、性格や仕事の進め方が批判されることはない。人々が批判するのはまず間違いなく、あなたのメッセージが気にくわない場合なのだ。と同時に、メッセージの内容に目を向け、その価値に反論するより、あなたの信用を傷つけるほうが効果的だと気づくことも少なくない。むろん、あなたのほうがそう気づかせる隙を与えてしまっている場合もある――もとより、やり方を改善したり、自分を向上させたりしなくていい人など、一人もいないけれども。重要なのは、あなたに非難すべきところがないことではなく、メッセージそのものから注意をそらすために、甚だしく見当違いの非難がなされることである。

注意をそらすための攻撃として顕著なのは、暴力による攻撃だ。一九九九年秋、ワシントン州シアトルで世界貿易機関（ＷＴＯ）の会議が開催された際の抗議デモを覚えているだろう。デモ参加者の目的は、ＷＴＯの方針と、それが貧困層、合衆国での雇用、環境に与える影響について問題を提起することだった。一方、地元警察が力を注ぐのは、代表団と会議の安全を守ることだった。そして、ＷＴＯの代表団が目指すのは、デモ隊が掲げる問題点ではなく自分たちの関心事に、議論の焦点を合わせ続けることだった。意図的だったのかどうか、ともかく警察とデモ隊が物理的に接触し、それによって、問題そのものではなくその衝突に、世間の注目が集まった。デモ隊と警察の小競り合いが起きたために、デモ隊の主張はニュースに取り上げられなくなってしまったのである。

暴力による攻撃が起きると、人はあっさり注意をそらされてしまう。そのような攻撃は、ドラマに満ちている。感情が大きく動く。嫌悪を覚える人もいる。逆に、異常に惹きつけられる人もいる。ただ、示される反応がどうあれ、暴力がふるわれる光景は、潜在するきわめて厄介な問題から人々の注意をそらすのに効果を発揮する。たとえば、家庭で怒りが暴力という形で爆発すると、あっという間に、怒りの原因ではなく、暴力そのものが問題になる。そして、暴力をふるった人は、みずからの考えについての正当性を失い、自分が暴力をふるった相手と意図せずして共謀し、考えについて話し合うことを妨げてしまう。

二〇〇〇年の大統領選では、予期せぬ個人攻撃が起きたために、肝心なことから人々の注意をそらすニュースが生まれた。当時の共和党大統領候補ジョージ・W・ブッシュが、隣にいた同党の副大統領候補ディック・チェイニーに、ニューヨーク・タイムズのベテラン政治部記者アダム・クライマーについて下品な表現を使ってささやいた。ブッシュは、マイクのスイッチが入っていることに気づいておらず、発言が筒抜けだったと、のちに知って青ざめた。マスコミはブッシュを攻撃し、この一件によって性格に問題のあることが判明したと書き立てた。ブッシュの言葉が的を射ていたのかどうか――クライマーの書いていた記事が、公正で理にかなったものだったのか、それとも、民主党指名候補に有利なものだったのか――という点を分析しようとする者はいなかった。そしてブッシュは、意図せずして個人的な問題にスポットが当てられたために注意をそらされてしまい、記事にはバイアスがかかっているのではないかという問題を提起できなくなってしまった。

厳しい現実を突きつける声を沈黙させる最も極端な攻撃法が、暗殺である。イツハク・ラビン元イスラエル首相の暗殺も、アンワル・サダト元エジプト大統領の暗殺も、中東和平の推進を後退させた。そして、現代の相互依存の世界で繁栄するために、人々が土地を失い、先祖への裏切りを経験することになる日を遠ざけた。

幸い、あなたを攻撃してくる人、つまりあなたのメッセージに最も不安を覚える人は、暴力より言葉を使う可能性のほうがはるかに高い。相手は、あなたの性格や能力や家族を攻撃するかもしれない。あるいは単に、あなたの考え方を歪め、偽りを伝えるかもしれない。攻撃は、効果的だと相手が思えば、どんな手段でもあり得る。試行錯誤を重ね、相手はあなたの弱点を探し出す。そしてどこであれ、最も弱く傷つきやすいところに襲いかかる。

政治家の場合は、性格上の問題を非難され、問題に集中できなくなることがしばしばある。ビル・クリントンが大統領だった八年間ほぼずっと、信念・思想面での敵対者たちは、政策上の課題ではなく彼の性格を攻撃の的にしていた。彼らはクリントンのわかりやすい弱点を見つけたのである。攻撃材料を与えたのがクリントンであることは言うまでもないが、この個人攻撃によって、敵対者たちはうまい具合に、クリントンが政策課題に集中できないようにしたのだった。興味深いのは、保守派がクリントンの政策案すべてに脅威を覚えていたわけではない点だ。それどころか、クリントンの政策案のいくつかが保守派のものだったために、彼らは脅威を覚えていたのだ。実はクリントンは、福祉制度改革や均衡予算をはじめとする保守派の政策案を、そっくり真似ていた。うまくいけば、自身の政策案の中で最も強く反発されている部分を、強力に推し進められるようになる。

同様のことが、連邦最高裁判事に指名されたクラランス・トーマスが、上院の承認を得る公聴会で性格を攻撃されたときにも起きた。敵対者がトーマスの個人的な問題を糾弾したのは、それ以外の問題に焦点を合わせても指名承認を否決に持ち込めそうになかったからである。トーマスは、攻撃しやすい保守派の判事候補という型に当てはまっていなかった。アフリカ系アメリカ人で、判事としての哲学や政治的イデオロギーを記した記録がほとんどなかった。一九七〇年にリチャード・ニクソンによって最高裁判事に指名された、聡明さにおいても法曹としても平凡な南部の保守派のG・ハロルド・カーズウェルのような、格好の獲物でもなかった。また、一九八七年にロナルド・レーガンによって指名されたものの、幅広く執筆活動をして出版した見解が多くの上院議員にとって受け容れがたく、承認を得られなかったロバート・ボークほど、攻撃しやすい対象でもなかった。トーマスは、クリントンと同様、どういうわけか性格が、とりわけ、アニータ・ヒルからセクハラを告発されたことが急所になったのだった。

攻撃は、誤ったレッテルという形をとる場合もある。クリントンは、大統領になってまもなく、公民権担当の司法次官補にラニ・グイニアを指名した。ロースクールの優秀な教授で、クリントン夫妻が信頼する友人であり、独創性に富んだ思考の持ち主として知られる女性である。彼女は、政府は個人の権利を守ることに尽力すべきだと強く信じていたので、実際にその任に就いていれば、公民権局を、透明性の高い活発な機関に生まれ変わらせていただろう。ところが、彼女の執筆活動について調査が行われ、政治的代表制の問題を分析したロー・レビュー掲載の論文が見つかり、攻撃を受けることになってしまった。[4] 実のところは、比例代表制について彼女が述べたことは、新しいものでも奇抜なものでもなかった。政治理論として、その意見は高い評価を受け、長い歴史もあり、選挙区の区切り方に関する原則を論じるものと言ってよかった。さらに言えば、攻撃を受けたその主張は、論文で展開されているさまざまな考えの中の一つであり、その論文自体も、数々の論文を書いてきた女性の、ロー・レビューに掲載された一本にすぎなかった。ただ、その一点に注目されることで、「クォータ・クイーン（当選基数の女王）」というレッテルを貼る機会を敵対者に与えることになった。

この誤ったレッテルのために、クリントンは難しい立場に立たされた。クリントンとしては、「クォータ・クイーン」とはなかなか巧いし覚えやすいが政治的に容認できないレッテルであり、歪曲された呼び名であることを説明し、その後、本当の問題――公民権改革の推進という彼女の挑戦――に、ふたたび人々の目を向けさせるという難しい責務を、その気があれば引き受けられたはずだった。あるいは、誤ったレッテルをいったん受け容れ、そのうえで、人々が何と言おうが彼女の味方に立つか、指名を取り消すかを選ぶ、という道もあった。結局、彼は最も簡単な選択肢を選び、彼女の指名を撤回した。

実は、その結論になることを、政敵は見抜いていた。というのもクリントンは、批判が我慢の限界を超えるや、指名を取り下げ問題から手を引いたことが過去にもあったからである。ただ、今回また同じことを繰り返したことによって、クリントンは、自分に対して誤ったレッテルを貼って個人攻撃を続ければ目的を達成しやすくなることを、いっそう敵に確信させてしまった。

誤ったレッテルや個人攻撃を受け、じっと耐えるのは難しい。人々にひどいことを言われても平静でいる難しさを、私たちは軽視するつもりはない。それはつらいことだし、心に深い傷も負う。経験したことのある人なら誰もが、その苦しみを知っている。ただ、そのような苦しみに耐える覚悟が、リーダーとして行動しようとする人には要求される。

本書の第2部では、誤ったレッテルや個人攻撃に対処するさまざまな方法を掘り下げる。だが、まずは相手の行動、つまり、人々に厄介だと感じさせている問題からあなた自身の注意をそらされてしまう方法を、正しく認識することが必要だ。基本的には、舞台が家庭であれ国家であれ、作用するダイナミクスは同じである。一〇代の息子が怒りを爆発させ、悪態をついたとしよう。きわめて冷静でいるときなら、あなたは立ち止まり、「こんな悪態をつく本当の理由を言ってごらん」と息子に言うだろう。息子は、今度もまた、車での送迎をあなたに頼まざるを得ないことに、我慢がならないのかもしれない。あるいは、あなたの真意を確かめようとしているだけかもしれない。こんなにも門限に厳しいのは、心から自分のことを大切に思ってくれているからなのか、違うのか、と。そんなときには、性格上の問題を取り上げてけんかをするより、責任と依存の問題について話し合ったほうが、険しい道ではあるが、得るものが多い。もっとも、実行するのは容易ではない。

ニューハンプシャー州マンチェスターの地方紙『ユニオン・リーダー』が、一九七二年の大統領選挙戦中に、エドマンド・マスキー上院議員の妻を、否定的で品位を傷つけるような言葉で攻撃した。マスキーはそれを個人攻撃と受け取り、そのために、妻を守ろうとして涙らしきものをこぼしたが、彼もまた診断ミスを犯していた。実際には、反マスキー陣営は、彼の選挙戦を妨害し、ほかのさまざまな課題に関して彼の立場を弱めようとしていたのであって、妻になんらかの関心があったわけではないのだ。事実、マスキーが選挙戦から離脱したとたん、妻への攻撃はぱたりと止んだ。誤ったレッテルを個人攻撃と受けとめて対応することによって、マスキーは本当に目を向けるべき課題から世間の注意をそらし、敵に荷担してしまったのである。

魅惑される

リーダーを失脚させる方法にはたいてい、魅惑的な特徴がある。駆け引きが見え隠れする、この「魅惑」という言葉を、本書ではプロセスの名として使う。あるアプローチがうまい結果をもたらしそうであるために、そしてそのアプローチがあなたにとってたまらない魅力を備えているために、あなたが目的意識を完全に失い、そのせいで適切に行動できなくなるプロセスである。魅惑の罠にかかるのは、多くの場合、そのアプローチの性質が原因で、防衛機能が低下し、警戒を解いたときである。

これは、不安に駆られた場合にかぎらない。ありがちな人間的関心に訴えるアプローチによっても、つい進路を変更してしまう。よくある魅惑の罠をひとつ挙げると、所属するグループや支持者に称賛されたいと願うのが、まさにそれだ。

下院議長を務めた故ティップ・オニールが残した「パーティーに連れてきてくれた人と常に踊れ」という言葉は、真理を衝いている。同じグループの人に信義を尽くせ、という意味である。たしかに肝に銘じておくべき助言ではある。だが、そこには重大なリスクがひそんでいる。

意義ある変化を起こし、集団を動かそうとするときには、その集団の中にいる自分のグループの人たちに、どこかで歩み寄ってもらうことになる。しばしば困難を極めるのは、彼らの期待どおりに進まない場合に、うまく対処することだ。彼らは変革を支持してくれるかもしれないが、自分たちが払う犠牲を最小限にしてくれないと困るとも思っている。彼らは、ほかのグループに難しい妥協をさせることによって変革を実現せよと、暗黙のうちに、あるいはあからさまに、あなたに言うだろう。

主要な支持者、すなわち変革に心から賛同してくれる人たちを失望させると、あなたにとっても彼らにとっても厳しい状況を生んでしまう。といって、失望させず、これからも支持を得たいと思って、彼らの無理からぬ願望に譲歩しすぎると、自分の立場を弱くしてしまう。難しい課題を引き受けたものの、みずからのグループの度を超した行動によって立場を危うくされ、結局、社会での信頼をも失ってしまった人を、私たちは大勢知っている。

北アイルランドで聖金曜日の合意（ベルファスト合意）が調印される数年前、マーティは、最も過激な政党を除く、北アイルランドの全政党の代表者会議でファシリテーターを務めた。部屋には、ぎこちなさと緊張が満ちていた。最も憎むべき相手と初めて顔を合わせたという参加者も多数いた。中には、誰とも口をきかない人もいた。そういう人は、集合写真の撮影も拒んだ。

まず話し合われたのは、全く別の時代に全く別の場所で起きた紛争の解決策についてだった。ゆっくりと、細心の注意を払って、意見が交わされる。やがて、仲間をまとめ、解決の方向へ向かわせるという難題にリーダーがどのように取り組んだかという問題へテーマが移った。そのとたん、議論が活発になった。北アイルランドで対立している人たちが、マーティの介入なしに意見を交わし始めたのだ。彼らはみな、グループ内の人々をまとめる難しさを痛感していた。そこに、共通点を見出したのである。

同じジレンマを抱えていることも明らかになった。平和を実現するには何かをあきらめなければならないのに、何も放棄しないとリーダーが約束してくれることを、どのグループの人たちも望んでいた。もしリーダーが、何かをいくらかは失うことになると伝えようものなら、強硬路線を貫くことを約束する後継者に、その地位を脅かされることになるだろう。権威に対するこうした巧妙な要求をふまえ、リーダーたちは仲間の称賛と支持を強烈に求めつつ、敵対者たちとの難しい話し合いに臨んでいた。仲間からの拍手喝采が、彼らに勇気を与える。影響力や価値を彼らに実感させ、冒したリスクにはその価値があるという自信をもたらす。だが、拍手喝采を受ける必要性と、喝采がいつまでも消えないことへの渇望のせいで、より大きな変革について有意義に考えることが難しくなってしまった。

交渉のプロは、同様のダイナミクスを「支持者の問題」と呼んでいる。労使問題の交渉担当者なら誰もがよく知るダイナミクスである。主要担当者たちは妥協と学習のプロセス（深夜にまで及ぶことも珍しくないプロセス）を耐え抜くが、同じプロセスを経験していない労働者らによって白紙に返されてしまうのだ。目標のいくつかをあきらめる覚悟のない彼らは、「骨抜き」と非難し、主要担当者に対して、目的に信義を尽くさない奴だ、という烙印を押すのである。

このことを、マーティは一九九二年にみずから経験した。マサチューセッツ州知事ウィリアム・ウェルドの執行部に、第一秘書として加わり、人事と政務を担当していたときのことである。マーティは州政府のほかの上級職員以上にリベラルだという評判を得たが、少しも戸惑うことはなかった。それどころか、自分の考え方に満足していたし、採用されたのは、ウェルドがいっそう広い視野を持つためでもあるとさえ思っていた。州政府外のマーティの友人の多くは、彼よりさらにリベラルな考え方をしていた。彼らはいい仕事に就いたと喜んでくれたが、一年目から大幅な予算削減を行った共和党の執行部に入ったことを訝しんでいた。

同性愛者や女性の権利の擁護などの活動を進めるリベラルな利益団体は、マーティがその職に就いたことに喝采を送った。知事のオフィスへ話を通すパイプ役になってくれると考えたのである。マーティは、その役目と彼らの称賛を喜んだが、度が過ぎていたかもしれない。利益団体の人々は、よく心得たうえで、繰り返し言った。われわれの声を知事のオフィスに届けられるのは、まさしくマーティのおかげだ、と。

マーティは彼らのおだてに気をよくし、自分が彼らにとって不可欠であることに浮かれてしまい、状況が次第に変わっていくことに全く気づかなかった。利益団体の人々は、いっそう多くのこと、さらに踏み込んだことを彼に求めるようになり、それを彼は、これから先も称賛してもらうために払うべき代価だと捉えた。あまり自分を頼らず、支持基盤を広げ、影響力を高めるよう彼らに求める代わりに、マーティは、自分が重要な役割を果たしていると感じられる特別な立場にあることを選んだのだった。

結果として、知事オフィス内での各種委員会に出席しても、発言権が低下し、問題を追及しようとすればするほどヒステリックな声を上げるようになった。存在感も、日を追うごとに薄れていった。マーティは自分自身の、「当然のことをしたい」という欲求と、さらに重要なことには、同じ価値観を持つ人たちの支持を得たいという欲求に惑わされてしまったのだ。その代償はきわめて大きかった。気乗りしないテーマばかりを提起する人だという目で見られるようになり、徐々に、だが否応なく、頼まれたテーマを議題に載せることが難しくなり、しだいに、ほかのテーマが議題になっているときも話し合いから閉め出されるようになっていった。

利益団体の人たちには、彼をおとしめるつもりはむろんなかった。ただ、だんだんヒステリックな声を上げることになってでも自分たちの利益を擁護してくれるという約束と引き替えに、彼を称賛することによって、これからも裏切られることなく称賛されるか、知事オフィス内での評価を徐々に下げるかを、彼に選択させたのだった。

†
†
†

片隅へ追いやられる、注意をそらされる、攻撃される、魅惑される、という四つのリスクは、同じ機能を果たす。今のところ議題から外されている問題、すなわち適応へのプロセスに、万一リーダーが取り組んだら不安定さが生まれるが、それを減らすことができる。つまり、慣れ親しんだものを維持し、秩序を回復し、適応へのプロセスがもたらす苦しみを味わわなくてよくなるのである。そのプロセスが、つらい変化や、調整や、何かを失うことを伴っていないなら、全く問題ない。だが、必ず伴っているので、ふつうは抵抗が生まれる。実際に抵抗が生まれたときにうまく対処するには、なんらかの形で反対を受けるだろうと、あらかじめ意識しておくことが欠かせない。そこで、リーダーとして行動するためには、変革がもたらす苦しみに真摯に対処し、リスクの兆候を認識するスキルに加え、リスクに対応するスキルも不可欠になる。

PART 2

生き残る方法

第3章　バルコニーに立つ

「行動しているさなかでも大局的見地に立つ」という考えほど、実地に役立つ、たしかで重要な考えはない。たとえば、軍の将校はみな、「戦場の霧（戦況の不確実性）」の中にあるときでさえ熟考できなければならないことを知っている。一流のアスリートも、プレーしつつ試合の全体を見ることができる。この状態を、ウォルト・ホイットマンは「内にいながら同時に外にもいる」と表現した。イエズス会士は「行動のただ中の熟慮」と呼ぶ。ヒンドゥー教徒や仏教徒は「カルマ・ヨガ」、あるいは『今』に集中すること」と表現する。私たちはこのスキルを、「**ダンス・フロアを離れ、バルコニー（上階の桟敷）に立つ**」と呼んでいる。行動しているさなかに一歩下がり、「今、本当に起きていることは何か」と問う。この行為のイメージとしてつけた名である。[1]

心の中で問うこの行為を、なぜ、こんなにも多くの宗教や企業が、これほどまでに勧めるのか。なぜなら、このスキルの実践以外には、私たちの能力を最大限に引き出す行為が、ほぼないからである。私たちはみな行動に呑まれてしまう。これは、その行動が重大、あるいは個人的である場合に顕著だが、そんなときこそ、立ち止まる必要がある。自分を省みるのは、簡単ではない。自分の信条を築くより、既存の信念を採用するほうがはるかに楽でもある。大半の人は、真価を厳しく評価することなく、直観的に組織やコミュニティの多数派に従う。その群集心理は強力だ。おまけに、押し寄せる集団というものは、足並みのそろわない人々を踏みつけるだけでなく、別の方向に目を向けるのを難しくしてしまう――騒ぎが収まるまでずっと、である。

たとえば、先日、私たちが同席したある企業の会議で、アマンダという名の女性が挑発的な発言をした。会社は今、厳しい再編を進めているが、ここに集まった人たちはみな、自分の責務を十分に果たせているだろうか、と疑問を投げかけたのだ。だが、会議の方向性になんら影響はないように思われた。その後しばらくして、ブライアンという、彼女より少し上の立場の男性が、つまるところ彼女と同じ内容の発言をした。そのとたん、会議の出席者たちがブライアンの発言を支持し、最初にアマンダが向かわせようとした方向へ話が進み始めた――少なくとも急に舵が切られた。ブライアンは自分の影響力を実感しながらその場をあとにし、一方アマンダは、軽く扱われたように感じ、不満を覚えた。

集団は、無視したり、その場にいないかのように扱ったりすることによって、つまり片隅へ追いやることによって、誰かをおとしめることがしばしばある。誰しも、一度か二度は経験があるだろう。女性からの話によると、自分たち女性にはよくあることだ、と聞く。

アマンダにしても、バルコニーに立つことは難しかった。なぜ無視されたのか不思議に思ったが、それよりはるかに大きかったのは踏みにじられた思いと怒りであり、そのせいで、目の前の状況から自分を切り離すことが難しくなってしまった。彼女は、ダンス・フロアで起きていることにしか、目が向かなくなっていた。無能な人間と思われるのではないかと不安に思い、脇へ押しのけられることに反応してしまい、今、実際に何が起きているのか、広い視野に立って見ることができなくなっていたのである。

　このダイナミクスに、それが生じているときに気づく人はまずいない。その行動（たとえば会議）に呑まれてしまい、大半の人が決して気づかず、自分の役割を果たすだけになってしまう。観察するのがなぜ難しいかと言えば、この巧妙なダイナミクスがたいてい私たちのすぐそばで起きており、それが目に入ってしまうからである。全体像を見るには、観察すべき行動に自分も参加しているときでさえ、一歩下がって見渡すことが不可欠なのだ。だが、ダンス・フロアばかりに注意が向き、そこでのさまざまな出来事の流れに翻弄され、ときには呑まれてしまっている状況で、バルコニーに立った視点を持つのは至難の業である。

　実際、アマンダの立場であれブライアンの立場であれ、最も気づきにくいのが、自分自身の行動だ。そこで、全天カメラから部屋を見下ろし、自分が一人のプレーヤーとして試合に出ている様子を眺めることを勧めたい。

　この考えを表すのが、バルコニー（上階の桟敷）に立つという比喩だ。たとえば、上階の桟敷《バルコニー》のある広いダンスホールで踊っているとしよう。バンドの演奏に合わせて、周囲の誰もが軽やかに舞う。あなたの視界に入るのは踊る人ばかり。注意の大半がパートナーに集中し、あとは、近くで踊る人たちにぶつからないようにするだけで精一杯。あなたは、音楽とパートナーと雰囲気に、完全に呑まれてしまう。

あとで誰かにダンスはどうだったと尋ねられ、こう説明する。「素晴らしい音楽だった。ホールは踊る人でごった返していた」と。

だが、バルコニーに上がり、ダンス・フロアを見下ろしていたら、違う状況が見えたかもしれない。ひとくちに踊るといってもさまざまなパターンがあることに、きっと気づいたはずだ。たとえば、スローテンポの曲になると踊る人が減り、アップテンポになると大勢がフロアに出てくる。中には、全く踊らない人もいるようだ。さらには、人々が踊るのはフロアの一方の端、バンドからできるだけ離れたところに偏っている、といったことに。帰宅するとすぐに、あなたはこう話したかもしれない。「ずっと踊ってる人、あまり踊らない人、いろいろだった。バンドはうるさすぎたな。私はアップテンポの曲のときしか踊らなかった」

バルコニーからの視点を持つとは、たとえ一瞬でも、ダンス・フロアから離れた自分を想像するということである。目の前で起きていることをしっかり認識し、同時に全体を見渡すには、興奮あるいは緊張する場から離れる以外にないのだ。もし離れなければ、状況を誤解し、誤った診断をして、介入すべきかどうかや介入の仕方について、見当違いの判断を下してしまうことになる。

今起きていることに介入する必要があると判断した場合は、ダンス・フロアに戻らなければならない。慎重すぎる観察者としてバルコニーにとどまるのは、全体像がそもそも見えていないのと変わらない。これは、静的なプロセスではなく、ひたすら反復するプロセスでなければならないのだ。ダンス・フロアとバルコニーを行ったり来たりし、介入し、介入の影響をリアルタイムで観察し、それからまたプロセスの最初に戻る。これによって目指すのは、可能なかぎり、**両方の場所に同時にいられるようになる**ことである。まるで、片方の目はダンス・フロアから、もう片方の目はバルコニーから状況を見て、自分の行動を含めたすべての行動を観察するかのように。最大のポイントはこれだ。「バルコニーから観察するときには、ほかの人たちだけでなく、自分自身も見なければならない」。もしかすると、あらゆる作業の中で、これが――自分を客観視することが、最も難しいかもしれない。

大勢の中の一人として自分を外から見るためには、システムとさまざまなパターンを観察し、全体的なパターンの一部として自分自身を見つめる必要がある。自分の特別な知識や意図や感情を脇へ置き、ほかの人たちが、もしバルコニーに立ったら見えるはずの、あなた自身の役割に気づく必要があるのだ。

行動の参加者になったり観察者になったりを繰り返すスキルは、学んで身につけることができる。会議に出ているときなら、役割を切り換え、観察者になって、今起きていることを、それが起きているときに観察する練習をしよう。起きていることに、自分自身が関わっているときでさえも、である。介入するときは、自分の発言の正当性を述べたり説明したりしたくてたまらない衝動を抑えること。発言したら、椅子をほんの少し後ろへ引いてテーブルから離す、などのちょっとしたテクニックを使うと、観察者になるのに必要な距離をつくりやすくなるかもしれない。見知った結論に飛びつかないこと。ほかにもある、さまざまな可能性に目を向けること。誰が何を言っているか、そしてボディ・ランゲージにも注目しよう。態度を観察し、互いに対する注意がどのように変化するか（支持しているか、妨害しているか、よく耳を傾けているか）をしっかり確認しよう。

言うまでもないが、バルコニーから観察するスキルは、少人数の会議だけでなく、大人数が関わる政治や組織のプロセスを検討する際にも使うことができる。現代シンガポールの父、リー・クアンユーを例に考えてみよう。一九六〇年代初め、彼は同志とも言うべき反植民地主義者たちのものの見方に興味を惹かれた。反植民地主義者の中には、西洋の帝国主義と資本主義を同一のものだと考える、インドのジャワハルラール・ネルーもいた。リーは故国を離れ、世界各地を旅して、建国者たちが新たな国家を導くと同時にもたらした進歩をじかに見た。だが、実際目にしたものに彼はショックを受けた。反資本主義を反植民地主義に結びつけることによって、多くの建国の父たちが自国の経済発展を遅らせ、国民がまずまずの暮らしをするのをさまたげてしまっていたのである。リーは一歩下がり、ほかの新興国家の同時代人たちの通念をたしかめることによって、そうした通念にとらわれなかっただけでなく、現実をより正確かつ包括的に理解し、それを土台にしてリーダーシップを発揮した。また、独立を目指して戦った多くの人と違い、自由市場を導入した。一九六五年から二〇〇〇年の間に、シンガポールは貧しく人種的に分断された都市から、世界有数の経済的競争力を持つ、統合されたコミュニティへ変貌を遂げた。リーの同時代人たちは、植民地時代のトラウマが尾を引き、その反動に基づく価値体系（イデオロギー）にとらわれて、輸出主導の自由市場を悪者扱いしていたが、リーは少しでもよいものは何でも取り入れ、実現したのだった。[2]

リーは、故国を出ることによって、バルコニーに立った。シンガポールというダンス・フロアから、国や地域というバルコニーへ、視点を移したのである。

数ある問いかけのうちどれか一つを実際に問いかけると、見落としが少なくなる。ただし最初は、「今、起きていることは何か」という最も基本の問いから始めること。その後、次の四つの診断作業に取り組み、ありがちな罠にかからないようにしよう。

❶ 技術的な問題か、適応を要する課題かを見きわめる
❷ 人々の立場を知る
❸ 言葉の下の歌に耳をすます
❹ 上に立つ責任者の考えを読み、手がかりを探す

技術的な問題か、適応を要する課題かを見きわめる

先述したアマンダとブライアンの事例は、幾通りにも解釈することができる。アマンダはなぜ、無視されたのか。

話し方……グループの好みに合わない話し方を、アマンダがしてしまった可能性がある。たとえば、確信に満ちた強い口調が、グループの人たちにとっては予想外だったのかもしれない。謙遜を重ん

じる人たちに対して、自信たっぷりな、あまりに挑戦的な態度を見せたために、信頼が損なわれてしまったのではないだろうか。

実績……アマンダとブライアンの組織における役割と評判が原因で、それぞれの発言に対する周囲の受けとめ方に差が出た可能性もある。ブライアンのほうが、それまでずっと、一貫性のある意見や高い能力を示してきたのかもしれない。ブライアンには、そのテーマについて、押しも押されもせぬ実績があった、とも考えられる。

時機……アマンダがそのテーマを持ち出した「タイミング」がよくなかった、という可能性もある。ほかの人たちよりアマンダのほうが頭の回転が速いために、彼女が発言した時点ではまだ誰もそのテーマについていけず、話し合うことができなかったのかもしれない。新しい考えに周囲の人が追いつくには時間がかかる。ブライアンが実質的にアマンダと同じことを述べたときには、彼女の意見は「時宜」を得ていた。人々も、いつでも話し合う態勢が整っていた。

地位……ブライアンは組織の中で、アマンダより公式の権限を少し多く持っていたのかもしれない。そのコミュニティの重要な人物でもあり、人々はさまざまなテーマについて彼の意見に耳を傾ける傾向があるのかもしれない。ほとんどの文化において、正当な理由の有無はともかく、ヒエラルキーの上位にいる人のほうに多くの注意が向けられる。公式、非公式を問わず、ヒエラルキーの影響力はきわめて強大である。

偏見……アマンダとブライアンの事例は、グループに染みついた価値観や規範に直接関わる例としても解釈できる。このグループは、女性の意見を男性の意見ほどには重視しないのかもしれない。偏見がグループ全体の現象であるなら、どの個人を見たところでそれを観察できるはずはなく、バルコニーから見るよりほかない。同様に、アマンダがブライアンよりかなり年下だとすれば、グループは、おそらくは無意識に、若い人とはそりが合わないと思ってしまうのかもしれない。あるいは、アマンダの政治観がグループの人たちを不快にするのに対し、ブライアンの政治観はグループで主流になっている意見と一致しているのかもしれない。さらには、アマンダの発言によってある社会問題を思い起こした人々が、その問題から目を背けるのと同様に、ただしもっと強力に、仕事に関する彼女の提案を、無意識のうちに無視しているという可能性もある。以上の解釈は、「異なるもの」——アマンダが体現する、さまざまな少数派文化——に対するグループの寛容さにスポットを当てている。

最初の三つの解釈（話し方、実績、時機）からわかるのは、問題をアマンダが自分で修正できるということだ。意見の言い方を少し変えたり、発言するタイミングを慎重に計ったり、自分の見方を受け容れてもらう素地を日頃からつくったりすれば、同じことがまた起こるのを未然に防げるだろう。こうした解釈をすると、彼女が無視されたことは、ほかの誰かの手を煩わせることなく直せる、技術的な問題だということになる。

だが、あとの二つの解釈（地位、偏見）は、グループとその各構成員のみずからに対する見方という核心に迫る。この手の問題を口にすると、グループの安定性や礼節をゆるがし、行動計画を脅かす。もしアマンダが、「このグループでは、全員の意見の真価が評価されるのではなく、地位の低い者の意見が軽視される」とか、「このグループは、人種や性別や年齢などで差別するし、何かと偏見がある」などと指摘したら、グループの人たちはきっと反発するだろう。

多くの場合、グループは断然、技術的な解釈のほうを選ぶ。とりわけ、「問題」の責任はグループ全体ではなく個人にある、と解釈したがるものである。そうすれば、解決が簡単で、グループとして骨を折ったり適応したりしなくてすむ。

アマンダがもし、自分以外の地位の低い人や少数派の人が意見を述べたときに、グループがどんな反応をするかをよく観察していれば、どの解釈がより正しいかを見きわめられたかもしれない。話し方やタイミングや実績について技術的な修正を加えてもなお、彼女の発言に対するグループの反応が変わらないかどうか、観察することもできただろう。アマンダが、バルコニーに立ち、情報を集め、注意深く聞き、ふだんの自分のマインドセットを問い直すなら、無視される状況が生じたのは、個人ではなくグループに問題があることを示唆していると気づくかもしれない。そして、この適応課題に対して、自分は「アメフトのボールを持って走っており（率先してやる、の意味）」、だからフィールドを追いかけられているのだということにも、気づくかもしれない。[3]

むろん、その場にいないも同然の扱いをされているときの気分は、ファンの声援を受けながらフィールドを追いかけられるときのそれとは似ても似つかないように感じる。それどころか、無視されている、ないがしろにされている、あるいは間抜けな気分にさえなる。だが、ここが肝心だ！　無視された原因となる個人的、技術的な問題を検討・修正したのちもまだ、あなたは無視され続けていることに気づくかもしれない。理由はほかでもない、言うべきことがあなたにとてもたくさんあるからである。アマンダの場合で言えば、彼女はおそらく、指示されたわけでもそうする権限があるわけでもないにもかかわらず、チーム全体のためになるよう、さまざまな見方を大切にするという適応課題を提起している。この難しい課題を無視するなら、チームは、未来の成功に欠かせない声を、彼女独自の観点がまさしく必要となる場面において、聞けなくなってしまう。

問題というのはたいてい、技術的な側面と適応が必要な側面がセットになっている。介入する際には、どちらに先に取り組み、どんな戦略を用いるかを判断するために、まず二つの側面を見分ける必要がある。

私たちの友人で、ＡＴ＆Ｔに勤めるケンは、部門再編計画の影響を案じていた。もともとエンジニアだったため、その計画が持つ技術的な問題にもすぐに気がついた。部署をどう編成し直したところで、各部署がサイロ化（たこつぼ化）していては、然るべき人たちとコミュニケーションをとれない、とも思っていた。そんな中、ケンは、サイロ化の問題はすなわち適応課題であることに気がついた。組織の人たちは、自分が所属するサイロを要塞化し、会社全体を見て責任を負うことを拒んでいたのである。

ケンは、あの手この手を使って、ようやく、ヴァイス・プレジデントに一五分だけ時間を割いてもらえることになった。経営陣から二階層下の者にとっては、異例のことである。ただ、手を尽くして約束をとりつけたものの、重大な組織的問題を提起するのが越権行為であることを、彼は承知していた。そして、ヴァイス・プレジデントの機嫌を損ねるのではないか、と不安になった。そのため、彼としては選ばなければならなかった。問題の技術的な側面あるいは適応が必要な側面のどちらか一方を話すのか、それとも両方を話すのか。両方を話すとすれば、どちらを先にすべきか。やがて約束の時間が来たとき、ケンは技術的な側面から話し始めた。ヴァイス・プレジデントは何も言わず、とりあえず最後まで話を聞いた。ケンが話をするだけで、一五分が過ぎた。自分のミスにハッと気づいたが、遅きに失した。ヴァイス・プレジデントからすれば、そういう技術的問題については、自分より下位の人間に解決してほしいのだ。ケンは、襲いかかるプレッシャーのせいで思うように言葉が出ず、二つの解釈のうち簡単なほうを話してしまったのだった。

技術的な側面と適応が必要な側面を見分けられるようになったケンは、部署内外からの圧力を感じるようになった。厄介な適応課題は捨て置き、技術的側面に専念せよ、という圧力だ。その組織はいつも、既存の価値観を壊されることのない楽な解釈をしたがるのである。問題を分散させるために、適応課題を技術的問題として扱おうとする組織は珍しくない。今回の問題にしても、その技術的な側面は、ケンの得意とするところであり、それに取り組むことは、権限の範囲を全く逸脱していなかった。

そうした圧力によって、謙虚に難題に取り組めるようになるなら結構だ。一方で、思うように言葉が出なくなることは、行動の手がかりになる。もしケンが、ヴァイス・プレジデントに会う直前にバルコニーに立っていたら、自分が躊躇するのは、とても難しい問題に気づいている証拠だと判断できたかもしれない。そうすれば、約束をとりつけるために手を尽くすのと並行して、このチャレンジを成功させるための土台を築く行動をとれたかもしれない（具体的な方法については後述する）。結局のところ、ヴァイス・プレジデントに注意を向けてもらうに足る問題を特定できないなら、わざわざ時間を割いてもらうことに何の意味があるだろう。

財政危機の問題を見ると、技術的問題として解釈しようとする圧力の構図がよくわかる。一般に、公共セクターや民間セクターが財政危機に陥ると、資金を増やそうとする取り組みが活発になる。権限を持つ人たちが各所で、経費を削減したり、支払いを延期したり、あるいは短期の借り入れをしたりするのだ。そのような解決策は、問題を技術的問題として扱っている。しかし多くの場合、危機に陥ったのは、価値観のぶつかり合い、つまり優先順位の相違が原因である。資金を増やしても、対立を一時的に収めるだけで、根本的な解決にはならないのだ。根底にある問題を解決するには、相容れない優先順位を持つグループ同士が、両者の間の溝に気づき、その溝を埋める努力をすることが必要だ。戦略的な歩み寄り、そして喪失も不可欠になる。何人かを、もしかしたら大勢を、ひどく失望させる結果になる可能性もある。実のところ、「収支を合わせる」とは、組織の行動計画を練り直し、経営の仕方を変えることなのかもしれない。となれば、リーダーが果たすべき役割は、人々を一致団結させ、現れる制約や機会が想像と違っていても、しっかりと状況に適応させることになる。

技術的と言って差し支えない問題なのか、適応を迫られる課題なのかは、どうすればわかるのか。断定するのは難しいが、診断に役立つ手がかりがいくつかある。第一に、単なる技術的な問題ではないと判断できるのは、人々が、好みや習慣だけでなく、気持ちのありようや考え方も変える必要がある場合だ。適応課題に取り組むときには、新しい方法を学び、相反する価値観に見えるものの中から選択を迫られる。そしておそらくは文化によって、絶対に必要なものと犠牲にしてもよいものとが判別され、苦労して前進することになる。

マーティは、一九九〇年代の南アフリカで、教授たちの奮闘を目の当たりにした。気持ちのありようにおいても考え方においても学生が大変革を経験することになる、という明らかな現実を、教授たちが突きつけられていたのだ。民主政治への過渡期の数年にわたり、マーティは南アフリカ各地の大学の教授たちと協力して、新たな課程や、新たなプログラム、そして最も重要である教授法の開発に取り組んだ。教授たちはみな、旧南アフリカのどのグループの出身かにかかわらず、適応しなければならないことを理解していた。ただ、新体制の南アフリカで学生にこれからも適切な指導をするためには、信念を変えるというきわめて困難な課題にいやでも立ち向かうことになる。それまでは、教室の前に立って、進路を定められた、ある程度似通った学生たちに講義をするというスタイルだった。だがこの先、向き合うことになるのは、いかようにも変えられる未来を持つ多様な学生――アパルトヘイト政策とそれを終わらせるための戦いから生まれた、相容れないさまざまな価値観や考え方や経験を持って教室に集まる学生だった。進歩に欠かせない個人の資質が、新しい南アフリカとかつての南アフリカとでは違う。階層的に役割が決められていた時代は終わり、変わりやすく柔軟性のある時代になる。淡々と専門分野を講義したり、権威主義的な問題解決法を考えたりしても、人種や階級や民族によって以前ほど明確には未来を運命づけられなくなった学生には役立たない――。こうした状況のすべてが、南アフリカと教授たちに、適応課題を突きつけていた。

第二に、技術的な問題か適応を要する課題かは、除外のプロセスによっても判断できる。考えうるあらゆる解決策を実行してなお問題がなくならない場合、根底にある適応課題が解決されずに残っている可能性が高い。

第三に、いつまでも対立が続くのは、人々がまだ調整できておらず、適応課題に伴う喪失を受け容れられていない証拠と思っていい。

第四に、危機的状況に陥ったら、それは適応課題の悪化を示す明確なサインである。危機的状況はリスクを表す。なぜなら、極限まで追いつめられ、時間が短く感じられ、不確実性が大きくなるからである。だが、未解決の問題に対する注意を集めるために活用すれば、危機はチャンスになる。

すべての問題がそうであるように、突然の危機もたいてい、技術的な部分と適応が求められる部分の両方を含んでいる。ただ、危機的状況の場合は、調和がひどく乱れる。結果として、内外から強い圧力を受け、危機を技術的問題と捉え、手っ取り早く秩序を回復できる安直な解決策に走ってしまう。実のところ、責任ある地位の人の大半が危機というチャンスをふいにしてしまうのは、あらゆる方面から、技術的解決策に集中してほしい、一刻も早く、肝心要の適応課題には見て見ぬふりをしてでも、秩序を回復してほしいとプレッシャーをかけられるからだ。たとえば財政危機に直面すると、多くの組織が、より難しい戦略的な問題に対処せず、予算を各部署一律一〇パーセントカットするといった愚かな方法を選択する。

サダム・フセインのクウェート侵攻を受け、一九九一年、当時のアメリカ大統領ジョージ・H・W・ブッシュは、イラク軍を撤退させるという技術的問題に関し、さまざまな国と大規模な同盟を結ぶことに成功した。だが、さらに踏み込んで、サダム・フセインと、彼が持つ軍隊、および世界秩序を崩壊させかねない彼の力を排除せよという声が出てくると、ブッシュは尻込みした。単に自国という地理的な箱に戻れと追い払うのではなく、滅ぼしてしまうことは、同盟を脅かす適応課題なのだ。実行すれば、何千人ものイラク兵に屈辱を与え、命を奪うことになる。その光景がテレビで放映され、同盟を結んでいるアラブ諸国の一般人が毎晩、家庭で見ることになる。そしてアラブ諸国のリーダーたちは、難しい課題を突きつけられる。かってない、つらい現実——西洋人が数千のアラブ兵を殺すのを許し、あまつさえ支持することが、自分たちの利益になるという現実に、自国民を適応させなければならないのだ。一方、イラクの侵攻を発端とする同盟を保つには、西洋諸国も難しい適応を迫られることになる。東洋の国々も加わっている同盟を継続するには、支払うべき代償があるのだ。それは、十字軍の時代に西洋がどんな植民と布教を行ったかを考えれば、その支配に対してイスラム世界が今なお恐怖を覚えるのは無理からぬことだと認め、猛省することだ。繰り返した行動とその結果に対する責任を受け容れることは、そもそも苦しい挑戦だが、西側の同盟諸国にとってはとくに、だろう。

短期的には、戦争を続ける中でブッシュがしたように、技術的な側面にまず取り組んでもいいかもしれない。しかしながら多くの場合、問題は長い時間をかけて徐々に深刻さを増し、その結果が危機として現れる。サダム・フセインは悪の権化であっただけでなく、西洋キリスト教社会と東洋イスラム教社会の対立という、もっと根本的な、未解決の問題を象徴していた。この論議の口火を切ったために、ジョージ・H・W・ブッシュ大統領は、脆弱な同盟を危うくし、自分にはコントロール不可能な力を解き放ってしまった。短期的には、もしかしたら技術的問題に固執し、「新世界秩序」などもともと幻想だと言うほかなかったのかもしれない。だが、未解決の問題というのは、見えなくなったからといって、それで本当になくなるわけではない。あの頃から続く、さまざまな国家の大変動や、世界各地で頻発するテロを経験する中で、私たちはそれを思い知らされている。

人々の立場を知る

コミュニティや組織の人たちに、細心の注意を払うべき微妙な問題に取り組んでもらうのは、困難でリスクがある。なんらかの問題について人々がずっと見て見ぬふりをしてきたなら、向き合ってもらおうとしても、余計なことをするなという態度をとられるのは、少しも不思議ではないのだ。リーダーとして生き残れるかどうかも成功できるかどうかも、グループごとに異なるさまざまな考え方を、本当に理解できるかどうかにかかっている。それを理解して、彼らが持つ利害関係と不安を知ろう。

ソーシャル・ワーカーが言うように、「まず、自分を相手の立場に置いてみよう」。そのためには、話をよく聞くだけでなく、好奇心を持つことが欠かせない。相手の問題やするべきことを、自分はわかっていると思っている場合は、なおさらである。相手の考えは、おそらく自分とは違う。そのため、相手の観点に立つことを最初にしなければ、見当違いだ、思いやりがない、あるいは差し出がましいと疎まれるおそれがある。

これは、危機的状況にある場合にはとくに難しい。エクアドルのジャミル・マウアド大統領は、急場しのぎの対策を打ち出すことに終始し、貧しく弱い多くの一般国民と気持ちを通わせることを後回しにしてしまった。国民は、悪化の一途をたどる経済に怯え、なくならない格差に憤った。打ち出した対策がどれほどよかったとしても、国民がどこに意識を向けているのかがわからなかったために、彼はわが身を危険にさらしてしまったのである。

私たちの友人のあるイエズス会士が、職場における信仰心をテーマに、政府関係者を対象として、ちょっとした講演会をひらいた。話すことになっていたのは、公共政策を立案する際の宗教についてだ。さらには、もっと個人的な問題も、取り上げることになっていた。たとえば、職業的役割を果たす際に自分自身の信仰心をどのように扱うか。そして、宗教観もそれぞれなら宗教と仕事の関係に対する考え方も多様な組織をどのように運営すればいいか、といった問題である。講演を聞きに来る政府関係者の多くが、この問題のさまざまな側面について、なんとかしなければと切実に思っていたが、その懸念を仲間とおおっぴらに話し合う機会を一度も持てずにいた。彼らは、意欲と不安が綯《な》い交ぜになった気持ちで、講演会を心待ちにしていた。

友人の修道士は、いつものスタイルで話を始めた。宗教と国家の関係についての考えを、次から次へ、途切れなく整然と話したのである。その後、質疑応答に入る。人々が質問し、彼が答える。すべてが滞りなく進んだが、人々の間には明らかに困惑した空気が漂っていた。教会と国家の関係についての話は面白かった。だが、彼らが本当になんとかしたいのは、自分の信仰心を職場でどう扱えばいいか、役所における宗教の位置づけに対する多様な意見にどう対処すればいいのか、という点だ。感銘は与えたものの、友人は人々の懸念の核心に触れずじまいだった。

一カ月後、この友人が同様のグループに対し、同じテーマで意見交換会をひらくことになった。今回は、いつもの洗練された話し方を脇へ置き、彼はまず、どんなことについて話し合いたいかを人々に尋ねた。人々が問題点を挙げ、話し合うべきテーマを考える。それらのテーマに沿って話を進めながら、友人は数時間にわたる熱心な話し合いへ人々を引き込んだ。その話し合いはきわめて大きな成果をもたらした。人々は、長年抱いてきた考えを見直すことができた。信仰の捉え方が自分と違う同僚に対し、接し方を思い切って変えた人もいた。友人は、前回うまくいかなかった部分で、今度は成功した。なぜなら、一歩下がり、自分の立場ではなく相手の立場に立つことから始めたからである。

シンガポールの初代首相になったリー・クアンユーは、多忙な毎日のスケジュールから時間を捻出して、標準中国語を学び、もともと話していたマレー語に磨きをかけた。努力を重ねて三年あまりが経ち、選挙で共産党勢力が優勢になるという重大な岐路にシンガポールが立ったとき、リーが、人々の話を聞くときも人々と話をするときも、その人たちの言葉を使えることが、運命を決した。さらには、植民地独立後のイデオロギーに異を唱え、旧宗主国イギリスの自由主義経済政策の受け容れを求める際も、成功を収めることができた。[4] リーでさえ、数年をかけて、支持者が使う言語を身につけられたのだ。私たちが、介入する前に少し時間をとって耳をすますことくらい、できないはずがあるだろうか。

言葉の下の歌に耳をすます

リーダーとして行動し、生き残るために欠かせない最初のステップは、バルコニーに立って観察することだ。ただし、客観的な観点に立ちながらも、観察自体は綿密で注意深く行う必要がある。人々がどのような立場に立っているかを見出せたら、彼らと気持ちを通わせ、変革に引き込むことができる。だが、彼らの話を聞くことは、その言葉を額面どおりに受け取ることとは違う。人は自然に、いや無意識に、自分の習慣や考え方を守り、価値ある困難な選択を避けようとするのだ。そこで、話を聞いたら、解釈という相手を怒らせかねないステップに進み、心の中を探る必要がある。つまり、言葉の裏に隠された歌に耳をすまさなければならないのだ。これは特別なことではなく、実は日常的に誰もが行っている。たとえば、調子はどうかと尋ねて相手が「オーケー」と答えた場合、「ケー」は明るくはっきり発音しているのに「オー」は暗い、といった具合に、その大きな違いを私たちは聞き取っている。

リーダーが、個人的な理由で求心力を低下させられることは、まずない。たとえ、なんらかの攻撃が個人的な観点から行われたとしてもだ。人々がリーダーシップの実効性を奪おうとするとき、それはあくまで、リーダーが果たす役割か、リーダーの提起する問題が原因なのだ。サッカーの試合でほかの選手に追いかけられたとしても、彼らはあなた個人を追っているわけではない。あなたがボールを支配しているから、追ってくるのだ。個人名を叫ばれたり、行く手をさえぎられたりしても、良識ある選手なら、個人攻撃とは決して受け取らない。「バルコニー」からの視点を持ち、フィールドで展開される試合全体を見て、目に入るパターンに気を配りながら行動を調整する。これは、スポーツの種類を問わず、一流の選手なら誰もがやっていることだ。

整然と組み立てられ、目的がはっきりしている試合なら、フィールドでの出来事の解釈には、技術上の知識がものを言う。だが、組織という生きものの中では、多様な選手が、さまざまなルールに従って競争し、ゴールの意味についてさまざまな意見を持っている。コミュニティやグループの中で成功したいなら、サッカー選手がフィールドで理解するよりはるかに複雑な現実を理解する必要がある。また、解釈することは、全体を概観するためにバルコニーに立つことと、少なくとも同じくらいには骨が折れる。政治や組織においては、行動しているさなかに一歩下がって現実をよく調べることを、簡単だと思える人は、一人としていない。ほかの人よりうまくできる人はいるかもしれないが、誰も「とるべき行動の台本」を持ってはいないのだ。

先述したアマンダの話を思い出してみよう。もしあなたがその会議に出席して、ダイナミクス――アマンダがいないも同然の存在にされ、ブライアンが信頼を高めた一連の流れ――に気づいたなら、介入するかどうか、さらにはどのように介入するかを判断することになる。つまり、無視というその行為の意味に対する自分の理解に基づいて、行動の方向性を決めることになる。その行為に気づいたら、どう対応すべきかを判断するために、その行為を解釈することになるのである。

解釈するときは、強い反発を招くおそれがあるため、急いだり口に出したりしないよう注意すること。他人の意図を解釈するときは、まずは自分の頭の中で、あるいは信頼の置ける人と行ったほうがいい。行動を解釈するとはつまり、相手の単なる態度以上のものを見るということだ。そのため、当然ではあるが、相手の行動について違う説明――相手があなたに受け取ってほしいと思うメッセージとは異なるメッセージ――を示したら、その相手は怒るかもしれないのである。解釈は必要なステップだ。ただし、声に出して言うべきかどうか、どのように言うべきかは、それを聞く相手の文化と適応能力によって判断しなければならないのである。

経済開発の専門家マイルス・マホーニーは、マサチューセッツ州のある大規模な、だが満足に機能していないことで悪評を得ている機関を率いることになった。州知事がマホーニーをその任に就けたのは、大規模な住宅・経済開発計画における州の役割を強めたいという、マホーニーの熱意と意欲を評価したからだ。ただし、それらの計画は知事にとって最優先事項ではなかった。

マホーニーが率いる機関では、さまざまな開発計画を財政支援の対象として認可するという業務を担っていた。そして彼は、とてつもないプロジェクトを自分の最初の仕事に選んだ。そのプロジェクトは、ボストンの中心街――開発が必要だが「荒廃した」というレベルに分類されるほどひどい状態ではない地域――を大規模に開発するというものだった。ボストンの市民と市長はプロジェクトを熱烈に支持しており、主要な新聞と労働組合、そして実業界の大半も同様に支持していた。このプロジェクトのために、ボストン市はある不動産開発会社を選んだ。市長と親しいが、これほど大規模で広範な開発プロジェクトに取り組んだ経験のない二人の不動産起業家がつくった、共同経営の会社だった。

マホーニーには、プロジェクトと不動産開発会社、そして計画の適合性をしっかり検討する義務があった。かなり自由度の高い裁量権を行使することができ、また、事実に関する判断をもとに結論を導き出した。マホーニーと職員らは、開発候補地域の大半が「荒廃した」レベルではないことを含め、いくつかの点で、プロジェクトは法的要件を満たしていないと確信した。マホーニーはこれを、公益になる事業しか行わないという州の強い意志を示す機会と考えた。そして、プロジェクトを認めないことにした。

彼は、知事の主要な顧問らを訪れ、自分の立場を説明し、支持を訴えた。顧問たちは耳を傾けたのちに言った。「握りつぶしていいぞ、マイルス。ただし迅速に。きみを非難する人々の激しさは、半端ではないからな」

マホーニーは、自分が聞きたいと思うこと、つまり、プロジェクトの不認可を知事が支持してくれる、という言葉を聞いた。だが、その言葉の下に隠れている歌については、聴き損ねてしまった。

彼が受け取ったアドバイスには、重要なキーワードが二つあった。「迅速に」と「きみを」である。顧問たちの言葉の真意は、言外のメッセージを聞き取って初めて、理解できるのだ。

マホーニーは、巧妙に伝えられた、全く別の、ほとんど便宜的と言ってもいいメッセージを聞き損ねてしまった。知事は、マホーニーが認可しないことを、支持する意向である。ただしそれは、迅速に行われ、問題が長引かず、知事のもっと重要な優先事項に影響しないかぎりにおいて、なのだ。知事がすべきことは、各部署のリーダーのそれよりはるかに幅広く、絶えず変化する。知事はマホーニーを支援すると約束できるが、ごく短期間にかぎられる。なぜなら、新たな危機や新たな行動計画が生じればすぐに、注意を向ける先が変わるとわかっているからである。もし問題が長引き、延々と面倒が続くことになれば、責任はマホーニー一人が負うことになる。マホーニーの判断を支援するために自分の政治的資本を無限に使うつもりは、知事にはなかった。

文字どおりのメッセージしか聞き取れなかったために、マホーニーはそのまま事を進めた。知事の強力な支持を、実際以上に得られていると解釈したマホーニーは、プロジェクトの不認可を決定し、推進派に徹底抗戦の姿勢をとらせてしまった。六カ月後、彼は職を解かれ、後任者がプロジェクトを承認した。

上に立つ責任者の考えを読み、手がかりを探す

マイルス・マホーニーは、知事の言葉の下に隠された歌を聴くことができなかったが、たとえできても、知事の個人的意見として解釈してしまったかもしれない。組織やコミュニティで重大な変革を進めたいと思うなら、上に立つ責任者の言葉と行動に注意しよう。そこには、あなたの行動が組織全体にもたらす影響について、重要なサインが現れるのだ。

上に立つ責任者は、あなたがコミュニティの中でどんなことを引き起こそうとしているかを反映する。責任者は、組織内のさまざまなグループの反応を熟慮し、それに応じて対応するのである。窓越しに家の中をのぞき込むときのように、窓の向こうに見えるものこそが実際にあるものだと理解したうえで、責任者という窓を観察しよう。間違っても、責任者はほかと関係なく行動し、個人的な意見を述べている、などと考えてはいけない。実のところ、責任者はあらゆるグループをうまく管理しようとしており、あなたが観察すべきは、押し寄せるプレッシャーに対する責任者の反応なのだ。

上に立つ人の考えを読もうとするときは、関連する問題に対する意見の変化だけでなく、あなたが引き起こした騒ぎについてどんな立場をとっているかも評価しよう。一般には、組織の中で責任者に匹敵するレベルの苦労に見舞われる人は、ほかにはいない。なぜなら、不均衡をコントロールして秩序を回復することが、上に立つ人の最も重要な仕事だからである。つまり、権限を持つ人は、ある社会的システムの中継点《ノード》にいて、あらゆる騒ぎを敏感に察知する。彼らは社会的安定度を測る物差しになるだけで

なく、変革への取り組みが行きすぎている場合には、バランスを回復するためにも行動するのである。

頭がよく野心的な弁護士のポーラは、政治と公職に強い関心を持っていた。まず検察官として手腕を発揮し、さらに、故郷の州行政機関でシニア・マネジャーとしても成功を収めた。行政学の修士号をとるために一年間仕事を休んでいる間も、政治家との人脈を広げ、とりわけ州知事とは連絡をとる機会を増やした。知事のために、研究プロジェクトを完成させ、後援者を組織し、資金を集めた。

ポーラが大学院を修了すると、知事は彼女を、問題を抱える小さな州機関のトップに任命した。州の福祉制度における不正を調査するその機関は、告発できるほど腐敗しているわけではないとはいえ機能不全に陥っていると、マスコミ報道において的確に指摘され、批判され続けていた。

知事は、「あの組織をしっかり立て直してくれ」とポーラのやる気を刺激した。そして、彼女を任命すると同時に、やはり外部の人間をトップ代理に任じた。ポーラとこのトップ代理は、力を合わせれば、組織を改革するという任務をきっと遂行できると思った。

ポーラはいつものように仕事に没頭し、ひたすら前へ突き進んだ。長時間労働も厭わず、職務に打ち込んだ。その機関のトップであることに舞い上がり、地位に付随するもの、たとえば公用車や広いオフィスといったものを使えるのがうれしくてたまらなかった。だが、改革を推し進めるにつれ、上からも下からも反発されるのを感じるようになった。ポーラの率いる機関は、州警察やその他の法執行関連組織と同様、公安局の管理下にあった。そして公安局――警察本位で階層的、ほとんど軍隊のような、事なかれ主義の官僚組織――の価値観を反映している。ポーラは、改革のためにやってきた民間出身の代理人と見なされた。人々に対して、それまでより仕事に打ち込み、新しい手順と労働条件を受け容れることを強制していると思われたのだ。組織の中にも公安局全体にも、しだいに彼女への反感が生まれ、彼女の成功がメディアで取り上げられると、いよいよその空気が強まってしまった。

上下両方から、官僚主義的な人たちの反発を感じたポーラは、配下の職員の一部が所属する組合の代表者と、協力関係を築いた。行動方針を共有し、就任して間もない頃に計画の遂行やマスコミ対応を支援してくれたトップ代理にも信頼を置いていた。だが、それ以外の組織の人々のことは、信用していなかった。

だんだんと、しかし目に見えて、ポーラは情報のリークと内部批判のターゲットになっていった。組合の代表者との関係が、個人的な友情に変わっていた。やがて、深い仲になっているという陰口が耳に入るようになった。

知事オフィスが後ろ盾になってくれている安心感はまだあったが、知事本人とはあまり連絡がつかなくなった。知事の忙しさはわかっているため、個人的なこととは受け取らず、ポーラはオフィスからの激励の言葉を、このまま前進せよというサインだと解釈した。

不安定でストレスに満ちた状態が、しばらく続いた。その後、マスコミがこんな記事を報道した。例の組合の代表者が続けて無断欠勤している。ポーラはそれを、是認しているとは言わぬまでも、知っているらしい、と。ほどなく、知事オフィスから転職をほのめかされるようになった。ほとんどすぐに、ポーラは職を辞し、誰も知らないような州機関の法律顧問になった。だが、それもつかの間で、彼女は州政府から姿を消した。

　責任ある立場の人がみなそうであるように、知事は州政府内外の広範な関係者に対応していた。ポーラはシステムの中で波風を立て、苦労のもとをつくった。それへの対応として、知事は彼女と距離を置いたのだ。彼女が進める改革に反対したいわけではなかったが、同時に、その機関に生じた混乱をなんとかしてほしいという圧力も感じていた。ポーラがもし知事の行動を、彼女との関係性だけでなく、彼女が生み出した騒動の大きさを示すサインだと解釈していたら、考えを変え、事態をおさめ、一からやり直して、ふたたび前進できていたかもしれない。

　政治的ダイナミクスが幹部の行動に影響を及ぼすのは、州政府だけでなくビジネスにおいても同様だ。ある総合金融グループで研修プログラムを主導しているダニエルを例に話をしよう。中部大西洋沿岸地域にあるこのグループ企業は、動きの激しい金融サービス業界をリードしている。だが社内には危機感があった。一応、成功を収めているが、もっと大きな企業にやがて負けてしまうのではないか、あるいは、商品数は少なくても顧客一人ひとりに対応できる専門性の高い会社が現れたら、ニッチ市場を奪われてしまうのではないか、という危機感である。そこでCEOは、来たるべき激動の時代に備えて、社員を鼓舞し、経営陣に準備を整えさせるような研修プログラムを開発するよう、ダニエルに指示した。

　ダニエルは、CEOの言葉を額面どおりに解釈し、コンフォート・ゾーンの外に出てもらうプログラムを考案した。それは、おのおのの習慣を検討し、自身のリーダーシップのあり方についてなんとなく思い込んでいることを見直させるプログラムだった。頭だけでなく、心身を疲れさせるトレーニングも含まれていた。うまくいくとわかっている習慣化したやり方を変えなければ、急速に発展し、次のレベルへ向かおうとしているこの組織で無用の存在になってしまうかもしれないという考えを、彼は突きつけたのだ。否定的な意見もいくらか聞こえてきたが、CEOからの支持は続いていた。

だが、ダニエルは全く気づかなかった。CEOが、公の場で彼のことをあまり称賛しなくなり、年次報告書でも研修プログラムについて触れなかったことに。どうやら、CEOとしては、プログラムを受けた社員の一部からあがったダニエルへの批判に対応せざるを得なかったらしい。だが、翌年のプログラム予算がカットされたときには、ダニエルも気づかないわけにはいかなかった。ダニエルがその件を持ち出すと、CEOは、全社的に行う予算カットの一部であり、「何の収益も獲得できない活動」のコストを見直すためだと答えた。このときも、CEOは個人的なレベルでは十分に支持しているという態度だった。だが、CEOの行動は、研修プログラムが組織中にまき散らした頭痛の種を反映しているのだと、ようやくダニエルもわかるようになった。そして、自分があまりに性急に、度を超して事を進めてしまったことに、また、それによって生じた緊張が、CEOが予算カットという手段を用いて秩序を回復しなければならないほど大きいことに気づいたのだった。

彼は、より思いきったプログラムを始めることが、二度とできなくなってしまった。考案したプログラムが失敗に終わった理由は、ポーラの場合と同じだ。自分がコミュニティ中に蒔いてしまった頭痛の種に対する許容度を評価するためには、敏感に、かつシステム全体を見て、上に立つ責任者の考えを読み取らなければならない。それを、彼もしなかったのである。

適応を迫られてストレスを感じると、その原因と思しき問題を解決するようにと、人々は責任者に圧力をかける。結果として、責任者の行動を見れば、蒔いてしまった頭痛の種のレベルと、バランスを回復する際に組織が取りがちな方法を知る重要なヒントが得られる。

例として、私たちがよく知る、急成長中の、創業二〇年になる企業の話をしよう。新任のCEO、ジェロルド・ペトリーは就任早々、運営費に注目し、それが、この組織が直面している中心的課題だと考えた。ただ、金額的に問題なのはたしかだったが、そこに反映されるもっと大きな課題は、アイデンティティや目的や優先事項に関する根本的な問題および意見の相違を、組織として積極的に解決しようとしない、あるいは解決できていないことだった。この会社には二つの大きなグループがあり、ともに、自分たちこそが会社の基本的価値観と将来の成功の可能性を象徴していると考えていた。一方のグループは、会社として主力製品ラインに力を注ぐべきだと思っていた。市場で圧倒的な強さを誇り、初期の成功に寄与した製品である。もう一方のグループは、既存製品の顧客に新たな製品を提供してラインの多様化を図り、初期の成功基盤を活かしていっそうの成長を目指すべきだと考えていた。しかしながら、重要な根本問題を解決せず、会社は、どっちつかずな対応に終始した。やがて成長が勢いを失い始めた。

ペトリーは、コスト削減に関する技術的問題として運営費に注目したが、それはこの組織が、内にひそむ意見の相違をいつまでたっても解決しようとしないことを顕著に示していた。経営陣は責任を免れる。一方で、その下にいる管理職や、さらに現場にいる社員は、意見が割れたまま予算削減にあえぐことになる。

ペトリーが運営費の問題を技術的問題として扱おうとすればするほど、根本的な問題はもっと別のどこかにあることが明らかになっていく。そこで、ペトリーのような責任ある立場の人を観察すると、システム全体における不安の程度とその原因の、両方が見えてくる。

組織やコミュニティ、あるいは国家のリーダーがふだんと違う行動をとると、その行動の原因は何か個人的なことにあると解釈される傾向がある。たとえば、上司がなんらかの行動をとった場合、それはもともと融通の利かない人だからだと思われたり、私生活で何かあったのではないかと考えられたりする。だが、あなたが見ているその行動は、主要な構成員（ペトリーの場合は、経営陣）からの圧力に対する対応である可能性が、高いと言わぬまでも、十分考えられるのだ。組織の中でリーダーシップを発揮しようと思うなら、上に立つ責任者を注意深く観察しよう。あなたの行動計画や適応へ向けた取り組みによって圧力が加わると、所属する社会的システムの中で反応が生じる。その反応に関して、責任者の行動はどんなヒントを与えてくれるだろう。

ペトリーや、ダニエルの上司、州知事のようなリーダーたちは、政略的に立ち回る人間だとか、旧体制に執着するグループに抵抗され、制約を加えられている、などと思われるのを嫌う。むしろ、革新の支援者として、つまり、部下に「権限を持たせる」新時代のマネジャーとして見られたいと思っている。そのため、難しい問題に取り組む現場の人たちを、口先だけで支持し続けることが少なくない――その取り組みをやめさせてほしいという圧力に対応し始めてからも、当分は。

上に立つ人をじっくり観察し、システムの中で起きていることを映すものとして、その行動を解釈しよう。あなたは、手を引くことになるかもしれないし、前進し続けるかも、あるいは反対者たちをかわそうとするかもしれない。いずれにせよ、上に立つ人が冷ややかな態度を示したら、それはあなたの行動計画に対して組織が抵抗しているサインであり、ゆえに、リーダーとして行動し、生き残るための、きわめて重要な手がかりになる。

†
†
†

リーダーシップは、即興的に行う技術である。あなたは包括的なビジョンと、明確な価値観と、戦略計画さえも持っているかもしれないが、そのときそのときの実際にとるべき行動を台本に書いておくわけにはいかない。リーダーシップを効果的に発揮するためには、今まさに起きていることに対応しなければならないのだ。本書での比喩を使って言えば、一日中、いや一週間、一カ月、一年の間ずっと、あなたはバルコニーとダンス・フロアとの間を何度も何度も往復しなければならない。対応策を講じ、一歩下がって結果を評価し、計画を見直し、それからまたダンス・フロアへ戻って、次の措置を講じよう。絶えず変わる現実を四六時中、診断するマインドセットを、あなたはいやでも持つことになる。

Dデイにノルマンディー上陸を成功させたドワイト・D・アイゼンハワー元帥は、こう語った。兵士らの上陸後にまずしなければならなかったのは、計画を白紙に戻すことだった、と。しかし、計画がなければ決して上陸できなかっただろうとも述べた。計画は、今日の段階でできる最良の予測にすぎない。

明日になれば、今日の行動によって予想外の結果が生じ、その不測の出来事に合わせて行動することになるのだ。

そこで、リーダーとして行動し続けるには何よりもまず、自分と自分の行動計画に起きていることを、まさにその最中に、把握できるようになる必要がある。これはたやすくできるものではなく、修練と柔軟性も欠かせない。あなたはその行動に夢中になり、目の前で起きていることに対応する。少し距離を置けたとしても、今、目にしていることを正しく理解し、解釈するという難題がやはりある。人々の話を聞くことは必要だが、額面どおりに受け取らないこと。彼らはあなたに、自分たちと同じ観点を持ってもらいたがる。自分たちの意欲と、自分たちの側から見た自分たちの行動についての説明を、理解してもらいたがる。別の解釈をする、つまり言葉の下に隠された歌を聴くことは、本質的に相手を刺激する。だが、本当の利害関係や不安や対立に取り組もうと思うなら、必須である。

上に立つ責任者に、細心の注意を払おう。彼らの言葉や行動には、あなたがグループ全体にもたらした影響が示されていると解釈しよう。グループの構成員たちこそが、責任者をさまざまな方向へ向かわせる。責任者の向こう側にいる構成員たちに注意しよう。見えるものを個人的な行動として解釈しないこと。上に立つ人の考えを読んで、前進するペースと方法を判断しよう。

第4章 政治的に考える

分野を問わず、成功しているリーダーの顕著な特徴は、人間関係を何より重視している点だ。これは、選挙で選ばれる人にとくに当てはまる。政治家にとって人間関係とは、呼吸に空気が欠かせないのと同じくらい重要なものなのだ。すぐれた主義・主張や、その実現のために使う戦略は、大切ではあるが、最重要ではない。最重要の資源は人とのつながりだ。だから、相談し、力を借り、目の前の問題に真剣に取り組んでもらえる人とのネットワークを築き、広げることに余念がない。人とのつながりの意味と質の高さが、日頃の公私両方の生活において、結果を左右するほかのどんな要因より重要であることを、有能な政治家は苦い経験から肝に銘じているのだ。

リーダーとして行動する際には、政治的に考えるべき重要な場面が六つある。一つは、あなたの取り組みについて、あなたを支持してくれる人々に対応する場合、もう一つは、反対派に接する場合、残る四つは、支持も反対もしない、しかし慎重な人たち――支持にまわってもらいたいとあなたが思う人たち――と協力する場合である。

パートナーを見つける

協力者《パートナー》を見つけることは、口で言うほど簡単ではない。難題に立ち向かおうとするあなたを、支持者も反対派も、どうぞご勝手にと言わんばかりに傍観するのだ。支持者たちは、行動をともにする前に、まず状況が安全かどうかを確かめる。なぜ彼らがみずからの首を賭ける必要があるだろう？　また、あなたが現状を大混乱に陥れ、おまけに仲間がいないとなれば、反対派は造作なくあなたを脇へ押しやることができる。

さらには、あなたのほうも、誰かが一緒に行動するのを拒否する気持ちを持つかもしれない。その人は、自分の考えを押しつけ、あなたの考えをないがしろにするかもしれない。理解し合うのに時間がかかり、スピードをそがれてしまう可能性もある。複数の人と組むとなれば、あなたが中心になるわけにはいかないかもしれない。功績を立てたい場合や、自分の能力を確認したり周囲に示したりしたい場合、これはマイナスになる。

私たちの友人のジャックは、さまざまなマネジメント理論を活用する、研究と研修のための新たな組織を立ち上げようとしている。「すでに、計画を実行に移し、数年分の主要な行動計画を支えられるだけの資金を調達した」――その噂が広まって、ジャックは支援や協力の申し出に対処するのに膨大な時間を費やす羽目になっている。電子メールや手紙や電話が、新しいビジネスに参加したいと思う友人や同僚から、毎日のように来るのだ。ジャックは途方に暮れた気分になっている。一人でやっていくのは無理だとわかっているが、寄ってくる人たちの中には、彼のビジョンを曖昧にし、スピードを鈍らせ、中核的な目的から気をそらさせる人たちがきっといる。彼は、柔軟でひらかれた組織を目指しているが、二〇年前から温めてきたアイデアが輝きを失うことになるのはいやだと思っている。

M・ダグラス・アイベスターも、仕事を一人でしたいという衝動に駆られた経験があった。彼は一九四八年に、ジョージア州にある小さな町の工場長の息子として生まれた。やがて会計士の資格をとり、コカ・コーラの社外監査役を務め、一九七九年に同社の正社員になった。その仕事ぶりは猛烈で、一週間毎日、日曜日でさえも、朝七時にオフィスに入った。そして財務分野における出世階段を駆け上がった。いつもあっと驚くような解決策を考え出し、担当する財務問題を、どんな複雑なものでもすべて解決したためである。一九八五年には、三七歳でCFO（最高財務責任者）に就任した。彼はその職でも異彩を放ち、財務と会計両面で斬新な方法を考案して、コカ・コーラの利益と市場シェアをどんどん増やしていった。また、財務から経営へシフトすることにより、社内においていっそう注目度と知識を高めた（経営については、自分なりに学び、足りない部分は個人的に教えてくれる人を雇って補った）。しかし習慣は相変わらずで、長時間仕事をし、細かなところにまで注意を払った（『タイム』誌には「週8日勤務の労働倫理」と揶揄された）。[1] 一九九七年に、稀代のCEO（最高経営責任者）のロベルト・ゴイズエタが肺がんでこの世を去ると、取締役会はわずか一五分で、当時COO（最高執行責任者）だったアイベスターを後任に指名した。

ＣＥＯとなっても、アイベスターは変わらぬ情熱を傾けて経営に邁進した。彼にとっては、気にするほどではないと思うような問題は一つもなかった。同社の取締役だったウォーレン・バフェットによれば、孫の好きなピザ屋ではペプシを出しているとなにげなくアイベスターに話したところ、次に行ったときにはコーラに替わっていたという。

アイベスターは極端なまでに、一人で仕事をしようとした。取締役会が、ゴイズエタがそうしていたように、ＣＥＯ代理を置くべきだとさんざん促しても、アイベスターは拒んだ。直属の部下を一六人から六人に減らし、結果的に、アフリカ系アメリカ人として社内で最高の地位にあった人――コカ・コーラ本社のあるアトランタで、市議会議長を務めたこともある――を降格させた。アイベスターは、右肩上がりの成長と市場シェアをひたすら追求するという戦略に沿って、投資と人事とメディア戦略について判断を下した。だがそれは、系列会社という「大家族」や、会社が進出を狙う国の政治家や、ときには消費者といった、対抗利益団体となりうる人たちを考慮した判断ではなかった。たとえば、気温に応じて価格が変わる――つまり、需要が増える気温の高い日に価格が上がる――新しい自動販売機の開発についてマスコミに語ったことがあるが、そんな自販機は消費者に全く歓迎されないかもしれないなどとは、彼は考えていなかった。また、ベルギーの小学生たちが同社の製品を飲んで具合が悪くなったとき、アイベスターは、事の次第が詳しくわかったのちに、ようやく謝罪に向かった。実際に現地へ行ったときは手遅れだった。コカ・コーラの評判はすでに地に落ちてしまっていた。折しも、ペプシなど同業他社が反対する企業買収を、ヨーロッパの規制当局に承認してもらおうと働きかけているタイミングだった。

ＣＥＯに就任してわずか二年の間に、アイベスターは、取締役を含めた主要な社員を一人、また一人と遠ざけてしまった。そして、あらゆる仕事を一人でしようとしている間、コカ・コーラの利益は伸び悩み続けた。それでも彼は、自分一人で仕事をさせてくれたら適切な決定を下せると、取締役会に主張し続けた――それまで同様、長時間働き、知力とエネルギーを傾けてあらゆる問題を解決すれば、すべての仕事をこなすことができる、と。しかし取締役会は同意せず、一九九九年一二月、就任からようやく三年目というときに、彼を解任した。

このような無意識のダイナミクスは、現代社会の至るところで働いている。ジャックにしてもダグラス・アイベスターにしても、一人で仕事をすることが不可能なのは明らかなのに、彼ら自身にも周囲にも、彼らにそうさせる強力な誘因がたしかに存在したのである。

だがそれは決して好ましいことではない。パートナーは、あなたを守ってくれるし、あなたのためにほかのグループと協力関係をつくってくれる。あなたとあなたの行動計画を、力強く支えてくれる。パートナーがいれば、あなたは理路整然とした自分の主張やその裏付けをアピールするだけでなく、政治的な力を強化できる。さらには、もし別の観点のよさを考慮に入れられたら、とりわけ、自分とは全く違うタイプの人たちの観点を取り入れられたら、主張の内容を深く豊かにできる。これは、難しい問題に取り組んでいる場合や、価値観の対立に直面している場合に、とくに重要である。

パートナーを見つけるのは、きわめて難しい。なぜか。なんらかの問題に関してパートナーを組めば、自己裁量をある程度あきらめることになり、それが両者に協力をためらわせてしまうのだ。さらには、信頼関係を築くには、時間がかかるし、さまざまな対立を切り抜けて建設的に行動する忍耐強さも必要になる。だが、力を合わせれば、あなたの取り組みが招くリスクは小さくなる。

中西部に暮らすサラは、新聞や雑誌のデザインの仕事でかなりの成功を収めていた。ある日、業績のよい北東部の大手新聞社に雇われることになった。新聞のデザインを一新し、組織のさまざまな決定を行う際に、デザインも判断基準に加える方向へ舵を切るのだという。つまり、単に見た目を変えるだけでなく、組織の文化を変える仕事である。彼女の採用と雇用を主導したのは編集長だった。彼は、今や視覚的な要素がものを言う時代であることを認識していた。この新聞社を発展・成功させるだけでなく、全国的に一目置かれる報道機関にしたいと思うなら、紙面の見た目を現代的にする必要があることを、彼は理解していた。

だが、デザインを一新するという考えは、組織の文化と衝突し、記者や編集者を不安にさせた。デザイナーは新聞を「上品」に、ひいては曖昧で面白みに欠けるものにしてしまう、と彼らには思われた。見た目の美しさと、過度のわかりやすさを求める読者に合わせて、記事のスペースが減り、写真やイラストや、最悪なことには単なる余白が増えるのではないか、と心配にも思っていた。紙面のレイアウトや、見出しの大きさ、字体の選択、キャプションのつけ方にも、さまざまな変更が加えられるだろう。第一面のレイアウトも、今までより早く決めなければならないかもしれない。新しいデザインの枠組みが導入されたら、昔ながらの、日刊紙の肝というべき経験と勘による自由な紙面づくりができなくなってしまう、と編集者たちは感じた。比較的自由に仕事をしてきた記者や編集者たちは、今後はさまざまなところで歩み寄りを余儀なくされるのかもしれなかった。

サラと編集長は、状況を正確に捉えていた。厳しい道行きになることを覚悟していた。サラを支え、必ず生まれる批判を一手に引き受けるのが、編集長の役目であることも理解していた。編集長の助けがなければ、仕事に対する人々の考え方を価値観ごと根底から変えるなど、できるはずがなかった。

サラは、編集長の支援があっても、自分が少しでも弱みを見せたら、この改革を快く思わない人たちに攻撃されるだろうということも承知していた。この新聞社でずっと働くつもりはなかったが、自分がいなくなったあとも受け継がれる改革を実施したいと思った。慎重に事を進めなければ、彼女がどんな改革を実現しようと、社内の人たちはあっという間に元の状態に戻してしまうだろう。自分が去っても、取り組みが無駄になることのない、何か確実な方法を見つける必要があった。

また、編集長とのパートナーシップは不可欠だが、それだけでは十分ではないことも、サラは理解していた。支援してもらえるのは、社内の反発が強まり権威が失墜する危険性が生じないかぎり、あるいは生じるまでだ。また、彼がどれくらいまで耐えられるかは、彼女がほかにどれくらい支持を得られるかにかかっていると言っても過言ではない。そのため、彼女はさらなるパートナーを探し、デザインが重要だという考えに共感してくれる幹部社員をわずかながら見つけ出し、支持を求めた。そして彼らと絶えず連絡を取り続け、何人かには信頼できる協力者になってもらうことができた。

さらには、いやこちらのほうが重要かもしれないが、サラは既存の社員、とりわけレイアウト・チームを再教育したい気持ちを抑え、外部から人材を募集した。そして、できるだけ早く、編集長が許すかぎり多くの人材を新規雇用して、選りすぐりのグラフィック・デザイナーを探し出した。こうして、デザインに情熱を持つ、しかし同社の歴史という文化的な重荷を克服する必要のない、強力な精鋭チームが誕生した。

サラは生き残り、数年が経つうちに、誰の目にも明らかな成功を築いた。同社にいる間に、組織の中にデザインの意義を深く浸透させたのである。今では、見た目をよくすることは日々の紙面づくりの重要な部分であるという考えを、社内のほぼ全員が受け容れている。デザイナーたちも、記者や編集者と、たまにぶつかることはあるにせよ、日々協力し合って仕事をしている。サラを悪く言っていた人たちは、彼女が去ったからといって、元の状態に戻すことはできなかった。サラは、新聞の見た目を変えただけでなく、以前とは全く違う文化を残した。若手デザイナーたちが、しっかりと組織に溶け込み、この勢いを持続させようと決意していた。

デザイン部の仲間も、報道部にいた少数の仲間も、サラが数々の困難をくぐり抜けるのを間近に見て、長い間彼女を支え、改革の成果が続くことを確実にしてくれた。もし彼女が一人だったら、それは不可能だっただろう。

その仕事を引き受けてからずっと、サラは、望みどおりに文化を改革するにはとうてい十分とは言えない、公式の権限のほとんどない立場で活動した。パートナー、つまりデザインの重要性を知る仲間がいてくれたから、自由に仕事をする余地――つまり非公式の権限――をいくらか得て、新たな領域へ入ることができたのである。しかしながら、たとえ大きな権限と力強いビジョンを持っている人であっても、コミュニティに重大な変化をもたらそうとするときには、やはりパートナーが欠かせない。

公共施設の建築において、ときにメディチ家の時代以来、最も優れた業績を残したと評されるロバート・モーゼス。その彼が一九三〇年代に取り組んだのが、ニューヨーク・シティの様相を一変させる大事業だった。広大な公園、公園道路《パークウェイ》、ビーチ、橋をシステム的に建設し、しかも、ニューヨークで急増する中産階級のニーズを満たすよう、すべてを調和させ、関連性を持たせてデザインするという構想だ。モーゼスの公式の権限は、どんどん大きくなっていった。大事業を進めるにあたり、彼は知事や市長と何度も会って、巨大な権力基盤を築いた。説得力をもって巧みにアイデアを語ったため、さらなる権限を与えられた。州議会からも、土地収容権と、橋の通行料という安定した多額の収益源を自由に使う裁量権を渡された。

　しかし、それだけの権限とリソースがあってなお、大規模な変革を持続的に進めるためには、頼れる仲間《パートナー》が欠かせないことを、モーゼスは承知していた。彼の構想に反対する人は大勢いる。彼が支配する巨額の資金を欲しがる利害関係者も少なくない。公園に関しては、ほかの案を推す人たちと対立した。彼の開発計画の対象地域に自宅やオフィスを持っている人たちとも、事あるごとにもめた。どんなアイデアを提示しようと、彼は必ず誰かと衝突した。

　最初に手がけた大きな計画は、ロングアイランドに公共の海水浴場を整備することだった。のちのジョーンズ・ビーチである。裕福で広い人脈を持つ人たちの所有する広大な土地が、いくつか使われた。

大半の所有者が、自分たちの私有地に「ふつうの」人が何千人もやってくるなどとんでもないと思い、異議を申し立てたが、不首尾に終わった。土地収容権という権力を持ってやってこられたら、取り上げられるがままになるほかなかった。

マンハッタンとブロンクスの計画に取りかかると、さらに強い抵抗を受けた。立ち退きを迫られた家やオフィスの持ち主は、激しく反発した。彼らは、ロングアイランドの地主より抜け目がなく、人数も多かった。結束力の強いコミュニティであり、分裂させられてなるものかと、モーゼスと戦うために計画性をもって行動した。また、教育やソーシャル・サービスなど別の分野で活動する人たちも、すでに確立された支持者グループの影響力を使い、モーゼスの計画に「ノー」を突きつけた。一人ひとりはロングアイランドの地主ほど裕福でもなければ影響力もなかったが、団結した彼らの力は、モーゼスのビジョンにとってはるかに大きな脅威となった。

所属するコミュニティにおいて、モーゼスは、前述のサラよりはるかに大きな公式の権限を持っていた。しかし、強大な法的権限や十分な資金があってなお、自分と自分自身のグループ（従業員、請負業者、ビジョンを共有する人々）だけでは計画を実現させられないことを、彼は理解していた。

彼は、手を尽くしてパートナーを増やそうとした。新聞各社に、ビジョンを訴えた。ありとあらゆる手段を使って、政界の実力者と協力関係を築いた。また、プロジェクトを支持してくれる、ほかの部局の中堅職員とも関係を築き、結果として、内部情報をもらい、計画を阻止しようとする人たちの機先を制することができた。想定内の攻撃もあった。全く別のビジョンを持つ人たちが、善意から彼を止めようとしたのである。彼は、人気を集めたいとは思っていなかった。パートナーの中にさえ、彼のことは嫌いだが、やろうとしていることには共感できる、という人たちがいた。

公式の権限をどれほど持っていようと、生き残って成功するためには、責任ある立場の人との協力関係が欠かせないことを、サラと同様、モーゼスも理解していた。責任ある立場の人とは、サラにとっては編集長だった。モーゼスにとっては、ニューヨーク州知事とニューヨーク市長だ。彼らとの協力関係がなかったら、サラもモーゼスも、持続的な影響をもたらすようなことを何一つ、達成できなかっただろう。

二人が心得ていた重要なことが、もう一つある。変革を最も受け容れてもらいにくいグループにパートナーが所属している場合、大きな力になってもらえるかもしれない、という点だ。サラの場合は、デザインの重要性を理解している人が、少数ながら最初から報道部にいた。モーゼスは、市や州の他部局の人と連携した。こうしたパートナーたちは、重要な情報をもたらし、抵抗勢力の中で本当に起きていることをつぶさに把握できるようにしてくれただけでなく、それぞれの部局の中で、サラやモーゼスがみずから行うよりはるかに効果的にビジョンを伝え、また二人の代わりに批判を受けてくれた。

本当のパートナー――つまり、目標を共有してくれる組織内外にいる人々――を探し出すには、大変な時間とエネルギーが要る。だが、その価値はある。ゼネラル・エレクトリック社のジャック・ウェルチやリミテッド社のレスリー・ウェクスナーのような素晴らしい成功を収めたＣＥＯ（最高経営責任者）は、みずからを自社の「最高人事責任者」と呼ぶ。適切な人をチームに集めることが、最優先事項であり責任であるという自覚を持っているのだ。だが同時に、協力関係が、無制限でも無条件でもなければ、万能ではないことも、よく知っている。

理想的なパートナーとは、あなたの問題に関してあなたの意見に賛成し、積極的にともに戦ってくれる人だ。だが、そんなふうに協力してもらえても、だからといってその人はほかのグループとの関係をなおざりにするわけではない。いうまでもなく、彼らにも多くの人間関係があり、忠実なメンバーとしていろいろなグループに所属しているのだ。このことは、よいニュースとして考えよう。組織の内外を問わず、どこか別のグループに所属しているパートナーは、あなたが取り組んでいる問題に、そのグループの中で取り組むことによって、大いに力を発揮してくれるのだ。変革を起こすには、自分の仲間やグループの人たち、つまり「熱狂的な支持者」という枠を超えて活動する必要がある。パートナーに存分に役立ってもらおうと思うなら、そのパートナーが持つほかのさまざまな関係を意識すること。もしそれらの関係を忘れてしまうなら、あるいはその関係からパートナーが受ける影響を忘れてしまうなら、何をしても空振りに終わり、協力関係も台無しにする危険を冒すことになる。

トム・エドワーズとビル・モナハンは、北西部にある製造会社の別々の部署に勤めていた。IT部所属のトムは、社内のIT化を迅速に進めるにあたり、販売部に所属するビルという信頼できるパートナーを得た。ビルは、販売部のIT化に尽力してくれた。そればかりか、この件に関して、トムへの信頼度を全社的に高めてくれた。

トムとビルは親友でもあり、家族ぐるみで行き来していた。ある晩、食事をともにしながら、トムは、明日の会議で新しい情報管理システムの購入を上層部に承認してもらえるようにしたい、とビルに話した。

そのシステムを導入すれば、長期的には数百万ドルの節約になる。ただし、短期的には、販売部を含めた一部の社員が職を失うという、容赦ない現実が待っている。

考えを話したトムは、ビルの態度に冷ややかなものを感じ、何か気にさわったのかと尋ねた。「そんな話、してほしくなかった」とビルは答えた。「僕としては、販売部の仲間を守らなければならない。だが、どうすれば守れるかについて、きみは今、明日の会議より前に、重要な情報を僕にくれた」

最終的にトムがその同盟関係を失わずにすんだのは、一体どちらに信義を尽くせばいいのかわからないと、ビルが率直に打ち明けたからである。二人はゆるぎない関係を築いており、どちらも本音を話し、ときにぶつかりつつも、長時間にわたって徹底的に話し合うことができたのだ。しかしながら、ビルと同様の状況になったパートナーは、話を聞くだけ聞いて家に帰り、どうしたらいいのかと眠れぬ夜を過ごすことが往々にしてある。一体、どちらを裏切ればいいのか。考えあぐねた挙げ句、販売部に信義を尽くすという楽なほうの選択肢に気持ちが傾き、彼らのために、トムを裏切ることにするかもしれない。

一方、トムと同じ立場に置かれた人は、根回しができたつもりで会議に出席し、そこで初めて、自分のプロジェクトを阻止すべく、パートナーもなんらかの準備をしてきたことを知るかもしれない。

このようなことは始終、起きている。会議に出て初めて、自分を抜きにした「事前の打ち合わせ」が行われていたことを知ったという経験が、あなたにもないだろうか。事前に打ち合わせることによって、出席者たちは、本会議での対立を最小限に抑え、共同戦線を張り、あなたを孤立させるのである。

くれぐれも、自分一人で仕事を進めないこと。事前の打ち合わせなどの下準備をすることによって、自分と自分のアイデアが生き残る可能性を高めることができる。次回はあなたのほうが、会議に先立って電話をかけ、関係者の考えをチェックし、作戦に磨きをかけ、支持者を確保しよう。ただし、その過程において、協力してくれそうな人に対し、自分がどんなことを依頼しようとしているのかをはっきり知ること。その人が協力しようと思ってくれた場合、どの程度の努力を依頼することになるのかを理解するために、その人がすでに持っている同盟関係と、その関係に対する信義の度合いを突きとめよう。

反対派とも連絡を密に

地元の非営利団体で理事を務めるピートは、コネティカット州南部の上位中産階級が暮らす郊外に、ホームレスや身体障害者の保護施設をいくつか設立・運営した。プロジェクトは順調に進んできた。ピートは、構想から土地買収、建設まで、一つひとつのプロジェクトを慎重に計画した。政治的な配慮も怠らなかった。結果として、選挙で選ばれた議員たちから幅広い支持を得ることができた。

そして今、彼は少し新しい方向へ進もうとしていた。精神疾患のある住人が、遠方の医療施設に入るのでも、地元で路上生活をするのでもない、第三の選択肢を持てるよう、専門の支援ホームをつくる計画を立てたのである。入所を見込んでいるのは、精神的に安定しているが、高所得者が暮らす地域では家を借りることも買うこともできない人たちだ。ピートがここぞと思った土地を、彼の非営利団体はすでに取得していた。幹線道路沿いで、住宅街のすぐ裏手に位置し、隣はマクドナルドである。一角に更生訓練所があったが、過去一五年以上にわたり、何も問題は起きていなかった。

その土地に八棟の永住型住宅を建設するために、ピートは町の有力議員を訪ね、米国住宅・都市開発省へ助成金を申請するにあたって力を借りた。行政上の手続きとしてはあと一つ、都市計画委員会の承認を得るというハードルをクリアする必要があった。

事前の根回しは、あらかた終えていた。幹線道路を挟んだ向かいにある地元のブティックからも、強い支持をとりつけた。役所の職員たちとの連携もできている。共通の知人らによれば、都市計画委員会の委員長もプロジェクトに賛成してくれている。建築コンペを行ったことにより、創意に富むデザインで手頃な価格設定の住宅を、低コストで、しかし注目を集めて建設できる見通しだ。ピートは法律に従って、ホーム建設計画を知らせる文書を近隣住民に送り、正式に通知を行った。

都市計画委員会の会議は、月に一度ひらかれていた。ホーム建設計画が議題に取り上げられるのは二月なので、ピートはそれに合わせて準備を進めていた。ところが、予定が変わり、三月の議題にならざるを得なくなった。会議開催の住民への告知は二週間前にはしなければならないのに、それが遅れた影響だった。

二月の会議にやってきた近隣住民は二人だけだったが、二人とも建設計画を快く思っていないのは明らかだった。ピートは住民集会の開催を避けていた。険悪なムードになるに決まっているし、そんな「怒った住民」と会うなど真っ平だと彼は言った。だが、二月も三月も、渋々ながらその二人に会った。

帰り際の二人の様子は今でも脳裏に焼き付いている。二人は「とても不満げに去っていった。われわれのせいで、彼らの不動産の価値が下がり、子どもたちが危険にさらされると思っているのだ」。彼らは三月の会議にもふたたびやってきた。

二月には二人だけだった反対派が、三月の会議では四〇人にもなっていた。発言する番になると、彼らは大声で激しく計画に反対した。ピートは次のように述べている。「彼らはこう言った。子どもたちが安心してマクドナルドに行けなくなってしまう。資産価値が下がる、唯一の投資がめちゃくちゃだ。ただでさえゴミだらけになっているところなのに、と。われわれのことを無責任だと言う人もいた。自分には統合失調症を患う叔父がいるが、人前で服を脱いで家族に恥ずかしい思いをさせている、という話をする人もいた」

結局、都市計画委員会は五対二で計画を否決した。遅まきながら、ピートは住民と会って話をし始めた。委員会の決定に勢いづいた住民たちは、三月の会議のときと同じくらい激しい言葉で計画をこき下ろし、ピートをうんざりさせた。論理的な説明も、外部の専門家の意見も、地元の政治家および市民の支持も、住民集会ではおよそ役に立たなかった。気の滅入るような集会を何度かひらいたのち、ピートはついに計画を撤回し、彼の非営利団体はどこか別の土地を探すことになった。

ピートは、一連の出来事を振り返り、自分の大きな過ちに気がついた。最初の段階で、近隣住民をないがしろにしてしまったことである。ただ、彼の対応は、人間としてありがちで、理解はできる。彼は、計画を推し進められるだけの力と支持を得たと思ってしまった。だから、彼のビジョンに反対する人たちと、怒号の飛び交う困難な話し合いを延々としなければならないなど、考えただけでげんなりした。

あちこちから支持を得ていたために、彼の言葉どおりに言えば、「この計画が受け容れられないはずがないという思い違いをしてしまった。聞こえてくるのは、これでいい、ここに建てるのが適切だという声ばかりだった」。そして、二月の警告のサインを見落としただけでなく、不安を口にした周囲の何人かの声をも無視してしまった。

リーダーシップを発揮して生き残り、成功するためには、支持者だけでなく反対派とも同じくらい密に連絡を取って行動しなければならない。とはいえ、ビジョンや情熱を共有してくれない人々に会うのは、ましてや罵られるとなれば、気が滅入る。そのためつい楽な道を選択し、反対派を顧みず、支持者と連立関係をつくることにばかり集中してしまう。ピートのように、問題を認識するだけでそのまま突き進んでしまってはいけない。その問題は自分の弱点であると同時に、自分が反対派にとって脅威になっていることを示すサインでもある、と解釈することが必要だ。それは、やがて直面することになる抵抗を示しており、もし反対派と緊密に関わらなければ、抵抗はいっそう激しくなるのである。

マイケル・ペルチュクは、このことを理解しないまま、連邦議会において消費者権利を擁護する立場から、連邦取引委員会（ＦＴＣ）の委員長として政策立案と規制強化を行う立場へ転じてしまった。

ＦＴＣ委員長に就任したペルチュクを、消費者運動家たちはちょっとした英雄のように歓迎したが、それは彼が上院通商委員会の主任顧問として上院で実績を上げていたからである。連邦議会において、彼はいつも革新的で、新しい政策やプログラムを次々打ち出し、その多くが立法化された。通商委員長のウォーレン・マグナソン上院議員からも、全幅の信頼を寄せられた。ペルチュクが提案した消費者保護策は評価が高く、おかげでマグナソンは政治家としてきわめて高い支持と知名度と評判を得たのだ。ペルチュクはＦＴＣでも消費者権利を守る立場で行動すべきだと考えた。彼を支持する消費者たちもそれを期待し、また望んでいた。そのため、彼は取り組むべき新たな問題を探した。ほどなくして見つけたのは、子ども向け番組だ。その際のコマーシャルを規制しようと考えたのである。

最近行われた調査によれば、土曜朝のアニメ番組の合間に流される大量のコマーシャルが、感じやすい年頃の子どもたちに強い影響を与えるという。ペルチュクは、新たに徹底的な規制をかけることを提案しようと、行動を起こした。連邦議会で実績を上げたときと同様、問題を選び、それに熱心に取り組んだのだ。

上院通商委員会の主任顧問を務めていたときは、ペルチュクは票数を数えるだけで役割を果たせていた。どんな問題を議題に載せようと、彼はたいてい賛成票を獲得できた。当時の連邦議会は穏健派とリベラル派が多数を占めており、消費者重視の評価の高い法案に、彼らは一も二もなく賛成票を投じた。法案を通過させるだけの票を得ると、ペルチュクは次の行動に移った。反対派のことは見向きもしなかった。新たなアイデアの考案には時間をかけたが、支持を広げる努力にはかけなかった。

その戦略が立法部門で成果を上げたため、彼は、コマーシャルを徹底的に規制するという新しい取り組みでも、同じやり方を使った。製品の広告主であり、規制の動きを拒否するにちがいない実業界と、いっさい連絡を取らなかったのである。彼はテレビ業界とも連絡を取らなかった。テレビ業界は、この規制と直接の利害関係があるだけでなく、規制について報道し、解説することにもなる。ペルチュクはおそらくこう考えたのだろう。「彼らと話したところで、面倒が増えるだけだ」

反感を持たれるという点に関しては、彼の予想は当たっていた。彼らと連絡を取ろうと取るまいと、その反応は同じだっただろう。だが、話をしようともしないことによって、規制の行く末を自分で決定づけることになった。彼は、反対派のキー・パーソンたちとのつながりを失ってしまったのである。その規制案が可決されたら、製造会社は主たる顧客、すなわち子どもに対する販促経路を断たれることになる。広告会社は、コマーシャル作成によって得るはずの収入を失うことになる。そして言うまでもなく、テレビ局は収益を広告収入に依存している。ペルチュクがきちんと向き合って話をしようとすまいと、子ども向け番組でのコマーシャル規制に関して、彼はこうした会社すべてと、分かちがたく関連しているのである。

彼はさらに、子ども向け番組においてコマーシャルを全面的に禁止することを提案した。消費者団体はこれを大いに支持し、彼に喝采を送った。無意識に結託するかのように、支持母体が彼を、度を超えて、危うい状況へと足を踏み入れさせたのである。

彼が予想したとおり、マスコミと実業界がとりわけ激しく反応した。業界の重鎮たちが、この規制は行きすぎだ、問題解決に必要なレベルをはるかに超えている、と声高に述べた。成り行きを見ていた多くの人にとっては、法による規制は言論の自由を脅かすものであり、子ども向け番組をつくる今後の資金確保への影響を無視している、と思われた。そしてペルチュクの行動は、規制当局のリーダーというより、今なおマグナソンのアイデアマンのようだった。彼を称賛する議員たちでさえ、この新たな役職ではもっと公正な視点に立って然るべきだと思うようになっていた。結局、議会は容赦なく、さしたる審議もせず、ペルチュクの政策案を却下した。ＦＴＣは、実業界の人々はもとより、議員や弁護士の信頼を失った。もっと違った案であれば支持できたかもしれないが、ペルチュクの案があまりに過激だったために全面的に反対したのだった。一年足らずで、子ども向け番組におけるコマーシャル規制の話は完全に消えた。ペルチュクは、以前のようにもてはやされなくなり、気がつけば委員長として活躍することもなくなってしまった。

あなたの取り組みに反対するのは、あなたの成功によって、誰より多くを失う人である。逆に、支持してくれるのは、失うものが最も少ない人だ。また、反対派の人が支持にまわるには、同じグループの仲間を裏切ることになるため、大きな犠牲を払うことになるが、支持者は、あなたと行動をともにしても、何も犠牲を払わなくていい。そのため、反対する人にこそ、注意を向けよう。これは、巧みに生き残る手段であるだけでなく、思いやりの問題でもある。

反対派と密に連絡を取ることは、診断することでもある。人々の立場をぜひ知る必要がある場合、理解するべき最も重要な人とは、あなたが目指す変革に最も動揺すると思われる人である。

関係は支持者とも反対派とも築かなければならないが、ふつう、あなたの成功を左右するのはその中間に位置する人、つまり、あなたの取り組みによって生活が乱され、きっと未来が不確実になるという だけで抵抗する人である。彼らには、慣れ親しんだ環境に身を置き、安心したいという思いを除けば、現状に対して実質的な関心はほとんどない。だが、慣れたことをし続ける力を侮ってはいけない。課題に取り組み、支持者と反対派に注意を払う一方で、支持も反対もしない慎重な人、つまり、ぜひ支持にまわってもらいたいとあなたが思う人を忘れないようにしよう。変化に対するありがちな抵抗が、あなたを脇へ押しやる大きな流れへ変化しないように注意すること。次に四つのステップを紹介するが、いずれのステップも、彼らの信頼を得ることに重点を置いている。

自分も問題に関与しているという責任を引き受ける

所属する組織やコミュニティでリーダーシップを発揮しようと思うなら、あなたも問題と無関係ではない。これは、グループが家族も同然になっている場合に、とくに肝に銘じておくべきことである。率先して問題に取り組んだとしても、だからといって責任を逃れられるわけではない。それなりの地位に就いている間に問題が生じたとすれば、その発生に多少なりとも責任があり、まだ対処できていない理由についてもなんらかの関わりがあるのは明らかだ。たとえ外部の人間で、着任したばかりであったとしても、進めたいと思うまさにその変革を滞らせかねない部分が、自分の行動や価値観にあることを認識する必要がある。つまり、人々をもっと別のよりよい世界へ導こうとしているときでも、現況に自分がなんらかの影響をもたらした責任を認識し、受け容れなければならないのである。

私たちは、講義やトレーニングやコンサルティングを行う際に、仕事やプライベートや市民生活の中で今まさにぶつかっているリーダーシップに関する問題を、簡単に書いてもらうか話してもらうようにしている。長年続けてきたので、挑戦について読んだり聞いたりした話は、誇張ではなく数千にのぼる。ほとんどの場合、一回目に書いて（話して）もらうときには、当人は出てこない。彼らは暗にこう言うのだ。「仕方ないじゃないか。ほかの人がもっと頑張ってくれさえすれば、いい結果を出せるんだが」

あまりに簡単に、組織の内外を問わず誰かほかの人に責任を負わせると、みずからリスクを生み出すことになる。状況を誤診してしまうのはもとより、自分も問題に関与しており、変わる必要があることを否定するため、自分自身を攻撃の的にしてしまうのである。どう考えても、誰かを公然と非難し、いやがることを強要するなら、強要された人としては、あなたを追い払うのが最も楽な対処法だ。こうして、「あなた対彼ら」というダイナミクスが出来上がる。だが、もし彼らに寄り添うなら、つまり、問題にともに立ち向かい、責任を、あなたを含めた全員が負っていることを各自が認めるなら、あなたは攻撃されにくくなる。

リミテッド社の創業者兼CEOのレスリー・ウェクスナーがそうした問題に直面したのは、一九九〇年代初めの、同社の業績が「急激に悪化」し始めたときだった。ウェクスナー曰く、「みな、懸命に頑張っていたが、どうにもならなかった」。彼は会社を世界トップレベルにまで大きくし、従業員数も四人から一七万五〇〇〇人に増やしたが、それまでの戦略ではもはや成長できなくなってしまった。[2]

一九九二年の第4四半期の業績は素晴らしかったが、その後は二年連続で落ち込んだ。

ウェクスナーは、ハーバード・ビジネス・スクールのレン・シュレジンガー教授にコンサルティングを依頼して、会社の問題点を徹底的に調査し、業績回復に必要なものを探ってもらった。最終的に、教授は次の三点を勧めた。まず、ブランド力を強化すること。これはウェクスナーも頷けた。次に勧められたのは、従業員の相当数、できれば三分の一を解雇することだった。だが、ウェクスナーは一九六三年の創業以来、会社をいわば家族のように思って経営してきた。解雇することにひどく抵抗があり、こんな提案を受け容れるわけにはいかないと思った。

三つめの提案は、さらに彼の心に突き刺さるものだった。シュレジンガーは、ウェクスナー自身も問題の原因をつくっている、と指摘したのだ。そしてこう述べた。会社の業績回復は、彼を含めても含めなくても図ることができる。ただし、含める場合には、彼は責任を負わねばならず、考え方も行動も抜本的に変える必要がある。もし変えないなら、残っている従業員と株主と取締役会が、必要な改革をさまたげてしまうだろう。

ウェクスナーにとって、それは理解しがたい提案だった。一九六三年に創業するとき、彼は叔母から五〇〇〇ドルを借りた。それを元手に、オハイオ州コロンバス郊外のショッピング・モールに婦人服店をオープンした。当時は、年に一万五〇〇〇〇ドルを稼ぎ、数年ごとに新車を買い換えることを目標にした。一年目には一六万五〇〇〇ドルを売り上げた。以来三〇年近くにわたり、彼は会社を毎年右肩上がりに成長させ、一軒の婦人服店は小売業界の巨人となった。成功を称賛され続けてきた彼にとって、自己イメージの核心というべき価値観や習慣を捨て去ることは受け容れがたかった。そのうえ、五八歳であることを考えると、はたして間違いを認め、やり方をあらためられるのかどうか、疑わしかった。

ウェクスナーは次のように喩えて当時の心境を述べている。「私はトレーニングを重ねて野球選手になった。ところがある日、肩をポンと叩かれ、こう言われるわけだ。『これからはアメフトをやれ』と。『いや、私は野球選手だ』と言っても、『アメフトをやれ』の一点張り。『そんなことを言われても、やり方さえ知らない。アメフトをやるような身長も体重も持ち合わせていない』。だが、もう誰も野球を素晴らしいと思ってくれないなら、野球選手としてやっていくことはできない。だから、鏡を見てこう言った。『ついてなかったな、もう誰も野球なんか観たくないってよ。さあ、アメフトに鞍替えだ』」

彼はシュレジンガーを信頼していたので、問題の責任が自分にもあることを、決して簡単ではなかったが、受け容れるようになった。そして会社を変革するだけでなく自分自身も変えようとする姿勢を前面に押し出した。エグゼクティブ・コーチを雇って、新たな方法を学び、改革を順調に進める手助けもしてもらった。そうした姿勢は、株主や資金の出し手はもちろん従業員たちの目を引いた。彼の変化を目の当たりにすることによって、彼が自分たちの側に立っていること、難しい問題に挑み、責任とリスクを引き受け、不確実な未来に立ち向かっていることが、彼らに伝わった。考えをみずからの行動で示すことによって、彼は長期に及ぶ再建期において攻撃の的になるのを避けることができた。個人として立ち向かう姿勢が、改革を他人事《ひとごと》のように見ていた多くの人を動かしたのだった。

ウェクスナーはみずから変わり、生き残り、成功した。リミテッドもまた同様だった。一九九六年から二〇〇一年にかけて、一〇〇〇の店舗と一二万四〇〇〇人の従業員を削減しつつも、同社の売上は五〇パーセント、営業利益率は四パーセント、増加したのである。

人々の喪失感を承知していると伝える

このことを、くれぐれも忘れないこと。適応へ向けて取り組みを進めるときは、人々に大きな犠牲を求めることになるのだ、と。その人のアイデンティティにとって重要な二つの価値観から、どちらか一方を選ぶよう求める場合もある。子どもがいながら離婚を経験した人ならみな、その難しさを知っている。自分自身の幸せか、子どもにとっての最善かを選択せざるを得ないというのは、考えるだけで多くの人が慄然とする。もはや何の満足も得られず形だけになってしまった結婚生活など、終わらせたほうが子どものためだと、自分を納得させようとするかもしれない。だが、たいていの場合、子どもはそうは思わないし、多くの専門家もまた然りだ。

あるいは、支持している価値観と実際の行動との落差を減らすよう求める場合もある。マーティン・ルーサー・キング・ジュニアは、公民権運動を進めているときに、まさにその問題をアメリカ人に突きつけた。デモ行進の際に彼と彼の仲間が受けた憎しみに満ちた扱いによって、自由と公正さと寛容さを重んじる伝統的なアメリカ人の価値観と、アフリカ系アメリカ人にとっての現実とのギャップが、劇的なまでに浮き彫りになったのである。自分は善良な国に暮らす善良な市民だと自己満足している多くの人に、彼は、価値観と行動の大きな隔たりをしっかりと見つめさせた。そして、見つめさせられた人々は、行動せざるを得なかった。現状に匙を投げる以上に、自分自身の偽善に目をつぶる苦しみのほうが耐えがたかったのだ。結果、この国は変わった。

むろん、時間はかかる。価値観と行動の差――自分の人生の中、あるいはコミュニティの中にある矛盾――に向き合うには、喪失感を経験する時間が必要だ。適応へ向けた取り組みは、先祖への裏切りを要求することも多い。そんな偏った見方をするな、と誰かに言うのは実質的に、その人の優しい祖父の教えが間違っている、と言うのと同じだ。キリスト教の宣教師に、「あなたは愛の名を借りて土着のコミュニティに害を与えている」と言うのも、布教の意味自体に疑問を投げかけるのと変わらない。「地球規模で相互依存するこの時代に、異なる宗教団体が真理と魂のために争うような状況を、もはやつくるべきではない」と意見するのは、その宣教師が家族や教師から愛情を込めて教えられた聖書の解釈に疑問を投げかけるのと同じだ。

長年あるいは何世代にもわたって大切に守ってきたものを捨ててほしいと人々に求めるのは、自分を追い払ってくれ、と言っているのも同然である。時としてリーダーは、自分が人々にどんな犠牲を求めているのかを正しく理解していないという、ただそれだけの理由のために、追い払われてしまうことがある。リーダーにとっては、変革がそれほど犠牲を伴うようには見えないため、ほかの人たちにとっては違うのだということをなかなか想像できないのだ。だが現状は、そこにすっかり浸り込んでいる人にとっては、それほど悪いと思えず、不確実な未来に比べれば、はるかによく見えるかもしれない。手放してもよい、と組織やコミュニティが考えるのは何なのか、そして誰なのか。それを突きとめる手助けをするのも、リーダーの仕事だ。コミュニティが大切にしているすべての価値観の中で、前進するために犠牲にできるのは、どの価値観なのか。

人は、理由がわかれば、犠牲を払うことを厭わない。若者は、命より大切な価値観を守るために、両親の賛同を得て戦地へ行く。そのため、犠牲を払う理由、つまり喪失感を味わい、別のものに信義を尽くさなければならない理由を、是が非でも伝えなければならない。そこまでする価値があるのだと、人々は知る必要があるのだ。

一方で、あなたには、失うことになる価値観と、そこまで苦しんででも立ち向かうべき、より大きな目的とを明らかにするだけでなく、人々が具体的に何を失うのかをあなたが知り、喪失感を理解していることを伝える必要もある。よりよい未来をつくる過程において、人々に何をあきらめてほしいと求めているのかをあなたがわかっていることを、人々は知る必要があるのだ。人々に求めている変化の難しさを、あきらめてほしいと求めているものごとの何ものにも代えがたい価値を、あなたが理解していることをはっきり伝えよう。悲しみをともにし、その喪失が記憶に刻まれるような何かをしよう。何人かに簡単にコメントするという方法でよい場合もあるが、たいていは、もっとおおっぴらに、はっきり目に見える何かをして、あなたがたしかに理解していることを確信させる必要がある。

二〇〇一年九月一一日、テロリストはその攻撃によって、アメリカ全体と、とりわけニューヨークに、計り知れない混乱と喪失感をもたらした。ニューヨークの人々は、失ったものを悲しむだけでなく、新たな現実、すなわち自分たちの脆弱さに、いやでも向き合うことになった。人々が必死に適応しようとしていることを、市長のルドルフ・ジュリアーニはおそらくすぐさま察した。彼は人々の苦しみを、明確に、魂を込めて、繰り返し述べた。危険を冒さず、家にこもっていたいと思う気持ちはよくわかるが、それでもなお、九月一一日より前の活動を再開することを、仕事に行き、市内の公園を訪れ、レストランや劇場に足を運ぶことを、何度も何度も促した。しかし、助言が聞き入れられるようになると、今度は、人々に何を求めているのかを、自分が理解していることを伝えるようになった。以前にも増して個人的な安心感を維持したいと思っている人々に、より大きな価値、すなわちテロに屈せず、ニューヨークを再建するという価値のために、安心感を求めるその気持ちを手放してほしい、と彼は求めた。さらに踏み込んだこともした。自分を危険にさらし、グラウンド・ゼロ――ビルが崩壊した九月一一日にもみずからの身を置いた場所――へたびたび行くことによって、人々に求める行動をみずから範となって示したのである。ときには、喪失感を理解していることを言葉で伝えるより、求める行動をみずから範となって示すほうが、はるかに強く人々の心をゆさぶるのだ。

範となって示す

アヴラムは、イスラエルにある、きわめて業績のよい化学工場のCEOだった。ある日、製造ラインで爆発が起き、残念ながら二人の従業員が死亡した。アヴラムはすぐさま、亡くなった従業員の遺族に丁寧に対応し、事故の原因を調査した。迅速に問題点を特定し、二度と事故が起きないようにする措置を講じた。

だが、何をしても、十分ではないように思われた。優秀な従業員の多くが工場に戻りたがらなかった。戻った場合でも、恐る恐る作業をするため、能率が上がらない。工場の安全性を信じられなくなってしまった彼らは、アヴラムがどんな言葉をかけても、同僚が命を落としたまさにそのラインに戻ったり、以前と同じ効率で作業したりするほどには、安心できなかった。明らかにショックを引きずっており、生産性が低下した。会社の未来にも暗雲が垂れ込めているように思われた。

やむなく、アヴラムはある決心をした。ＣＥＯを退き、爆発が起きた製造ラインで作業を始めたのである。徐々に、従業員の姿が現場に増え、生産性も少しずつ上向きになった。やがて、会社は危機を脱した。一〇年後には、イスラエル屈指の会社となり、事故が起きる前よりはるかに大きな利益を上げるようになった。

ＣＥＯは、従業員にしてもらいたいことが、自分には安全に見えても、従業員には危険に思われるのだということに気づいたのである。現実を、従業員とは違う角度から見ていたために、どれほどとてつもないことを要求しているのか、最初は理解できなかった。経営を預かる人間として論理的に考えて行動した結果、工場を安心して働ける場にできたと思い込んでいたのである。だが、理屈や証拠をどれほどそろえたところで、従業員の不安をやわらげることはできなかっただろう。彼らの不安には根拠がないと思っても、CEOとしては、引き受けてほしいと求めているリスクを自分がきちんと理解していることを、彼らに知らせる必要があった。受け容れてもらいたい喪失（この事例では、個人的な安心感の喪失）を、承知していると伝える必要もあった。彼らの不安はとても深刻だったので、言葉で伝えても十分ではなかった。CEOはみずから行動して範を示さなければならなかったのである。

一九七二年、ジーン・パターソンのもとに、『セント・ピーターズバーグ・タイムズ』紙を所有するネルソン・ポインターから電話がかかってきた。[3]『ワシントン・ポスト』紙の若き編集長として活躍したパターソンだったが、ちょうど離任し、ジャーナリズムの世界でこの先やっていけるのかと不安に思い、自信も失っていたときのことである。ポインターは、ゆくゆくは自分の後継として、いくつものメディアを傘下に持つ会社全体を率いてもらう心づもりで、パターソンに編集長の職を提供した。パターソンとポインターは旧知の間柄だった。新聞社の集まりで出会って以来、互いの仕事を尊敬してきた。パターソンは新聞社の経営に興味を持っており、『セント・ピーターズバーグ・タイムズ』を長く愛読していた。一方、ポインターは、すでに高い評価を得ている新聞社を次のレベルへ引き上げてくれる人物を探していた。彼は同紙を、評判のよい地方紙というだけでなく、ジャーナリズム界を照らす最高の灯台にしたいと思った。フロリダ州セント・ピーターズバーグが、彼曰く「世界一住み心地のよい場所」になるための、原動力にもしたかった。パターソンもポインターも、大胆で妥協のない記事を書き、街の有力者から距離を置くことによって、すなわち、強者ではなくむしろ弱者の声を代弁することによって、同紙の評判を高めたいと思っていた。

こうした目標を達成するためには、記者とほかの従業員の、自己や仕事に対する姿勢も、読者の『タイムズ』に対する見方も、価値観を含めて抜本的に変革しなければならないことを、ポインターもパターソンも承知していた。聖域をつくることはできない。地元地域に関する悪いニュースについても、手加減するわけにはいかなくなる。権力や影響力を振りかざす組織同様、広告主も、ジャーナリズムの追及を受けることになる。『タイムズ』は定期的に調査報道を行うことになり、著名な組織や個人であっても、それが当然の場合には非難を免れなくなる。報道および論説の担当者は、見たままの経過を伝えるために、躊躇なく新聞社の力を使うことになる。結果として、記者をはじめ同社に勤めるほかの社員を重圧にさらし、論争に巻き込むことになる。

　編集長になって四年後の一九七六年七月四日、パターソンは懇意にしている外信部長ウィルバー・ランドレーのホーム・パーティーに招かれた。その帰り道のこと、赤信号で止まった際に隣の車に接触し、やってきた警察官に飲酒運転がばれて逮捕されてしまった。パターソンは、ベテラン記者で編集主幹になったばかりのボブ・ハイマンに電話をかけ、この逮捕を記事に書いてくれと言った。

　当時のやりとりを振り返り、ハイマンは思いとどまらせようとしたのだと話した。[4]だが、パターソンは頑として譲らず、どうしても記事にしなければならないと言ったのだという。「私が『わかったよ、ジーン』と答えると、彼はさらにこう言った。『記者をやって、警察から詳しく話を聞いてくれ。記事は一面に載せてほしい』。私はもう一度、異を唱えた。『飲酒運転だけで誰も怪我をしていない場合、今はもうほとんど報道されることはない。たとえ市長が起こしても大々的に扱うことはしないし、載せるのもたいてい地域面だ』。パターソンは、私の話を聞くだけは聞いたが、考えを変えようとは全くしなかった」

ジャーナリストとして最高の規範と志を実践する努力をし、適応してほしいと社員に求めるなら、自分とポインターがまず、そうした規範を、痛みを伴う場合であっても、身をもって示す必要があることを、パターソンは承知していた。また、規範を変えれば抵抗が生じることを、二人とも理解していた。日常業務から離れつつあるポインターより、外部から来た新しい編集長であるパターソンのほうが、従業員からの否定的な反応や地域のリーダーたちからの抵抗を受けやすいことも、二人ともわかっていた。飲酒運転の一件は、社員に求める行動を、みずから範となって示すチャンスだった。それが、自分の本気が試される正念場であることを、彼は理解していた。どんなにばつが悪く気が重かろうと、『タイムズ』の自分に対する扱いを、どうしても、ほかの著名人に対する扱い方と同様にしなければならなかった。それができなければ、ニュースを体裁よく見せるだけのジャーナリズムではなく、ときに不快感や論争を招くこともあるだろう新しいジャーナリズムを受け容れる方向へ、会社と街を変革するなど、望むべくもなかった。結局、パターソン逮捕の記事は、一面に掲載された。

この出来事は、タイムズ社とセント・ピーターズバーグで、今なお語りぐさになっている。逮捕を報道するという意志をパターソンが貫いたことで、社員も街の人々も、ときに論戦を交えつつ、率直で生き生きとした関係を築きやすくなったことを、誰もが認めているのである。

範を垂れることは、象徴的な出来事という枠に収まらない。紹介した一連の事例において、リーダーは人々に求めることをみずから実践し、現実的にリスクを負っていたのである。だが、象徴的な行動であっても、大きな影響をもたらすことは可能だ。リー・アイアコッカは、クライスラー社が経営難に陥っている間、自分の年俸を一ドルとした。食うにも困るのではと心配した人は皆無だっただろうが、彼が経済的にみずから身を切る行動を進んでとったことで、社員にも、再建計画の一環として同様の覚悟をさせることができたのだった。

犠牲者が出るのはやむなしとして受け容れる

適応へ向けた変革が、組織全体にとっては利益になるとしても、古い体制から恩恵を得ていた人たちの一部に対しては、どうしても切り捨てる形となり、つらい思いをさせることになる。ウェクスナーがリミテッド社で改革を進めたときも、職を失ったり、安定していたはずのキャリアが突然、不確かになったりして、多くの社員に傷痕を残した。だが、昔からの友人や同僚を、好きこのんで傷つけたり苦労させたりしたいと思う人がどこにいるだろう。

どうしても適応できない場合、その人はあとに残されることになる。つまり犠牲者になるのだ。組織やコミュニティが重大な変革を行う場合、これは必ず起きる。どうあっても一緒に行けない、あるいはその意志がない人が、何人かはいるのだ。そういう人を守るのか、それとも袂を分かって前進するのか、あなたは選択しなければならない。犠牲者が出ることをつらく、ほとんど耐えがたいほど苦しく思う人は、リーダーシップのこの側面によって、大きなジレンマに陥る。だが、これはリーダーの仕事にはつきものだ。

犠牲者が出るのをやむなしとして受け容れることは、あなたの覚悟を示すサインになる。逆に、そんな犠牲を出すのはいやだという意志を示したら、態度を決めかねていた人たちに、未来に対するあなたのビジョンは忘れてもらっていいと告げることになってしまう。だが、現実的にあなたが苦しまないとすれば、なぜ彼らが犠牲を払って、仕事のやり方を変える必要があるだろう。喪失という厳しい現実をやむなしとして受け容れられて初めて、適応へ向けた取り組みを最後までやり抜く勇気と覚悟があなたにあると、明確なメッセージを発することができるのだ。

数年前のこと、マーティは、防衛産業向けの技術開発を行う企業でコンサルタントを務めた。その企業は長期にわたって成功を収めてきたが、一九八九年にベルリンの壁が崩壊し、新たな時代が到来した。冷戦時代の終焉である。新任のＣＥＯは、契約競争が激化しており、過去の評判を当てにして仕事を受けるだけの時代ではなくなったと判断した。そして、ビジネスのやり方を変えようと考え、攻めの姿勢に転じ、製品ラインを増やすことにした。だが、勤続年数が長く、高い評価を受けている従業員の多くにとって、それは受け容れがたい転換だった。

ＣＥＯの指示で、経営幹部チームは今後の方向性を見定めるために、二日間のリトリートを実施した。ほとんどの幹部が考えをあらためた。そして、生き残るためには、知り尽くし、大切にしているもののいくらかをあきらめざるを得ないという厳しい現実を受け容れた。リトリートの最後に、ＣＥＯは最も重要なミーティングを行った。新たなプランに対する承認を得たいと思い、参加している幹部一人ひとりに賛成かどうかを尋ねたのである。不承不承ながらという顔の幹部もいたが、一人またひとりと、彼らは賛同する旨を伝えた。列の後ろのほうに、組織のナンバー・スリーが座っていた。集まったどの幹部より、勤続年数が長い。誰もが、固唾を呑んで見守る。彼は、無言だった。やがてゆっくりと立ち上がり、部屋を出ていった。それから、荷物をまとめ、オフィスへ戻って一切を片付け、ＣＥＯの机の上に辞表を置いた。彼は犠牲者となった。一方、ＣＥＯは、辞表を受理したことで、本気で変革しようとする意志を、残った幹部に示すことになった。

リーダーシップを発揮したいと思いながら挫折してしまうのは、犠牲者を出すのを受け容れないために、矛盾したメッセージを発してしまうからである。むろん、犠牲者は出さないに越したことはないし、それを理想として掲げるのは素晴らしい。しかし残念ながら、適応へ向けて取り組みを進めるときには、副産物のように犠牲者が出てしまうことが少なくない。

†
†
†

リーダーは孤軍奮闘する戦士だなどという神話を信じるなら、雄々しく、だがみずから破滅する道を、確実に歩むことになる。独創的なアイデアか、最終決定をする権限という重責かのいずれかを持っていると、周りに誰もいない気がすることがあるが、一人で行動することにこだわると、きっと行きづまる。リーダーにはパートナーが必要だ。適応を求められる困難に、組織やコミュニティが直面し、対応しようとしているとき、繰り広げられる政治的に複雑な状況と一人で戦えるほど、頭のよい人も迅速に行動できる人もいないのだ。

リーダーシップを発揮し、生き残る決め手は、人々と心を通わせることだ。もし政治的に思考する人間に生まれついていないなら、パートナーとして、難題に取り組む際の人間関係の重要性を強く意識できる人を見つける必要がある。その人に、支持者と同盟関係を築くのを手伝ってもらおう。

支持基盤をつくったら反対派、つまり、あなたの取り組みによって、失うものが最も多いと思っている人たちとも、有意義な関係を築く手助けをしてもらうこと。彼らと関係を密にするのは、彼らの考えや気持ちを知るため、そして彼らがぶつかっている困難をあなたが理解していることを示すためである。また、信頼を得る努力は、支持者と反対派にとどまらず、考えを決めかねている人たちにまで広げる必要がある。適切な方法を探して、問題の責任が自分にもあることを認めたり、人々が味わう喪失感やぶつかるリスクを承知していると伝えたりする必要も出てくるだろう。

ときには、自分もリスクを負い、喪失をも厭わないという意志を、範として示すことによって、人々の苦しみを理解していると伝えることができる。あるいは、犠牲者が出ることをやむなしとして受け容れる意志があるかどうかで、本気か否かが試される場合もある。ときに多大な犠牲を伴うことのある対立に本気で取り組む覚悟がなかったら、組織全体を失ってしまうかもしれないのだ。

第5章 対立を調和へ導く

難題に取り組むときには、どんなグループにおいても、明らかか潜在的かはさておき、対立が必ず起きる。だから難題に取り組むことが厄介になる。家族や地域社会や組織の中で、多くの人が無意識に対立すまいとするのは、道理なのである。ときにはやむを得ないこともあるが、およそ誰もが、できるだけ衝突しないことを行動原則にしている。多くの組織にしても、対立を毛嫌いし、それこそがリスクの火種だと見なしている。いや、実際にリスクになる場合もあるし、大事故を招くおそれもある。ただ、深刻な対立は、基本的には、各自が異なる強い信念を持っているために生じる。そして、さまざまなものの見方が存在することが原動力になって、人間は進歩する。

鏡に映る自分を見つめても、それだけでは何も学べない。自分の経験や想定とは相容れない、自分とは違う何かに出会うことによって、みな学び、ときには変化する。生物学にしろ、はたまた人間の文化にしろ、適応へ向けた取り組みには、自分が知覚できる範囲の外にあるものと関わり合うことが必須なのだ。

ところが人間は、自分の価値観や考え方が正しいと信じ込んでいるため、自分が認識できない世界の人たちを、そうした価値観に対する脅威だと見なしてしまう。すると、礼儀正しくやりとりしていた関係が、あっという間に、口論したり過度に激しく対立したりする関係へ変わってしまう。

そんなわけで、適応への変革に取り組み、リーダーシップを発揮する際の挑戦とは、相違と情熱と対立に対処すること、かつ、それらによってすべてが駄目になる可能性を最小限に抑え、それらが持つエネルギーを建設的に使うことだといえる。

対立を調和へ導くことは、権限を持つ立場にあるなら、比較的楽にできるかもしれない。そのプロセスの管理は、上の立場の人がしてくれるものと周囲に思われるためである。しかし、変革を進めたいが高い地位に就いているわけではない場合も、この章で紹介する方法なら有用な選択肢となる。その方法とは、次の四つである。

- 包み込む環境をつくる
- 温度を調整する
- ペースを調整する
- 未来図を見せる

包み込む環境をつくる

リーダーとして行動するときには、「包み込む環境」をつくって、難題や著しい価値観の相違に取り組む際に生まれる「熱」を抑制・調整することが必要だ。包み込む環境とは、困難で、軋轢の生じかねない問題に対しても、分裂することなく団結して立ち向かえる、そんな人間関係のネットワークによって生み出される場のことである。包み込む環境をつくると、そのポジティブなエネルギーを使って、衝突に対処したり、ともすれば収拾がつかなくなるほど高まる熱を抑えたりできるようになる。[1]

包み込む環境は、状況によって、形も雰囲気も全く違う。保護された目に見える場という形としては、外部のファシリテーターを雇い、オフサイト・ミーティングを実施して、一触即発の衝突に対処するようなケースが考えられる。共通の言語と歴史を持つ、部門を越えた横のつながりという形をとり、試練のときを乗り越えながら団結を強めていく場合もある。軍隊やカトリック教会のように、公共機関や権威構造への深い信頼という縦の関係を特徴とする形もある。あるいは、注目してもらうためにとくに行動を起こさなくても、少数派の声が確実に届くルールや手順を整える、というケースもあるだろう。包み込む環境とは、しっかりとした絆のある場、そして、適応へ向けて取り組みを進める中で、人々があなたから離れていくのを食い止められる場のことだ。たとえ構造上、手続き上、あるいは事実上の境界があっても、その環境においては、才覚を発揮するだけでなく人間関係を存分に活かせる。そのため、人々は安心して難題に取り組むことができるのである。

だが、信頼の絆が縦や横にどれほど強かろうと、確たる協働の歴史があろうと、すべての包み込む環境において、緊張が果てしなく続き、やがてその環境に終わりが来る可能性がある。社会的な関係にはいずれも限りがある。そのため、コミュニティや組織でリーダーシップを発揮する際には、建設的にストレスを保つという課題にぶつかる。また、対立（とあなた自身の安全）を管理するには、「熱」を帯びるのをグループがどこまで許容できるかを観察する必要がある。

そこで、どんな包み込む環境をつくるかが、戦略的に重要な課題になる。適切な環境を整えられなければ、変革の取り組みもあなた自身の影響力も危うくなってしまうのだ。一九九四年、パートナーシップ（合名会社・合資会社）のＫＰＭＧオランダの会長、ルート・クーダイクは、ビジネスのやり方を抜本的に変えるために、一連の仕組みを考案した。同社は、顧客企業に対し監査とコンサルティングと税務サービスを提供するトップ企業として高い利益を上げていたが、この業界における成長の機会は限定されていた。監査マージンは同業者が増えるにつれて低下し、コンサルティング業務における競争も激化している。もっと高い利益を得られる成長分野に打って出る必要があることは、クーダイクも承知していたが、その分野が何なのか、どうすればそこに入れるのかがわからなかった。そこで彼と取締役会は、ドナルド・ローリーが率いるコンサルティング会社の力を借りて、今後の動向および急激な変化の分析、コア・コンピタンスの把握、競争力の評価を行い、潜在的なチャンスを探った。

クーダイクと取締役会は、戦略を練る自信はあったが、自分たちや組織がその戦略を実行できるかどうかについては、全く確信を持てなかった。ＫＰＭＧには、変革を試みたものの成果を上げられなかった苦い過去がある。変革を阻んだと思われるのは、パートナーシップという形態がもたらす二つの原因、すなわち、共同出資者《パートナー》同士の関係性と、パートナーではない社員と会社とのダイナミクスだった。組織文化に関するある研究によれば、管理職は一般に、独創性を発揮したり、日々の業務の枠を超えた仕事をしたりする余地を、部下の社員にほとんど与えないという。そんな文化のまま、新たな戦略を打ち出して信念や価値観や行動を変えるよう求めても、ＫＰＭＧ社員たちに、果たして変えることができるのか。

　ＫＰＭＧは、パートナーシップというより小王国の集まりで、各パートナーがそれぞれの王国を支配していた。成功か否かは、革新や社員の成長ではなく、クライアントのために働いた時間や部署の収益性をもとに判断された。あるパートナーが述べたとおり、「最終収益の数字さえ正しく出せていれば、『あいつはよくやっている』と言われた」のである。結果として、あるパートナーがほかのパートナーの領域に踏み込むことはなく、互いから学ぶこともほぼ皆無だった。異なる意見を持っていることは、巧妙に隠された。たとえば、全社的な変革を行うことに賛成できないと思ったら、正面からつぶしにかかるのではなく、黙ったまま何もしないことによって阻止したのである。その行動を示す表現までつくられた。「Say Yes, Do No（「賛成」と言おう。だが行動で「反対」しよう）」。若い社員には、黙って従うほかない雰囲気が感じられることもあった。彼らは、万事間違いがないことを請け合えば成功への下地をつくれることに気づき、責任者であるパートナーに調子を合わせた。新しいことに挑戦しようという空気はほとんどなく、間違いがないかのチェックばかりが入念に行われた。

　ＫＰＭＧが進路を変え、新たなビジネスを始めるためには、適応へ向けて、全社を挙げた取り組みを進めなければならない、とクーダイクは思った。そこでまず、パートナーたちを広い会議室に集め、順序立てて状況を話した。KPMGのこれまでの歩みに始まり、現在置かれている状況、そしてやがて直面するであろう問題を。それから彼は、パートナーたちに、会社としての変革をどのように進めようと考えているかを尋ねた。また、起こりうる問題についても、各自の予想を話すよう求めた。戦略的プロジェクトを立ち上げるにあたり、上から命じるのではなく、胸襟をひらいた対話《ダイアローグ》の場を持つことによって、彼はパートナーたちの間に信頼関係を築いたのである。この信頼関係とみずからの信用があればこそ、クーダイクは、変革プロジェクトの構想について、パートナーたちから同意を得ることができた。その構想とは、パートナーと社員合わせて一〇〇人規模のチームをつくり、日々の業務を離れて戦略的な挑戦に取り組んでもらうというものだ。このチームは、四カ月近くにわたり、勤務時間の六〇パーセントをプロジェクトに割いて取り組んだ。

クーダイクたちは、一二人のシニア・パートナーから成る戦略的統合チーム（SIT）も立ち上げた。さまざまな役職および分野の社員が参画する一〇〇人チームと、協力してプロジェクトを進めるためである。パートナーより下の社員を戦略的プロジェクトに参加させるのは会社として初めてであり、その事実によって、会社が新たなアプローチを実践しようとしていることを、はやばやと示すことになった。というのも、パートナーより下の社員の意見を、会社の上層部が求めたり重視したりしたことなど、それまで一度もなかったのである。この社員たちは、一四のタスク・フォースに分けられ、「今後の動向および急激な変化を分析する」「コア・コンピタンスを明確にする」「組織が直面する価値観の変化および適応へ向けた挑戦に取り組む」という三つの分野に取り組むことになった。プロジェクト・マネジャーとして、マーケティングおよびコミュニケーション担当ディレクターのヘニー・ボスが参画した。

プロジェクトが進むにつれ、会社の文化のよい面も悪い面も含めてあらゆることが、ＳＩＴとタスク・フォースのメンバーによって体現されていることが明らかになった。ほどなくタスク・フォースの全メンバーが気づいたとおり、その文化の中心にあるのは、効果的なチームワークを犠牲にしてまで個人を尊重する姿勢だった。たとえば、仕事についての自分の確固たる信念ややり方を、誰もがあらゆる話し合いの場に持ち込んだ。対立する意見に耳を傾けるより、自分がよいと思う解決策をとかく主張したがったのである。ほかの部署の社員と協調することはなかった。一方で、ぶつかることは避けた。問題について話し合う気がなかったからである。多くのタスク・フォースが機能不全に陥り、戦略的プロジェクトをそれ以上、進められなくなってしまった。

事態を打開するために、ヘニー・ボスはミーティングをひらき、チームとして自分たちがどれくらい効果的に機能できているかについて、各タスク・フォースに話し合わせた。そして、望ましいと思う文化と現況をそれぞれ詳しく述べてもらい、それによって、理想と現実の差に気づかせようとした。タスク・フォースのメンバーが望ましいと考える文化的特徴の上位三つは、「自己実現の機会」「思いやりと人間味のある環境」「同僚との信頼関係」だった。一方、現況について上位を占めた特徴は、「異論を展開する」「完璧主義者ぞろいである」「対立を避けようとする」の三つだった。この差がわかったことによって、適応を目指してどんな取り組みにチャレンジすべきかが明らかになり、それに集中することで前進することができた。

戦略的プロジェクトを、さらには適応へ向けた自分自身の取り組みを、どのようにしてより価値あるものにするか、一人ひとりが明らかにするよう求められた。どんな姿勢、ふるまい、あるいは習慣を変える必要があるのか。どんな具体的な行動を、誰ととるのか。次いで、自分たちで選んだ三人ずつのグループに分かれ、互いにコンサルティングを行った。その作業には、互いを信頼し、相手の考えをもっとよく理解しようとして耳を傾ける姿勢が不可欠だった。

クーダイクと取締役会とヘニー・ボスが最優先事項としたのは、メンバーが、包み込む環境の中で、適応を要する課題に取り組めるようにすることだ。別のフロアにプロジェクト専用ルームを準備し、一〇〇人の社員が、染みついた規則や規制を気にすることなく、補助スタッフと協働できるようにした。その年の夏には、マネジャーたちがオフィスをバミューダ・パンツ（膝丈の半ズボン）で歩きまわり、クライアントを驚かせた。どのグループのどの社員でも、自由に別のグループのミーティングに出席して議論に加わることを当たり前にした。さらには、序列よりアイデアのほうが重要であることを認め、若い社員が年上の社員に異論を言える空気もつくった。すると、好奇心旺盛で興味深い質問をする社員が、誰より尊敬を集めるようになった。こうして、かつてない方法で会社を運営する条件が整えられた。

クーダイクとボスはさらに、包み込む環境の中で、タスク・フォースが高いレベルのエネルギーを保てるように力を尽くした。定められた仕事を定められたとおりにこなしているグループに対し、指示を最小限に抑えた、何の縛りもない任務を与えた。すると、チームとして仕事をしてきたと思い込んでいた社員たちが、本当は、同じ部署にいる「同じ立場の」社員と決まった仕事をしていただけだと気づき、変革への「熱」がいっそう高まった。

プロジェクトを進めるにあたり、クーダイクとボスは、タスク・フォースの文化を組織から切り離してつくることによって、包み込む環境を守った。社員は、間違うのを恐れなくなり、以前と違い、部署内でぶつかることを避けなくなった。その証拠に、熱がひどく高まったあるとき、一〇〇人全員が集まって『オプラ・ウィンフリー・ショー』さながらのミーティングをひらき、取締役らに対して懸念をぶつけた。取締役たちが、部屋の真ん中に座り、一〇〇人の社員に囲まれ、次から次へと質問を受けたのである。

なんらかの仕事にチームとして区切りをつける必要があるときは、二～三日間の「オフサイト・ミーティング」を何度も行った。その折には、団結するための重要な要素として、チームに溶け込み、横の結びつきを強めるプロセスが必ず盛り込まれた。「遊びの時間」には、遠くまでサイクリングすることもあれば、地元のアミューズメント施設でレーザー・ガンを使ったゲームをするときもあった。KPMGのオフィスで、人間が団結して共通の目標に向かう力について話し合っているうちに、誰からともなく屋外へ歩き出し、全員が力を合わせて、とても動かせそうにないコンクリートのブロックを動かしたこともあった。

こうして、気持ちのありようと行動が変わった。服従よりも好奇心に、高い価値が置かれるようにもなった。部屋にいる、地位ある責任者に人々が黙って従うことはもはやなく、本物の対話《ダイアローグ》が行われ、序列を気にせず、アイデアについて議論が交わされるようになった。自分がよいと思う解決策をそれぞれが主張するのではなく、ほかの人たちの考え方を理解しようとするようにもなった。さまざまな部署の人と、協力して解決策を見つけ出せるのだという自信も生まれた。

こうしたことはどれも、適切に整えられた頑丈な「器」がなければ実現しなかっただろう。器があればこそ、プロジェクトのリーダーたちは全員の熱を適切な温度に保つことができた。また、もっと創造的な組織を目指して取り組む中で、互いに影響を与え合うこともできた。最終的に、KPMGオランダは、事業内容を監査から保険へ変えた。業務コンサルティングから戦略コンサルティングへシフトし、クライアントのビジョンと志の実現を支援するようになった。昔ながらのスキルをクライアントに教えるのではなく、適応力ある組織づくりを手伝うようにもなった。タスク・フォースは実際、五〇〇〇万〜六〇〇〇万ドルの価値を持つ新たなビジネス・チャンスを発見したのだった。[2]

温度を調整する

現状を変えようとすると、緊張が生まれ、熱が生じる。隠れていた意見の不一致が明らかになったり、組織文化を疑うことになったりするためである。ところが人間は元来、秩序と平穏を求めてやまない生きものだ。ゆえに、組織もコミュニティも、わずかな緊張にさらされただけで、尻込みしてしまう。

組織を抜本的に変えようと思うなら、**温度を調整**しなければならない。厳密には、二つの作業がある。一つは、**温度を上げる**ことだ――人々が、ハッとして注意を払い、直面する脅威や難題に取り組めるだけの温度に。もし緊張がなかったら、人間は、困難な変化にあえて取り組もうなどという気にはならない。二つめの作業は、緊張があっても、それがよい結果を生まない場合に、**温度を下げる**ことだ。どのようなコミュニティでも、耐えられる緊張には限度があるため、放っておくと、機能しなくなるか制御不能になってしまう。温度は、適温に保たなければならない――人々がスイッチを切ってほしいと求めるほど高くもなければ、やる気を削いでしまうほど低くもない温度に。この適温の範囲を、私たちは「建設的な緊張の範囲」と呼んでいる（図「技術的問題か、それとも適応課題か」を参照）。

むろん、あなた自身が耐えられる以上の緊張を、グループの人たちに我慢せよと言うわけにはいかない。自分が耐えられる緊張の範囲が広がれば、組織やコミュニティが辛抱できる範囲も広がる。しかし、あなたがバランスを失って炎を弱めてしまうなら、人々は、生み出した熱をあなたは維持できないのだと解釈する。緊張に耐えられないらしいとも、おそらく思う。選挙戦を手伝う人々はしばしば、緊張に対する忍耐強さの手本を示すことを、候補者に期待する。何かの拍子にカッとなって怒るような候補者なら、そのスタッフは誰も、選挙運動に全力を注ぐことはできないだろう。これは、あなたがなんらかのグループで責任ある立場に立っているとき、たとえばプロジェクト・マネジャーや、チームのコーチやキャプテン、あるいはリスクの高い投機的事業のリード・インベスターを務めているときにも言えることだ。あなたには、自然に生じる感情的な反応をコントロールできなければならないという、とてつもないプレッシャーがかかる。そうした感情的な反応が生じること自体は、全く適切で当たり前かもしれない。ただし、責任あるその立場に立っているかぎりは、違う。

職場では責任者が温度をコントロールしてくれるものと期待されるが、公式の権限を持たない人でも、ある程度はコントロールすることが可能だ。ただし、権限を持たずに、あるいは権限を超えてリーダーを務めようとする場合には、自分が人々よりどれくらい前に出ているかをよく見て、どの程度の強さと速さで変革を進めるべきかを調整する必要がある。第3章で述べたように、それを判断する一つの方法は、上に立つ責任者が、あなたの行動に対してどんな反応をするかを注意深く観察することである。「トラブルメーカー」をクビにしたり、基準から外れた意見を排除したりして、上に立つ責任者が大慌てで事態を収拾し始めたら、おそらくあなたは前に飛び出しすぎている。協同的均衡が崩れすぎているのである。

温度と緊張を有意義に高める方法は二つある。一つは、難しい課題に人々の注意を向けさせ、それに集中させ続けること。

図　技術的問題か、それとも適応課題か

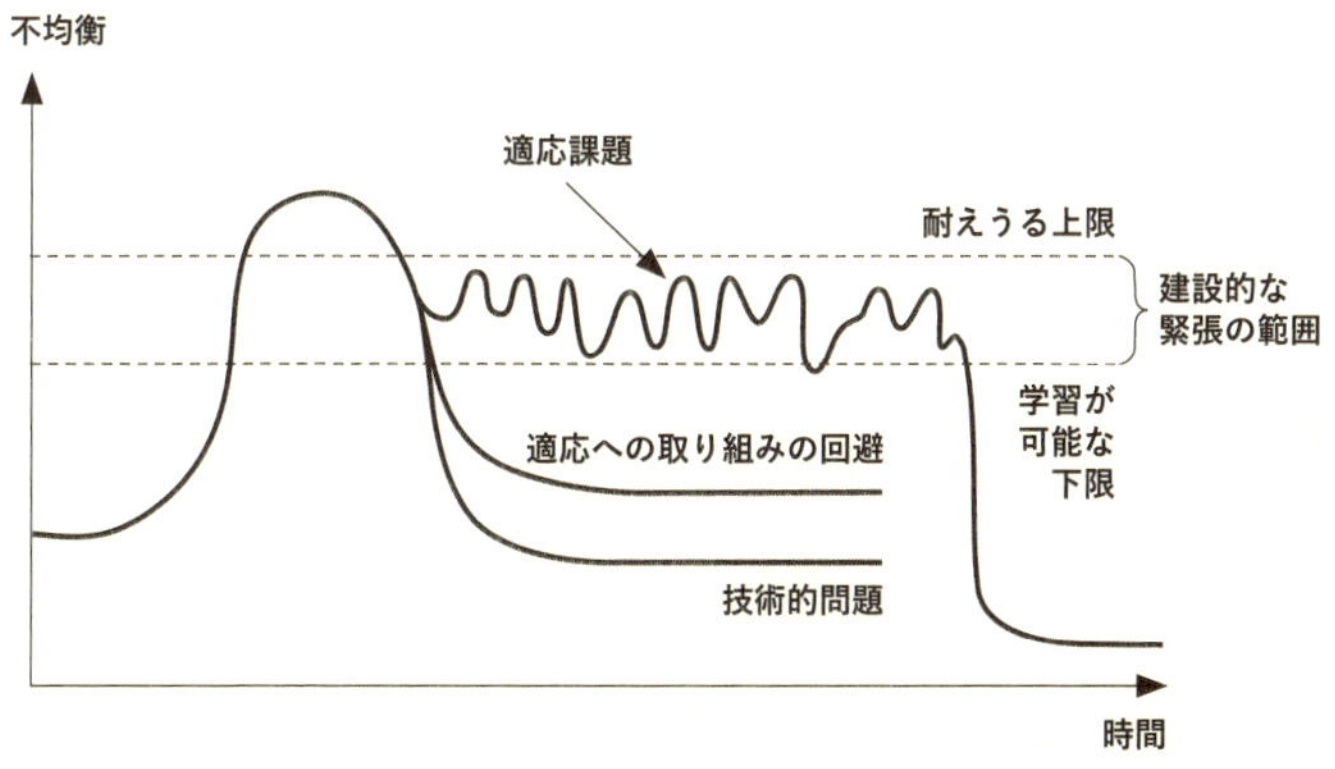

出典：Ronald A. Heifetz and Donald C. Laurie, “Mobilizing Adaptive Work: Beyond Visionary Leadership,” in Jay A. Conger, Gretchen M. Spreitzer, and Edward E. Lawler III, eds., *The Leader's Change Handbook: An Essential Guide to Setting Direction and Taking Action* (New York: John Wiley & Sons, 1998).

もう一つは、その難題に取り組む責任の重さを、人々に実感してもらうことである。すると、意見の不一致がグループ内で表面化し、正反対の考え方が聞こえてくる。

一方、温度を下げる方法は数多くある。状況を意図的に活気づかせるより落ち着かせるほうが、組織は得意だからだ。そして、すべての方法が、熱に対する組織の受容度の上限を間接的に引き上げる手段になる。熱を下げる方法の一つは、まず技術的問題に取りかかり、適応課題については人々が「熱を帯びる」まで後回しにするというものだ。比較的易しい部分で少し進展があれば、おそらく不安が軽減され、難しい問題点に取り組めるようになるのである。この作戦は交渉人がよく使う。成功を共有することによって、人々との関係、つまりは包み込む環境をしっかりつくるのである。

また、問題解決プロセスの仕組みをつくることも、熱を下げる方法になる。問題をいくつかの部分に切り分け、役割分担を明確にした作業グループをつくったうえで、スケジュールを設定し、意思決定ルールを確立して、報告し合う関係を構築するのである。あるいは、人々の不安を軽減し、あまり緊張せずに取り組めるよう、問題を捉え直すという手もある。あるいは、ひとまず自分のほうが責任を多く引き受けてもいい。ユーモアを交えたり、何か口実を見つけて休憩を挟んだり、ときにはパーティーをひらいて、つかの間ほっとする時間をつくってもいい。すると、人々は難しい問題にふたたび取り組めるようになる。また、対立するグループや問題を分類し、話し合いのペースや順番を整えるという方法もある。さらには、その取り組みや犠牲の意味を思い起こせるよう、共通の価値観について話すという方法もある（表「熱をコントロールする方法」を参照）。

次のことを肝に銘じておこう。組織は、およそいつも、当たり前のように、温度を下げてもらいたいとあなたに対して思っている、と。そのため、あなたは絶えずグループの温度を測って、やる気を刺激するくらいには高いが、高すぎて動けなくなるほどではない温度を保つ必要がある。あなたが生み出したストレスを人々が訴えに来たら、それはあなたが、ツボを押さえ、うまくやる気を刺激できている兆しだ。

温度が上限に達し、システムが今にも崩壊しそうに思われたら、状況を落ち着かせなければならない。歴史の中にも、特筆すべき事例がいくつもある。グループ内の混乱や緊張や不安が今は高まりすぎており、人々に前向きに難題に取り組んでもらえる状況ではない、と地位のある責任者が判断する。結果として、彼らは自分がまず行動して、耐えられるレベルにまで不安を和らげ、そのうえで、十分な緊張が保たれ、人々の協力を得て変革を確実に進められるようにしたのだった。

表　熱をコントロールする方法

温度を上げる

1　難しい課題に注意を向けさせる。
2　快適だと感じる範囲を越えた重さの責任を課す。
3　意見の不一致を表面化させる。
4　批判を厭わない反骨精神の持ち主を守る。

温度を下げる

1　人々の怒り、不安、混乱を和らげる。
2　対応策をとる。問題解決プロセスの仕組みをつくる（問題を分割する。期限を設ける。意思決定ルールを確立する。役割分担を明確に定める）。
3　進行の速度をゆるめる。どんな問題を、誰を交えて話し合うのかについて、ペースと順番を調整する。
4　常にそばにいて、寄り添う――責任を引き受け、人々に自信をもたらす。
5　方向づけを行う――共通の価値観に人々をもう一度結びつける。人々を徐々に変化の輪に引き込む。
6　容易に解決できる問題――問題を孕んだ状況の技術的側面を優先することによって、短期間で結果を出す。

フランクリン・D・ルーズベルトが大統領に就任したのは、世界大恐慌まっただ中の一九三三年だった。三年以上にわたって経済が崩壊し、ついに失業者は数百万にのぼり、銀行も閉鎖。不安が極度に高まり、多くの地域で絶望感が渦を巻く。アメリカ合衆国は、我が物顔にしていた自信と発明の才さえもゆるがされる、途方もない規模の、適応力がものを言う難題を突きつけられていた。

この国家的危機に見舞われる過程で、苦しみが前例のないレベルに達した。結果として衝突と混乱が生じ、それによって、国を落ち着かせ、たしかな基盤を回復させるためとしてさまざまな歪んだ計画――カフリン神父の扇動的な取り組みから、共産主義まで――が引き起こされた。ルーズベルトは卓越したリーダーであり、中核的な価値観や制度を変えることなく秩序を回復したいという、この国の希望そのものだった。指示と保護を求めて、全国民の目が彼に注がれる。真っ先に彼がすべきは不均衡を減らすこと、すなわち、国民が扇動家に惑わされず経済復興へ前進できるよう、苦しみを軽減することだった。

そのためには、ルーズベルトは感情面での現実に対処する必要があった。言葉と行動の両方によって、国民を落ち着かせる必要があったのだ。彼はまず、「怖れる必要があるのは、怖れそのものだ」と述べることによって国民の不安に対処した。さらに、銀行を「恥知らずな両替商」と呼ぶことによって国民の怒りに、ラジオ番組「炉辺談話」を通して力強く温かな声で語りかけることによって国民の混乱に対処した。彼は行動によっても同様のメッセージを発し、希望を与え、不安を和らげた。かの有名な「一〇〇日議会」を招集して矢継ぎ早に政策を実現するなど、迷いのない堂々とした行動を通じて、進むべき方向を明らかにし、有能なリーダーに導かれているという安心感を国民に与えた。ルーズベルトは、自分が救世主ではないこと、国民を救えるのは究極的には国民自身でしかないことを知っていた。しかし、言葉と行動を使うことによって、国民が眼前の課題に前向きに取り組めるだけの適温にまで、温度を下げたのである。

一方で彼は、国民が直面している適応課題の解決には、即興的な行動、実験、創造力、そして衝突が不可欠であることも承知していたため、これらについてもあらゆる機会を捉えて推し進めた。そして、創意あふれる人材を大勢政府に引き入れ、政策の優先順位や各種プログラムをめぐる衝突を、あえて彼らの間に引き起こしつつ、調和へ導いた。たとえば、全く同じ仕事を二人（役割が明確に定義されていないとイライラする二人）に与えることによって、競合する斬新なアイデアが生まれるように仕向け、自分の選択肢を増やした。この即興的な行動は難しかったにちがいないが、彼はホルンとドラムとフルートの調和を図り、見事に音楽を奏でさせた。

ルーズベルトは、緊張が高まりすぎていることに気づく鋭さと、並々ならぬ不安に耐えられる精神力の両方を見せた。手っ取り早い解決策に飛びつきたい衝動に、彼は抵抗しなければならなかった。一方で、先延ばしや時間稼ぎも、堂々とした行動と同じくらい重要な、いわば得意技として使った。アーサー・シュレジンジャーも次のように指摘している。「さまざまな状況が、発生し、具体的に示され、明快になる必要があった。競合する力は、実際に対立して綱引きを行う中で、みずからの力量を証明しなければならなかった。世論も、問題にぶつかり、それについて考え、意見を表明しなければならなかった。精も根も尽き果てながら長い道を歩んでようやく、大統領の直観が、ゆるぎない成果を不意に生み出したのだ」[3]

同様の基本法則は、全く別の、倫理的に難のある事例にも見ることができる。チリのアウグスト・ピノチェト将軍は、一九七三年、政治的・経済的に混乱を極めていたアジェンデ政権末期に、クーデターを起こして権力の座についた。街にあふれる失業者や労働ストライキやインフレといった混乱がもはや耐えがたいレベルになっていることに、ピノチェトは、ルーズベルト同様、気づいたのだ。実際、彼が政権を取ったのは、超大国に挟まれ、混乱によって分裂した国の秩序を回復したいと明確に考えたからだ。彼は権力――軍事力と政治的弾圧――を使って、秩序を回復した。人命と個人の自由における犠牲は、想像を絶した。

ただ、ピノチェトは、度を超した秩序は意義深い変革を阻止してしまうと思っていた。そのため、反対者に対して容赦がなかった一方で、自分がつくった安定を基盤にして、それまで権力エリートたちが行ってきた経済政策に異を唱えた。彼は、民間セクターの温度を上げ、保護関税と政府補助金をなくし、それによって、企業が国際競争に適応するか、でなければ倒産するように仕向けた。倒産した企業もあったが、適応した企業もあった。また、多くの新しい企業や産業が新たな環境のもとで繁栄した。

ピノチェトは、悪名高い人物として歴史に名を残した。一七年にわたり、適応へ向けた変革へと強制的に国を向かわせたが、弾圧を手段とする彼のリーダーシップはしだいに機能しなくなり、やがて政治的民主主義が復活した。秩序を回復する彼のやり方は、残酷であまりにひどかった。一方で、経済面で必要とされる変革を実現するためには　国の温度をコントロールしなければならないことを、たしかに彼は理解していた。チリは現在、現代的な経済を実現し、以前にも増して高い生産性を有し、めざましい成長を遂げている。ただし、当時の傷跡との戦いは今も続いている。

ここまで極端ではない例としては、二〇〇〇年のアメリカ大統領選挙が挙げられる。投票日に決着がつかず、その後五週間にわたって党派心むき出しの激しい法廷闘争が繰り広げられたのちに、ジョージ・W・ブッシュは勝利演説を、アル・ゴアは敗北演説をそれぞれ使って、すでに赤く燃え上がっていた激情をあおるのではなく、事態を収拾した。勝利演説を、ブッシュは計画を進展させるチャンスにしてもよかっただろう。ゴアも、敗北演説を、不満を述べる機会にできたはずだ。二人にそうしてもらいたいと、多くの人が思っていた。だが、そんな不均衡に耐える限界に国民が近づきつつあることを、そして、今は挑発的な考えや問題を示して論争を起こすときではないことを、ブッシュもゴアも理解していたのだった。

ずいぶんスケールの大きな話ばかりだったが、するべきことはどんな立場であっても同じだ。ストレスの原因となる難題に創造的に取り組めるよう、使えるリソースを使って仲間のストレスを調整しなければならないのである。経験から言うと、ほとんどの個人や組織が、温度を下げるのはまだしも上げるのは難しいと考えている。職場を見ても、とうてい正しいとは思えないと感じて、周囲に不愉快な思いをさせるのを避ける人が大勢いる。これはいたって自然なことではある——人間というのは、そうするのが正しいと思う理由をつくって、したいことをする場合がよくあるし、大半の人が難しい問題を避け、現状を維持したいと考えている。なんとかして均衡を保ちたいと思い、「誰のことも不愉快にさせないために」、難題には触れもしない。

人々は、求められている変革に、不愉快な思いをするだけの価値はないと考えがちだが、リーダーとして行動するためには、その思い込みと戦う必要がある。聞きたくないと人々が思うことも、言わなければならないだろう。つまり、問題に取り組まないかぎり前進できないと人々が考える程度にまで、温度を上げなければならないということだ。少なくとも、問題を避け続ければ秩序を回復できるが、問題に取り組んでも、やはりできると人々が思える程度にまで、上げる必要がある。

一九五七年の素晴らしい映画『十二人の怒れる男』では、言葉どおりの意味でも比喩としても、温度を上げ下げすることが重要な役割を果たしている。全編一三二分のうち、三分間を除いたすべてが、約五×七メートルの広さの、いかにも重圧がのしかかりそうな陪審員室の中で進行する。

冒頭で、一二人の白人の陪審員が、狭苦しく閉塞感さえ感じさせる部屋に、順に入ってくる。長時間におよぶ、第一級殺人の審理が終わったところである。一八歳の少年が、口論ののちに父親を刺し殺した罪に問われている。州法では、有罪の評決が出されたら、被告は電気椅子による死刑に処せられることになる。場所はニューヨーク、夏の午後の遅い時間だった。陪審員たちは初め、熱気と息苦しいほどの蒸し暑さのことばかり話している。固い窓をなんとかあけ、いくらか空気を入れる。扇風機は壊れて動かない。

陪審員長役のマーティン・バルサムが予備評決を行うことを決め、ヘンリー・フォンダ演じる、倫理的に厳格なモラルを重んじる建築家を除く全員が、「有罪」と判断する。みじんも評議しないまま、一二人中一一人が「有罪」で一致するのだ。見るからに、彼らは疲れている。熱気のせいで汗が噴き出している者もいる。なんとかしてくれと、みな願っている。だが、全員一致で出さなければならない評決に対し、フォンダがひとり反対し、それによって彼はすでに陪審員室の均衡を崩している。天気やスポーツ、株式市場などについての世間話が止む。フォンダが、自分は少年を無罪だとは思わないが、有罪とも思えない、と言う。不満げな声が上がる。陪審の一人が今夜、野球の試合を観に行くのだと言う。ほかの陪審たちも、仕事のことを気にしている。

フォンダが、一人ひとりの話を聞きたいと言う。部屋にいるすべての陪審に、順に話してもらい、じっくり聞き、今どのように考えているのかを知りたい、と。彼は一人ずつ質問していくが、強く反発される。個人的な攻撃も受ける。穏やかに、粘り強く一人ひとりの主張を精査しているときに、「自分は賢いつもりか？」と、ある陪審から刺々しい言葉を投げつけられる。フォンダは脅しも受ける。犯人が被害者を刺した様子を再現する場面で、犯人役の陪審によって被害者の役にされた際、身の危険を感じるのだ。ほかの陪審から反発を受けながらも、フォンダは均衡がそれ以上崩れないようにする。彼が気づいたとおり、評議が長引き、すでに晩になっているため、陪審たちは、一刻も早く匙を投げ、評決不一致に持ち込みたくてたまらなくなってきている。

早くから緊張が高まり、フォンダとフォンダの疑念を大半の陪審が顧みないように思われるため、彼はリスクの高い提案をして、熱を一時的に冷まそうとする。無記名投票をしようというのだ。無罪と判断する陪審が今なお彼しかいないなら、彼は負けを認め、有罪の評決にまわる。だが、無罪だと考える陪審があと一人でも現れたら、評議を続行し、徹底的に話し合う。その案に全員が賛同する。予想に違わずと言うべきか、「あと一人」が現れる。これでまた当分、陪審員室から出られなくなったことを全員が認識し、緊張のレベルが下がる。もう、さっさと有罪判決を出すわけにはいかない。急いで評決不一致を宣言することもできない。

それから一時間ほどの間、フォンダは室内の緊張を巧みにコントロールする。凶器と同型のナイフをポケットから取り出し一同をハッとさせて注意深く温度を上げ、かと思えば評議を中断して休憩する。また、コップを挑発し、うまい具合に誘導して、ついに、カッとなったコップに、「殺してやる」と叫ばせる。そして、人間というのは、実際には殺す気などなくても、その言葉をしばしば使うものだ、と主張する。フォンダは、一同の疲労や苛立ちが度を超していると感じるとすぐに、一歩下がり、緊張をゆるめる。だが、温度が低すぎると感じると、彼が懸念する問題に一同が取り組めるくらいに、もしかしたら単に自分を落ち着かせるために、緊張を高める。

意見の不一致という熱を吸収し、コントロールすることに、フォンダは長けていた。彼は、意図的に均衡を崩したり回復したりした。その結果、温度を上げることができた——ほかの陪審に、自分の支持する現実以外の現実を想像してもらうと同時に、グループとしてばらばらになったり、匙を投げたり、行き詰まったりしない程度に。

映画の中でフォンダが経験したように、人はふつう、安定を取り戻したいと思って、異論を述べる相手に反発する。フォンダが批判と攻撃を受けたのも、ほかの陪審たちが、彼に矛先を向けることで、彼の提起する問題に対処すまいとしたからだ。彼を攻撃したのは、いわば陽動作戦だったのである。陪審の中には、フォンダが粘り強く刺激したことによって、実はバイアスがあり、その影響で有罪だと思い込んでいたことが明らかになった者もいた。コッブも、ついに大変な真実を理解する。彼が有罪だと判断するのは、証拠に基づいてのことではなく、むしろ、息子との関係にまつわる怒りや不満や、なにより悲しみが影響していたのだった。もし、容赦なく刺激しながら、同時に、部屋の温度を慎重に調整していなかったら、フォンダは、さっさと有罪と評決して家に帰りたいという陪審たちの強力な思いに、太刀打ちできなかっただろう。

言うまでもないが、温度を高めたが非難を受けてしまい、努力しているのに何ひとつ前進できないという苦境に陥ってしまう可能性は十分ある。だが、みずからの身を危険にさらし、建設的な対立を生み出すという手段をとらないなら、自分からも周囲の人たちからも、進歩する可能性を奪ってしまうことになる。

ペースを調整する

リーダーは、考えのみならず、感情の問題にも取り組まなければならない。先頭に立って困難な変革を進めていくとき、あなたは人々を感情のジェットコースターへ案内することになる。彼らが大切にしているもの――信念や価値観や行動――を捨ててほしいと頼むことになるからである。だが、人間というのは、一度にそうたくさんの喪失に耐えられるものではない。そのため、**あまりに多くのことをあまりに性急に実行しようとしたら、拒絶反応を引き起こし、自分自身が生き残る可能性をふいにしてしまうおそれがある。**

一九九〇年代初め、アメリカ政府の二人の権力者が、数カ月にわたって何度もこの過ちを繰り返した。一九九三年から一九九四年にかけて、ビル・クリントン大統領は、医療サービスの資金調達および実施を根本から変える、抜本的な医療保険制度改革を行おうとした。医療産業はアメリカ経済の七分の一を占めており、アメリカ国民全員の生命が関連している。このとんでもない規模の改革を進めるためには、クリントンは戦略を練り、何年もかけて啓発と説明と説得を行い、並行して小さな実験を行う必要があったのではないだろうか。より安く、より行き届いた医療保険を求めるのは人の常だが、この事例に関する被保険者たちに関して言えば、現行のままで基本的に不満はなかった。そのため、どんな新しい制度が導入されたところで、何か恩恵にあずかれるとはあまり思えなかった。

クリントンの改革案に、多くの医療サービス提供者や保険会社、つまり新制度の導入を余儀なくされる関係組織が激しく反対した。国民も不安を覚えた。しかし、クリントンは一九九二年の選挙によって改革推進の支持を得たと信じていた。そして、医療制度改革を適応課題ではなく技術的問題として捉え、自分の案が最良の政策であり適切な行動方針であると、連邦議会議員も国民もきっと納得してくれると言わんばかりに行動した。だが彼らは納得せず、クリントンの改革案は決を採られることなく失敗に終わった。彼個人の人気もあっという間に失墜し、ほかの新計画も成功を阻まれてしまった。マスコミは、今なお彼は大統領にふさわしいと言えるのかと記事に書き、政敵はこの機に乗じて攻勢を強めた。医療制度改革のペースを調整できなかったことが災いし、一九九四年の議会選挙では共和党に勝利を譲ることになってしまった。

その際に共和党を勝利に導いた立役者であり、個人として最も恩恵を得たのは、一九九五年一月に議長に選出されたニュート・ギングリッチ下院議員だ。だが、選出された直後に、彼はクリントンと同じ過ちを犯してしまった。国レベルの適応課題についてペースを調整し損なうという、基本的なミスを犯してしまったのである。前年、すなわち一九九四年の共和党の議員選挙運動において、彼は任期の制限、税制および福祉の改革、国防強化、政府の大幅な縮小をはじめとする抜本的な改革を掲げていた。これらは「アメリカとの契約」としてまとめられ、共和党の下院議員候補のほぼ全員によって支持された。この戦略はうまくいった。ドワイト・アイゼンハワー大統領の時代以降、共和党の下院のリーダーが誰も手にしたことがなかったもの、すなわち共和党による過半数の議席を、ギングリッチは奪還したのである。選挙での大勝利に勢いを得たギングリッチは、一九九五年の会期が始まるとすぐに、「契約」にあるすべての計画を一刻も早く法制化しようとした。票は足りていた。選挙で勝ち、変革を具体化する支持も得られた、と彼は思っていた。

しかしながら、票と支持があったにもかかわらず、ギングリッチは苦境に陥った。国民も議員も、そんなにも多くの変化を、そんなに慌てて実行する準備ができていなかったのである。「アメリカとの契約」を支持する候補者に投票することと、そこで示された広範な計画のすべてを矢継ぎ早に法制化することとは、全くの別ものだった。

一つの考えとして「契約」を国民がどれほど熱く支持しているとしても、そんなにも多くの抜本的な変革を理解するには、実のところもっと時間が必要なのだということを、ギングリッチはわかっていなかった。最良のペースがどれくらいか、深く考えていなかったようなのだ。一体、どの程度までなら、人は急激な変化を一度に理解できるのか。進めようとする改革をいくつかに分け、じっくり時間をかけて計画を浸透させていたら、人々はすべての段階において、新たにもたらされるものの価値と、慣れ親しんだものを失う喪失感とを比べて考えることができただろう。ゆっくりと順を追って議論されていたら、――たしかに「契約」には壮大なテーマが掲げられ、それが選挙の際にあれほどの支持を集めたわけだが――個々の改革はそれほど実行不可能なことではないように思えただろうし、理解もしやすかっただろう。結局のところ、「契約」の魅力を高めたのは、個々の改革ではなく、「もっと小さな、もっと責任感を持って行動できる政府」という、わかりやすいテーマだったのである。

ギングリッチはすべての改革案をただちに実行に移すことにこだわったが、それは人々に希望を与えるどころか、むしろ彼らを不安に陥れることになった。一九九五年の終わり頃には、政府閉鎖の責任を負わされ、個人的に攻撃を受けやすくなった。議会と国民に丸呑みさせようという見当違いの取り組みが続けられた結果、一九九六年になっても、「契約」の改革案はほとんど実行に移されず、勢いもすっかり消えてなくなってしまった。一方、クリントンはうまく生き残って態勢を立て直し、見事に軌道修正を図ったのち、一九九六年、難なく再選を果たした。ギングリッチはそれほど運に恵まれず、焦りが裏目に出て大きな代償を払うことになる。一九九八年の中間選挙ののち、下院議長を辞し、議員も辞職したのだった。

ペースを調整するという考えは、新しくもないし複雑でもない。人生を変えるような大きな変化が一度にあまりにたくさん起きたとき、人はうまく適応できないものだと、メンタルヘルスの専門家が昔から述べているのだ。もし、家族の誰かを失い、仕事を変え、短期間に何もかもを一変させてしまったら、心のバランスが崩れたり、深刻な負担がかかっているサインが生じたりするかもしれない。これは、組織やコミュニティにおいても同様だ。変革はときに喪失を伴う。ただし、どんな場合でも、人はそれほど多くの喪失に耐えることはできないのである。

もっとも、ペースの調整が難しくなるケースは少なくない。あなた自身の熱意が、あるいは熱烈な支持者の熱意が、あなたを突き進ませてしまうのが原因である。クリントンにしてもギングリッチにしても、とんでもなく熱心な支持者がせっつくのを振り切ってペースをゆるめることは難しかっただろう。熱烈な支持者の要求に応じなければ、成功したり生き残ったりできないような気持ちにもなっていたにちがいない。だが、狂信的な支持者というのは、戦略的忍耐の何たるかをわかってはいない。

ペースの調整は、倫理的に複雑になる場合もある。だますわけではないが、情報を小出しにする必要があるためだ。クリントンの医療保険制度改革が計画されたとき、作業を効果的な順序で進めるために、彼は多くの選択肢を受け容れる姿勢を実際以上に見せてしまったのかもしれない。啓発と言いながらその実、説得してしまったのかもしれない。ペースを調整する際には、ふつう、地位のある責任者は自分の考えやプログラムを一度に少しずつ浸透させる必要がある。すると、考えやプログラムは徐々に理解され、試したり受け容れたりしてもらえるようになる。情報をこのように辛抱強く少しずつ浸透させる作業は、信用できないとか怪しいと思われないよう、実験や修正を歓迎しつつ、慎重に行う必要がある。

ある程度の地位に就いているなら、その職務に伴う基本的な権限のいくつかを使って、ペースを調整することができる。どの構成要素を、いつ混ぜ合わせるかを、自分で決めるのである。たとえば、スケジュールを組むときなら、厄介な問題や物議を醸しそうな問題を後回しにする。そのためには、そうした問題を議題に載せないか、その問題の賛同者を当初は参加させないかのいずれかの方法を用いるとい。こうすると、変革の速度を調整しやすくなる。あるいは、意思決定のルールを決める場合なら、決める方法について戦略的に考えよう。グループがあまりに早い段階であまりに多くの問題に直面することのないよう、プロセスを、時間をかけて少しずつ進めるのである。

こうしたテクニックはどれも、最も難しい問題を先延ばしにしているだけ、つまり課題を回避しているように見えるかもしれない。だが、待ち受ける課題に向けて人々に準備をさせるなら、回避ではない。むしろ、支配権を握り、戦略的かつ周到に変革を進めている。

ペースをどの程度に設定するかは、問題の難易度、コミュニティの忍耐強さ、権限が及ぶ人間関係および包み込む環境の強さによって変わる。状況を見きわめ、どんなリスクがどれくらいあるのか計算しよう。そのうえで、即興的に行動する必要性を意識しつつ、最適なペースを判断すること。途中でのコース変更に柔軟であるべきなのはもちろん、人々の反応を確かめながら、再評価し、軌道修正することになると肝に銘じておこう。

未来図を見せる

勢いに乗ったまま難しい変革を進めていくためには、目指す価値――明確な未来――を手に入れれば、今感じている不安が報われるのだと、なんとかして人々に気づいてもらう必要がある。その方法としてルーズベルトが見つけたのは、ニューディール政策の実行、自由市場システムの維持、そしてスターリンやヒトラーが現れた時代にあって民主主義を守ることだった。練りに練った言葉はひどく観念的なこともあったが、彼が見せたビジョンに人々は心をゆさぶられた。

変革を進めるにあたっては、対立が起きた際にみずからが批判の矢面に立たされることのないよう、実感できるビジョンを示し、どんな価値のために戦っているのかを思い出してもらい、**具体的な未来図を見せる**ことが重要だ。「なぜ」で始まる問いに、可能なかぎりの方法で答えよう。すると、よりよい場所を目指せば必ずぶつかることになる困難に、耐える努力をしてもらえるようになる。

それが、一九六三年に行われた、かの有名な「私には夢がある」の演説で、マーティン・ルーサー・

キング・ジュニアが目指したことだった。「黒人の少年少女が、白人の少年少女と、兄弟姉妹として手をつなぐことができる」、そんな未来を、彼は指し示したのである。[4]

この演説よりさらに具体的な未来を提示できることも、ときにはある。一九八三年、リカルド・サンチェスは、スペイン政府によって、ＩＰＩＡ（スペイン・アンダルシア地方の地域産業振興局）の局長に任命された。[5] アンダルシア地方を慢性的な経済不振から脱却させるように、との指示を受けている。不振の原因は、地元産業の生産方式とマーケティングが時代遅れであること、そして市民の思い込みだった。「経済の低迷はやむを得ないものであり、それは今後も変わらない」という思い込みである。イノベーションは起こる気配さえなく、そもそもイノベーションに対して関心も意欲もないように思われた。

サンチェスは、マカエルを中心とする地域の大理石産業に注目した。アンダルシア東部の高地砂漠にあるこの一帯は、世界屈指の白大理石の埋蔵量を誇っていたが、生産量や利益は競合する産地に及ばなかった。マカエルの大理石産業は、単に採掘することが中心だった。つまり、大理石市場において、もっと大きな利益を得られる仕上げ工程に比べ、儲けも少なければ、活動もてんでばらばらだった。その地域には、一五〇〇を超える小規模な工場があったが、平均の従業員数はわずか七人だ。いずれも、マーケティングをほとんど、あるいは全く行わず、ブランド力も皆無で、とうてい規模の大きな会社に勝てるはずはなく、サプライヤーおよび顧客の価格支配力にも振りまわされる一方だった。そうした小規模な会社のオーナー経営者は、何より独立性を重視しており、利益や成長は二の次だったのである。サンチェスは成長を促進するためにマカエルにやってきたが、自由に使えるリソースは事実上、何もなかった。提供できる資金も、人々をまとめるための権限もなく、あるのはただ、適応を要する手ごわい課題ばかりだった。

だが、今よりよい未来が待っていることを見せれば、人々は、なじみ深い染みついたやり方を捨てる必要性に、はるかに向き合いやすくなるのではないか、とサンチェスは気がついた。また、何世代にもわたって受け継がれてきた組織モデル以外の運営方式を、雇用主組合のメンバーが想像さえできないことにも注目した。そのため、彼ら組合のメンバーを、イタリアの大理石の産地カッラーラへ、バスで連れていった。メンバーのほとんどは、スペインを出るのも初めてだった。彼らは、採石場と加工施設を見学し、自動化された設備に目を見はった。さらに、最新技術を使いこなし、スケールメリットを活かしているカッラーラの同業者と話をした。やがて、マーケティングを行い、ブランド力をつけるメリットを、スペインのメンバーたちは理解し始めた。彼らは、考え方をすっかり改めて、スペインへ戻った。これまでのやり方が変わると同時に、向上する可能性、なじみ深いものを捨てるだけの価値のあるものを得られる可能性に、積極的に挑んでみようと思うようになったのだ。それは、手にできるかもしれない未来を、みずからの目で見たからこその成果であった。

未来図を見せることは、いつもできるとはかぎらない。見せても、実現はしないかもしれない。自分にも見えないときもあるかもしれない。それでも、もし具体的な未来図を見せることができたら、それは、人々に適応へ向けた取り組みを受け容れてもらい、あなた自身も反発の標的にならずにすむ、きわめて効果の高い方法になる。未来が垣間見えたら、あきらめることになるものへの執着が一気に弱まるのである。また、ほかの誰かがすでにそこへ行き、ビジョンを実現しているなら、あなたが見せた未来が絵空事などではないと信じる気持ちだけでなく、あなたなら必ず自分たちをそこへ導いてくれるという確信も強くなる。あなたは、不安ではなく希望を、身をもって示すようになる。現在にしがみつき、あなたのせいで迷惑な混乱が生じたと考える人たちにはきっと抵抗されるが、そんなときこそ、よりよい未来を確信してもらうことが不可欠なのである。

†　†　†

リーダーとして人々を導こうと思うなら、難題に取り組む人間関係のネットワークを構築し、建設的な意見の食い違いを容認する規範をつくろう。ただし、温度をしっかりコントロールすること。人々に、あまりに多くのことを一度にさせないこと。肝に銘じておこう。あなたの仕事は、対立を調和へ導くことであって、対立の火種になることではない。そして人々には、彼らにしかできない仕事をしてもらう必要がある。

第6章 するべき人に仕事を返す

人生を歩む中で、信用され、一目置かれるには、ほかの人が抱える問題を取り払い、解決策をもたらせることを示す必要がある。このパターンは、学校に上がったばかりの子どもが、答えを見つけるのはよいことだと促されて始まり、大人としてより多くの責任を負えるようになりながら、一生続いていく。これ自体は悪くないが、やがて、解決策の見つからない、適応を要する困難にぶつかる。そのときには、いつものやり方やプライドや自信のすべてが崩れ去る。なぜなら、自分が解決策を見出すより、むしろ人々にその難題に取り組んでもらう必要が生じるからである。人々のために適応課題を解決しようとしても、技術的問題として捉えて対応し、つかの間の安心感をもたらすのが関の山だ。核心が解決されるわけではない。必ずまた問題として浮かび上がってくる。

さらに言えば、ほかの人の適応課題を引き受けることには、危険が伴う。前章で述べたとおり、問題を引き受けると、多くの人の目には、あなたがその問題の火種であるように映る。すると、あなたを排除すれば問題が解決することになってしまう。結果がどうあれ、そのプロセスによって生まれた不均衡と、人々が耐えなければならない喪失と、取り残されたように感じる人たちの反発について、あなたは責任を負うことになるのである。

問題の責任を引き受けない

マーティは、マサチューセッツ州知事ウィリアム・ウェルドのオフィスで人事を担当していた頃、気がつけば、州政府の上級職員同士の対立を、新聞や夕方のニュースで報道される前に解決しようとしていることがしばしばあった。多くの場合、対立している職員をオフィスへ呼び、見解の相違を埋めるべく徹底的に話し合った。その経験から、生き残るのに役立つ教訓をいくつか得た。

まず、両者ともたいてい問題を正しく捉えず、原因は性格や仕事の進め方の違いにあると考えてしまっていた。話してみると、一つの問題について全く別の話を聞くこともしばしばだった。だが多くの場合、目に見える以上のことが起きていた。両者は、単なる技術的、表面的な違いを述べているように見えるが、実は根底に潜む、個人的あるいは組織的な価値の選択について話していたのである。問題を「性格の相違」として捉えると、責任の分担や、文化的価値観の重要性や、組織のビジョンといった、本質的な問題における対立が覆い隠されてしまう。驚くことではないが、仕事上の関係に影響をもたらす、そうしたより根本的で難しい問題に取り組むのを、両者は避けているのである。

もう一つの教訓は、マーティが問題を解決してくれるものと両者が期待していることだった。「知事オフィスとして『こうしろ』と指示してくれれば、何でもそのとおりにする。どちらの方法がいいか、言ってくれ」。そんなふうにマーティに問題を委ねる点だけは、両者の意見が一致していることもあった。実に魅力的な提案である。マーティとしては、不快で緊張に満ちた話し合いを打ち切り、差し迫った危機を棚上げして、聞こえの悪い話が公になるのを防ぐことも、しようと思えばできた。その選択をせず、より根本的で厄介な問題に取り組もうとすれば、三者が許容する以上の時間とエネルギーを費やすことになる。楽なほうの選択肢を選んでしまったことも、ときにはあった。

だが、楽な選択肢を選ぶと、二つの結果が引き起こされ、そのどちらもが、自分自身の目的にも知事の目的にもかなわないことに、マーティは気がついた。

一つは、根本的な問題が本当には解決されず、そのために必ずまた浮かび上がり、ときにはいっそうコントロールしづらくなってしまうことだった。それどころか、対立しているのが組織の有力グループの代表者同士である場合などは、事態が悪化することもあった。

二つ目は、問題解決の責任を引き受けると、自分の、あるいは知事の、でなければ自分と知事両方の問題になってしまうことだった。組織で地位のある責任者が問題を解決すると、必ず、その人の立場によって結論がつくられてしまう。権限に基づいて勝敗が決められてしまい、何の学びも生まれないのだ。また、どちらか一方の肩を持つために、責任者は、「勝者」がやがて組織で十分な支持を得られなくなったら、危険にさらされることになる。マーティの場合も、自分が問題を解決し、勝者としたほうの人物や立場がその後支持を失ったとき、彼はみずから困難をつくり、信用を損ねてしまったのだった。

一九九四年に行われた、NBA（全米プロ・バスケットボール協会）のイースタン・カンファレンス決勝戦に話を移して考えてみよう。[1] ニューヨーク・ニックス対シカゴ・ブルズの、全七戦の勝負である。ブルズは、自分たちがワンマン・チームなどではなく、前年のシーズンで（一度目の）引退をしたマイケル・ジョーダンがいなくても勝てることを示そうと、躍起になっている。マディソン・スクエア・ガーデンで行われた最初の二戦は、ニックスが勝利した。そして今、舞台はシカゴに移っている。スコアは一〇二対一〇二の同点。残り時間はわずか一・八秒。ブルズとしては、三連敗するわけにはいかない。ブルズがボールを持ち、最後のシュートの作戦を立てるためにタイムアウトをとる。史上まれに見るプロ・バスケットボール監督の評判を確立しているフィル・ジャクソンの周囲に、選手たちが集合する。話し合いは活気に満ちて、いや白熱している。ジャクソンの指示は、スコッティ・ピッペン――マイケル・ジョーダン引退後のブルズのナンバーワン・プレーヤー――がトニー・クーコッチにスローイングパスをし、クーコッチに最後のシュートを打たせるというものだ。クーコッチは、ポスト・ジョーダン最有力候補として唯一、ピッペンと互角の実力を持つ選手である。ピッペンは、試合を決める最後のシュートを放つ選手として自分が選ばれなかったことに腹を立て、不平を漏らす。ジャクソンはピッペンに何か言葉をかけ、ふたたびコートに視線を戻す。そのとき、ベンチの端のほうにピッペンが座っているのが目に入り、試合に戻るのかどうか尋ねる。「戻らない」とピッペンが答え、団体スポーツにあるまじき行動を取る。試合に戻れという監督の指示に背くのだ。コートに四人しか出ていないため、ペナルティを避けるために、やむなくジャクソンはふたたびタイムアウトをとる。そして、控え選手でパスの名人、ピート・マイヤーズを出場させる。マイヤーズは完璧なパスをクーコッチに出す。クーコッチはスピンムーブして、息を呑む見事なシュートを放ち、試合を決める。チームは望みをつなぐが、勝利の興奮はピッペンの行動のせいであっという間に冷めてしまう。

ブルズの選手たちは、ロッカールームへ戻る。ジャクソンが入ってくる。空気が重い。ジャクソンはどうするつもりなのか。ピッペンを罰するのか。何事もなかったかのように振る舞うのか。それとも、ピッペンに謝罪をさせるのか。みなの目が、ジャクソンに集中する。

どうすべきか考えあぐねるジャクソンの耳に、ベテランのセンター、ビル・カートライトが、重々しい空気に耐えかねて息を呑む音が聞こえる。結局、暗くじめっとしたロッカールームに場を移し、今また、チーム全員が集合している（その部屋のにおいを、ジャクソンは「長くほったらかされていた、古いジム・バッグのようなにおい」と形容している）。監督が、選手一人ひとりとしっかり目を合わせながら、順に見まわし、それから指示を出す。「さっきの出来事に、みんな不愉快な思いをした。どうしたらいいか、自分たちで考えて解決しろ」

沈黙と驚きが、ロッカールームに広がる。カートライトが、いつになく感情的になって、ピッペンに訴える。カートライトは次のように言ったと、ジャクソンは述べている。「おい、スコッティ。さっきのはサイテーだった。俺たち、なんだかんだ言いつつ、このチームでやってきたじゃないか。マイケルなしで、俺たちだけでやるチャンスなのに、おまえのわがままで台無しにした。こんな情けない思いをしたのは生まれて初めてだよ」。冷静沈着で、鋼の強さを持つことで知られるカートライトが、涙していた。ジャクソンはロッカールームを出ていき、メンバーが話し合い始めた。

自分が対応策をとって事態を解決したら、ピッペンの行動を不服従の問題、つまり、監督と選手の問題にしてしまうことに、ジャクソンは気づいていた。だが、この一件の中心にはもっと根深い問題があることを、彼は理解していた。そこには、選手同士の人間関係のあれこれが映し出されていたのである。互いに何を負っているのか。互いにどんな責任があるのか。これからも信頼し合えるのか――。問題に対する責任は、監督のジャクソンではなく彼ら選手にある。そして、もう過ぎたことだとして未来へ目を向けることは、彼らにしかできなかった。

問題の責任を引き受けないことによって、つまり、原因は選手にあるとして彼らの手に問題を戻すことによって、ジャクソンは問題を、解決できる唯一の場所、すなわちチームに委ねた。ここで重要なのは、選手がどんな判断をするかではなく、判断しているのがジャクソンではなく選手である点だ。実にうまく対処したと称賛されたとき、ジャクソンはこう答えた。「一歩下がって、チームが自分たちで解決策を考えられるようにしただけだ」。選手全員に注目されたとき、ジャクソンはバルコニーに立ち、自分がどんな介入をしようと、目前の危機はとりあえず解決できても、根底にある問題を放っておくことになると、気づいたのだった。

問題を引き受けたい誘惑を断ち、解決を当事者に委ねるのがいかに難しいかを、私たちは過去の過ちから知っている。リーダーは、すぐさま駆けつけ事態を収拾すること、態度を明確にして問題を解決することを期待される。それが、上に立つ責任者の仕事だから、と。期待に応えると、立派だとか勇気があると称賛され、いい気分にさせられる。だが、人々の期待に対し、いやその期待は違うと異議を唱えるほうが、はるかに勇気ある行動である。

するべきことを、するべき人に返す

新たな適応力を育てるためには、行動はもとより考え方も変えなければならない。フィル・ジャクソンの事例には、**「問題を抱える人たち」が一つのプロセスをともに経験し、「解決策を考える人たち」になって初めて、事態を本当に収拾できる**ことが示されている。永続的な進歩のためには、問題を自分たちのものとして所有し、最終的に関係者が解決しなければならない。ジャクソンは、衝突の原因を突きとめ、問題を、引き受けるべき人に引き受けさせる必要があったのだ。

チームと監督は権威という境界によって、チームメイトとチームメイトは個人という境界によって隔てられる。だが、チームメイト同士に固い絆がある場合の境界は、権威による境界、あるいは激しく対立する党派やチームやグループを隔てる境界に比べ、たやすく越えることができる。ピッペンの行為がもたらす影響に、チームの中にいる選手なら、外にいる監督より、説得力をもって対処することができた。ジャクソンは問題をあるべき場所に、すなわち、チームとチーム外の調停人との間ではなく、チームの中に置いた。最大の効果を上げる解決は、ブルズという「家族」の中でしか実現できないと気づき、結果を左右する重要な境界を越えることを避けたのである。

このように、問題を引き受けないことはたしかに必要だが、それだけでは十分ではない。**問題を適切な場所、つまり当事者が取り組める場所に置かなければならないのだ。**その場所は、一つのグループの中という場合もあれば、組織内のさまざまなグループがともに取り組むことを意味する場合もある。先述のマサチューセッツ州知事オフィスの例で、適応が必要な問題を上級職員が押しつけようとしてきたとき、マーティは彼らに問題を押し戻すという対応をするべきだった。問題を引き受けると、リスクもすべて引き受けることになる。ところが、対立する職員たちがどんな答えを導き出そうが、その答えを支持する姿勢を持つと、いい結果が出る。問題をあるべき場所に置いたほうが、持続的な解決策が見出され、思わぬ反発もあまり招かないことに、マーティは気がついた。その解決策は、彼が考えただろう方法、あるいは最良だと思う方法とは違うこともある。しかしそれでも、当事者である職員に自分で見つけてもらうほうが、よい結果が（マーティにとっては、はるかに安全な結果が）生まれたのだった。

とはいえ、問題を適切な場所に置きさえすれば、リーダーとして、機会を捉えて務めを果たしたことになるわけではない。第5章で紹介したリカルド・サンチェスは、そのことを理解していた。初めてマカエルを訪れ、市長に案内してもらったとき、サンチェスは二日間にわたり、大理石の生産施設を訪ね、小規模企業の経営者たちから、彼らが抱える問題について話を聞いた。その後、市長に頼んで、雇用者組合と労働組合それぞれの上級職に集まってもらった。そして、問題はわかったが、即座に解決に至る手立てはない、と述べた。一体どうすれば、独立性にこだわらず協力し合うことを、彼らに考えて――聞く耳くらいは持って――もらえるのか。この問題に直面したサンチェスは、大胆な介入を行うことにした。彼らに対し、行動計画が必要だ、しかもその計画を、彼ら自身で考えなければならないと述べたのである。IPIAは、計画の策定者ではなく調整役にまわり、計画の実行に必要なリソースを調達することになる。サンチェスは問題を、コミュニティの中に置いた。協力し合うのを彼らが拒むなら、計画の具体化を主導するつもりはなかった。

そして、思いきった作戦に出た。自分の提案どおりに今すぐ行動し始めるかどうかを投票によって決め、満場一致で同意しないなら、今後はマカエルに関わらないと言ったのである。さらに、計画のあらゆる要素がやはり全員一致で承認されないかぎり、自分とIPIAが手を貸すことはない、とも述べた。サンチェスは、引きつづき関与するかどうかの境目をはっきり設けることによって、利害関係者たちに、難しい根本的な問い――独立性へのこだわりを捨て、協働していく積極的な意志があるかという問い――に否応なしに向き合わせた。彼らが満場一致という最初の難関を突破するなら、その事実が、協力する方法を彼らがすでに模索し始めていることを示す証になるのだった。

ケリーは、コロラド州で大学の理事を務めていた頃、デンバーの市民や政治家と積極的に交流した。八年の任期を務めたのち、デンバー市議会のスタッフ・メンバーになった。その仲間たちから、デンバー公務員委員会の議会指名候補になってほしいと依頼され、ケリーはきわめて前向きに引き受けた。

だが、任期満了間近の現職者が、あと一期二年の再選を目指すことになり、彼女は立候補を取り下げた。現職者は、二年後にはぜひケリーに自分のあとを継いでほしいという意向を示し、実際、二年後にケリーは指名候補を受ける意志を尋ねられ、名前が挙げられることを了承した。ところが、現職者がまたしても、再選を目指すことになった。しかし今度は、ケリーは立候補を取り下げず、どちらを任命するかの判断を議会に委ねることにした。

選出が保留になっている間に、こんな記事が新聞に載った。麻薬の使用、家庭内暴力、雇用主からの窃盗など、さまざまな問題を起こしてきた人物を警官として採用することを、公務員委員会が承認した――。当然のように生じた反響に対し、委員会は弁解がましいことを述べた。マスコミと自称改革派が、委員会は変わるべきだと声を上げた。警官採用の承認に対し、現職者がどんな意見を持っているのかは、はっきりしなかった。ただ、この騒ぎによって、保留になっているケリーの選出が、委員会の改革の象徴になった。

丸一週間、この話題のなんらかの側面が、新聞やラジオのトーク番組で取り上げられた。いつもなにがしかの場面でケリーが登場したが、彼女について誰かがコメントするという形にかぎられた。レポーターが、彼女の名を大声で口にした。委員会の改革に対するビジョンや警官採用の承認について、意見をコメントするよう求めた。ケリーは、自分の考えを明らかにしたかった。また、改革の推進力と思われているのがうれしくてたまらなかった。さらには、警官採用の賛同者や現職者再選の支持者から受けている個人的な批判に対し、応戦したいとも思った。だが、ケリーは沈黙を守った。取材を断り、トーク番組での議論に参加するのも辞退した。

最終的に、議会は七票対四票で、ケリーを選んだ。生き残れたのは、ケリーを改革の象徴にと考える人たちと手を結ぶ誘惑に、打ち勝ったからである。そうでなければ、現職者を批判することになり、彼のことを仲間であり同僚だと考える味方の議員の間に、彼に対する同情を生み出してしまっただろう。ケリーは、市民の批判に対処することさえも控えた。対処すれば、自分の存在が個人としていっそうクローズアップされてしまうからである。警官の新規採用について本当は明確な意見があるとしても、人目につく態度をとらないことによって、ケリーはなんとかしてその問題から離れようとした。論争の外に身を置き続けることで、問題を絶えず、できるだけ自分の外のことにし、本来責任を負うべき委員会の中に置いたのである。これによって、ケリーが指名される可能性が高まり、実際に委員になったのちも柔軟に行動することができた。

論争の焦点を個人に合わせるというのは、戦線離脱させるための、よくある戦略だ。攻撃されたり、ケリーの事例のように、攻撃者になるよう仕向けられたりすると、つい反応したくなる。自分という人間を誤って報じられたり、ほかの人の問題を自分が象徴させられたりしたら、思わず議論に飛びつきたくもなる。だが、問題を個人的なものにしようとする動きに踊らされず、自分の立場を弁明したくてたまらない気持ちに打ち勝てたら、生き残る確率を高めることができる。あなたを問題にしようとする動きを封じ、問題に対する責任を本来あるべき場所に置いておけるようになるのである。

マーティは、問題をあるべき場所に置くことに関し、仕事を始めて間もない頃に、最初にして最も重要かつ痛みを伴う教訓を学んだ。ロースクールを出たばかりの頃のことである。同じリベラル派でメンターでもあるエリオット・リチャードソンが州副知事に選ばれ、マーティは彼に、スタッフ五人の小さな部署の、調査および立法アシスタントとして雇用された。

三カ月ほど経ったある日、長く対処されないままになっていた問題について調査をするよう、リチャードソンから指示を受けた。マーティは調査をし、その週末に簡単な文書を提出した。数時間後、文書が戻ってきた。リチャードソンからのコメントはなく、鉛筆書きの印さえもなく、目を通したことを示すものも何もなかった。マーティは、間違って戻ってきたのだろうと思い、もう一度提出してほしいと頼みつつ、リチャードソンの秘書に手渡した。そして、すぐ近くにある自分のデスクに戻ろうとしたが、着かないうちに、インターコムが鳴った。「こっちへ来てくれ」。リチャードソンからだった。上司の声は、不愉快そうだった。

リチャードソンは、機嫌のいいときでさえ、威圧感がある。怒っているとなると、マーティは恐れをなすほかなかった。いちばん奥の部屋に入ったマーティは、リチャードソンの口が固く結ばれているのを見た。説教をされるのだ、とマーティは察した。

「これが全力でやった仕事なのか」とリチャードソンは尋ねた。

「わかりません」。つぶやくように、マーティは答える。

「とてもそうとは思えんな。私が五パーセントくらい手を入れればすむ出来なら、全力でやったと言っていい。それ以上手を入れなければならないなら、私の時間がもったいない。最高と言える仕事ができたら、もう一度提出してくれ」

リチャードソンは問題を、まさしくあるべき場所に、つまりマーティの肩の上に置いた。大して手間のかかることではないにもかかわらず、彼は自分で文書を直そうとはしなかった。自分で直すことは、適応課題、すなわち、「新しく入った若いスタッフに、もっと高いレベルで仕事をしてもらうにはどうすればいいか」という課題に対し、技術的に解決する方法でしかなかったのだ。マーティの中には、分かちがたい二人の自分が存在していた。本当の意味で最高の仕事をしたいと思っている自分と、何も問題はないものの、全力を尽くしたと胸を張っては言えないレベルでよしとしたがっている自分（こっちの自分が勝つことのほうが、圧倒的に多かった）だった。

ほかの人の対立や適応課題を引き受けた場合の最悪のシナリオは、双方から非難を受けやすい立場に立ってしまったときに生まれる。まさにそのシナリオを、タイムズ・ミラー社のマーク・ウィルスは身をもって経験した。

ゼネラル・ミルズ（食品・シリアルの大手複合企業）の副会長として活躍したのち、マーク・ウィルスは一九九五年六月一日にタイムズ・ミラーのＣＥＯに就任した。掲げた目標は、損失を削減し、収益性を増大させ、会社の株価を上げることだった。彼はかなり短期間のうちに、『ボルティモア・イブニング・サン』廃刊の指揮を執り、『ニューヨーク・ニューズデイ』を廃刊、法律および医療分野の出版社を売却、ケーブルテレビ事業を整理し、その過程でタイムズ・ミラーの従業員二〇〇〇人を解雇した。一連の行動の結果、「シリアル・キラー」とあだ名されたが、それによって得た資金で株を買い戻し、株価を上昇させ、さらには、取締役会や金融機関からいくらか時間を稼ぐことができた。

長期戦略としては、最重要事業である『ロサンゼルス・タイムズ』に主眼を置いていた。一九九七年一〇月に、ウィルスはみずからを新聞社の経営者と名乗った。野心的で型破り、かつ挑発的な計画をいろいろと考え、あらゆる機会を捉えて、新聞や全国のメディアに向けて発表した。採算が合わないために新規読者の獲得が難しく、そのせいで大都市新聞各社の部数が落ち込んでいる時代に、彼は読者数を飛躍的に増やそうとしたのである。新たな読者を獲得する作戦は、ラテン・アメリカ系住民向けの編集部を別に設けて、ロサンゼルスを拠点とするラテン・アメリカおよびアジア系住民向けの小規模な新聞社と協力するというものだった。ウィルスは、小学生の識字率向上に的を絞った報道をするようにと指示をした。彼らが大人になったときに読者になってもらうためである。実現はしなかったが、編集者の給与査定に、女性やマイノリティの言葉が記事に何度引用されたかを反映したい、と述べたこともあった。

彼が打ち出した計画はどれもが、記事の独立性を重視し、営利的要素から切り離すという、ジャーナリズムの伝統的な価値観に異を唱えるものだった。だが、彼が声高に主張した考えの中で、最も過激だったのはこれだ――新聞社の報道と営業を長く隔ててきた分厚い壁を粉々に打ち砕く、というのである。壁を壊すための画期的な取り組みとして、彼はまず、営業担当者とベテラン編集者一人ずつでペアを組み、収益性を高めるという目標に協力して取り組ませた。あからさまな敵対心とまでは言わないまでも、互いに不信感を拭いきれず、距離を置いたまま今に至る両者の間で、パートナーシップを育てようとしたのである。

この取り組みに対し、ウィルスは取締役会と販売宣伝部から、さらに編集担当の数人からも、支持を得ることができた。だが、ウィルスはジャーナリストではなく、新聞社で仕事をしたこともなかった。彼がこの会社のトップであることは誰もがわかっていたが、報道部の大半の社員が、彼を部外者と捉え、ニュース編集室に根付く価値観を変えようとしているのだと考えた。彼らの観点からすれば、経営サイドの人間と協力すれば、報道部の独立性と信頼性が脅かされることになる。そして原因はウィルスにあったため、彼らは攻撃の矛先を、販売と広告を担当する社員たちではなく、ウィルスに向けた。

取締役会は、彼の戦略とその成功に多大な投資をしていた。最初は支援してもらえたため、ウィルスは初めの頃のいくつかの衝突を乗り越えることができた。実は『ロサンゼルス・タイムズ』のニュース編集室内からも、メディア・ウォッチャーからも、大変な批判を受けたのである。むろん、業界人の中には、彼は重要な問題を提起しており、ずっと当たり前とされてきた前提に果敢に挑んでいると考えてくれる人もいた。それでも、ウィルスが危うい立場にあるのは明らかだった。そして人々は、組織の内からも外からも、彼の行動を注視していた。

最初のいくつかの衝突を乗り越えたウィルスは、一九九九年半ばに、経営者としての仕事を社外の秘蔵っ子に譲った。すでに株価は堅調に上昇しており、取締役会からは多額の報酬を与えられていた。

その年の秋のこと、『ロサンゼルス・タイムズ』は、日曜版の特別号で得た広告収入を、ステープルズ・センター（スポーツおよび各種イベントのための新しい施設）と分け合うことになった。だがこれが特殊な問題として取り沙汰された。そのような取り決めは伝統的なやり方から外れており、ニュース編集室からもメディア・ウォッチャーたちからも猛烈な抗議の声が上がったのだ。編集部は、どのような経緯でこの取り決めが行われたのかを有能な記者に長期にわたって調べさせ、経営者は、事態を収拾するために公の場で謝罪しなければならなかった。批判が集中したのは、ステープルズ・センターとの取り決めが、報道と営業を隔てる壁をウィルスが強引に打ち砕こうとした結果、やむを得ず起きたことなのかどうかという点だった。公然と批判した人の中には、同紙の創業者一族の子孫であり、ウィルスの前任のCEOだったオティス・チャンドラーもいた。

六カ月と経たぬ間に、ウィルスは失職した。チャンドラー家は取締役会を支配しており、ウィルスの先手を打つように、交渉中だとさえ知らせることなく、会社を売却したのだ。株価が上昇したときにはたしかに報酬を与えられたが、ウィルスは自分の戦略が、あるいは戦略の進め方が、熱が高まったときに、自分を不要の存在にしてしまうかもしれないことに気づかなかった。そしてみずからを問題にしてしまった。彼は、組織における営業と編集の関係の問題を、ニュース編集室に置かなかった。営業担当者との協働について、報道担当者同士で議論させたことも一度もなかった――編集者と記者に、現状を知り、疑問をぶつけ合い、彼ら自身がどんな思い込みを持っているかについて考えさせたことがなかったのだ。彼は、報道部門と営業部門の対立を調和へ導いて、互いに対する理解が深まるようにしようなどとは、考えもしなかった。彼が何もかも自分一人で引き受けようとするかぎり、どちらの部門の社員もほとんどが高みの見物を決め込み、彼と伝統にこだわるジャーナリストたちとの争いを傍観し、どちらが生き残るかを眺めていたのだった。

介入は短くシンプルに

一般には、短く率直に介入したほうが、強い反発を招くことなく、すんなり受け容れてもらえる確率が高い。

リーダーとして行動するために、介入は欠かせない。また、状況に応じて戦略的に行う必要がある。

リーダーが戦術として行う介入には、次の四つのタイプがある。「所見を述べる」「疑問を投げかける」「解釈を伝える」「行動を起こす」である。実際には、四つを組み合わせて行うことが多い。どれを組み合わせるかは、リーダーのスキルや、目的や、どの介入を選べば組織の取り組みを前進させつつ自分が傷つかずにいられそうかの判断によって変わる。言うまでもないが、介入の実施にはさまざまな意図がある。事態を収拾する目的で行うこともあれば、混乱させることが目的の場合もある。注意を惹きつける、あるいは逆に逸らすことを、目的としている場合もある。ただ、いずれの介入においても、思わぬ影響が必ず現れる。

世界大恐慌のただなかに、フランクリン・ルーズベルトが第一回就任演説で「怖れる必要があるのは、怖れそのものだ」と述べたとき、彼は、国民が過剰に不安を募らせ、それが経済を麻痺させているという見解を示していた。そこで、国民に安心をもたらそうと考え、続く一〇〇日間に矢継ぎ早に行動を起こし、素晴らしい成功を収めた。一方、ジミー・カーターも、一九七九年の石油危機のさなかに行ったかの有名な「マレーズ（不安感・不快感）」演説で、国民は自信喪失の危機に陥っていると述べた。つまり、国が抱える問題は、国民の姿勢に原因がある、という解釈を示した。演説の直後は大いに歓迎され、支持率も一一パーセント上昇した。だが二日後、彼は全閣僚を解任した。どちらの危機に直面したときも、大統領が「包み込む環境」をもたらしてくれること、大統領がびくともしない礎になってくれることを、この国は必要とした。そして、大統領の掲げる挑戦に国民が取り組もうと思うなら、大統領を信頼する必要があった。だが、閣僚を解任することによって、カーターはみずからの政権を信頼していないことを示してしまった。大統領に自信がないのに、なぜ国民が自信を持てるだろう。カーターはそのとき、自分自身が危機になってしまったのだった。[2]

所見を述べる

所見（観察に基づく意見）とは、人々の行動を反映する、あるいは現状を描写する、ちょっとした言葉のことである。その言葉によって、人々はつかの間バルコニーに立って、自分の行動から少し距離を置き、違う観点を持てるようになる。たとえば、会議中ににわかに議論が白熱したら、こう言うといい。

「ちょっとストップ。なんだかピリピリしすぎている気がする。ボブが発言するまでは何も問題なかった」

所見それ自体は、バルコニーからちらりと見て短いコメントを出す以上のものではない。そのため、ほかの方法による介入ほど威圧的ではなく、行動を促すこともない。それでも、「ちょっと立ち止まろう」と声を上げ、目の前で起きていることを知らせると、人々によい刺激を与え、前向きな結果を出すことができる。

疑問を投げかける

観察しているときには、そのまま見ているだけでもいいし、足りない部分をグループに補ってもらってもいいが、場合によっては、疑問を投げかけたり自分の解釈を伝えたりして、少し踏み込むこともできる。

たとえば「一体どういうことだろう」「ボブの発言に何か気になる点があったのか」などの疑問を投げかけると、効果的に問題をグループに返すことができる。答えがわからず、そのため解釈ができない場合にも有効だ。ただ単に、自分たちで問題に取り組んでもらうことが重要だと思う場合にも、あるいは、問題に取り組んでもらいたいが、できるだけ自分が攻撃されない位置にとどまりたい場合にも、この方法を使うことができる。

言うまでもないが、目の前の状況に対する自分の理解を、疑問形にして伝えるときには、含みのある疑問を口にすることになる。この方法は、不必要に人々を苛立たせることが珍しくない。彼らは、あなたの解釈が議論にとって有用だとは思わない。むしろ、あなたの狙いは、自分の解釈が正しいとうまく信じ込ませ、そのうえで議論を始めることにあると感じるのだ。

解釈を伝える

含みのある疑問を呈するより大胆で役立つことが多いのは、観察したのちに解釈を述べるという方法だ。たとえば、目にした対立について単に疑問を投げかけるだけでなく、次のように自分の考えを伝えるといい。「意見が食い違っているのは、本当はXのことではなく、全く別のYの件なんじゃないか。この四カ月間、会議のたびにネックになっている。それが解決しないうちは、この問題について先へ進めない気がする」

このテクニックが有効なのは、隠れた問題をしばらく前から懸念していたが、情報がもっと欲しい、あるいは、関連する状況が表面化するのを待とうと思っていた場合だ。

解釈を示すときには、それが正しいという確信はあまりないかもしれない。どれくらい正しかったかは、人々の反応から明らかになる。自分の考えを伝えたら、あとは何もせず、その考えにグループがどんな反応を示すか、耳を傾けよう。

解釈を伝えることは本質的に相手を苛立たせるものであり、温度を上げる。一般に、人は自分の発言や行動を解釈されるのをいやがるものなのだ（評価を気に入った場合は別だが）。解釈することはつまり、しばしバルコニーに立っていたということであり、人々はあなたを「仲間」ではないのではないかと疑うようになる。自分たちよりなんとなく「上」だと感じてしまうこともある。

行動を起こす

どのような行動も、効果はただちに現れるが、同時にメッセージも伝えることになる。行動は意志を伝えるのだ。例を挙げよう。会議の途中で誰かが部屋を出ていったら、あなたはその人に力を貸してもらえなくなる。だが、出ていくことで、その人はたとえば次のようなメッセージを伝えている。「私が重要だと思う問題を、あなたは扱ってくれない」「空気が張りつめすぎている」

介入としての行動は、状況を複雑にしてしまう。いくつもの解釈が生まれやすいからである。たとえば、一九九一年一月、イラクに占領されたクウェートに多国籍軍が攻め入ったとき、サダム・フセインへ向けて発せられたメッセージはかなり明確だった。だが、それ以外の中東の人々には、どんなメッセージが伝わっただろう。国連の介入によって自分たちの国境が守られる、と頼りに思えただろうか。その地域の平和にいっそう尽力すると、アメリカは明言していただろうか。シリアとの連携は、いわば一時的な政略結婚だったのか、それとも地域の政治的な関係性そのものが変わりつつあることを示していたのだろうか。

行動を通じて伝えられるメッセージの複雑さは、一九六八年のデモにも現れている。その年の民主党全国党大会で、シカゴの警官隊が反戦活動家たちに暴行した事件は、ベトナム戦争反対派の主張を支援する結果にはならなかった。それどころか、うかつにも、タカ派の大統領候補、リチャード・ニクソンの勝利に一役買ってしまった。その事件によって、民主党は統制がとれておらず、党員や暴徒や熱意のありすぎる警察を管理できていないように見えた。警察がゆきすぎた行動を取るのは、民主党を熱烈に支持するリチャード・デイリー市長が同市の法執行機関の責任者になってから、とくに顕著だった。

リーダーたちが介入しようとしたとき、反戦活動家たちは、問題を浮き彫りにし、然るべき場所に置くことができなかった。デモは、ベトナム戦争の責任は自分にあるとしたリンドン・ジョンソン大統領がすでにその座を降りているという政治的状況の中で起きた。シカゴ警察はいたずらに、かつ乱暴に暴力を用いたが、警察も活動家も挑発的に行動しただけで、両者とも問題に直接的には結びつかず、シカゴの警官と、徴兵年齢を超えた大人に率いられた子どもの集団との衝突という問題に終始してしまった。そして活動家は、社会が直面する難題に注意を向けるより、むしろ枝葉の問題、つまり法と秩序の問題を生み出してしまった。そのような枝葉の問題に関して激しく言い争う様子がテレビで流されたために、行動はあっけなく誤解され、問題もあっという間に誤った場所に置かれてしまった。すなわち、反戦活動家は、戦争に対する責任という意識をアメリカ国民の中に浸透させられなかったのである。

あらゆる行動が、さまざまな意味に解釈できるメッセージを発するわけではない。マーティン・ルーサー・キング・ジュニアと彼の戦略家たちは、アラバマ州セルマから行進するときに、アメリカにおける人種差別の残酷さを示す明確なメッセージを伝えた。黒人は、盲従するのか、それとも抗議の声を上げるのかを選ばなければならない、と。白人は、この国が支持する価値観と実践している価値観との矛盾に向き合わなければならない、と。この事例における介入としての行動は、意志を伝えるほかの方法に比べて、はるかに強力なメッセージを発した。白人の警官隊が、非暴力を貫く黒人の男女や子どもに暴行する様子がテレビに映し出され、そのシーンが国民の意識に焼きつけられた。全米の何百万もの市民が、自宅のリビングルームで、メッセージを受け取った。

行動は注目を集めるが、それによって伝えるメッセージや状況はきわめて明瞭でなければならない。そうでなければ、人々は困惑し、責任を別の場所に置いてしまうだろう。

† † †

リーダーとして行動する際には、人々からできるだけ不満をぶつけられないようにすると、生き残ることができる。そのための最良の方法として、するべき仕事を、本来その責任を負うべき人に返すことを絶えず考えよう。問題を、その難題に実際にぶつかっているグループ内およびグループ間に置き、介入については、一つだけの文脈を持ち、さまざまな意味に解釈されるおそれがないように調整しよう。行動、評価、軌道修正、再評価、そして再介入というサイクルで即興的にリーダーシップを発揮する際には、時間をかけて耳を傾けないかぎり、介入がどのように受け取られるか、はっきりしたことは決してわからない。そのため、行動の質もさることながら、その後も平静でいられることが、次にどう行動すべきかを評価するために、きわめて重要になる。

第7章　平静を保つ

ここまでの章では、適応へ向けた取り組みが、なぜ熱と抵抗を生み、抵抗によってどんな形のリスクが生じ、それに対してどのように対応すればいいかを述べた。だが、なんらかの措置を講じて、政治的関係を管理したり、対立を調和へ導いたり、あるいは、するべきことを、本来するべき人に返したりするためには、まず必要な力がある。あなたは、もっと基本的な能力を身につけている、つまり、バランスを失うことなく次の最良の一手を計画できることが、必須なのである。行動を起こしているさなかに平静でいられることは、生き残り、人々に課題に集中し続けてもらうための、不可欠なスキルだ。あなたは、耐えがたい重圧に襲われ、自分の能力にも進むべき方向にも疑念が生じるかもしれない。だが、もし動揺したり早まって行動したりしたら、あなたが抱いている、問題に対処するための新たな構想は、一瞬で砕け散ってしまうかもしれないのだ。

非難に耐える

新たな構想を砕け散らせることなく、非難に耐え、人々の怒りを受けとめられるようになることは、リーダーの務めの中でもとくに骨が折れる。変わってほしい、いや犠牲さえも払ってほしいと頼むときには、支持を得られていない人はもちろん、最も近しい同僚や支持者の中にも不満を生み出してしまうことは、間違いないだろう。支持者は、面倒を増やすのではなく、少なくとも自分たちのためになるよう事態を落ち着かせてほしいと思っている。彼らから、手を引いてほしいとか、ややこしいことを言わないでくれとか、その態度は苛立たしいので改めてくれとプレッシャーをかけられると、あなたは体が熱くなり、不快に感じるようになる。この意味では、リーダーシップを発揮することは、無理のないペースで人々を失望させることだと言えるかもしれない。

緊張の仕方は人それぞれなので、環境に対する反応も一人ひとり異なる。中には、激しい感情やストレスに対して、ほかの人より耐性が強い人もいる。実際、とてつもない重圧のもとでも、目標に向かって突き進める人がいるのだ。だが、反発を最小限にしたい、皆無であればなおよいと思う大半の人から見れば、実のところ、抜本的な変革を進めているときに人々の怒りを受けずにすむなど、全くとは言わないまでも、めったにない。ゆえに、**より多くの非難に耐えることができればできるほど、いっそう優位に立って、粘り強く問題に取り組めるようになる。**第5章で紹介したように、映画『十二人の怒れる男』の中で、ヘンリー・フォンダ扮する陪審は、同じ陪審たちから激しい非難を受けた。主張を撤回せよと、言葉で攻撃され、身体的な脅しさえもかけられたのだ。彼としては、進んで「パーティーの鼻つまみ者」になり、潔く非難を受けることが、自分自身と主張の正当性を守り、陪審員室の中で生き残るために不可欠であった。非難に耐える力を伸ばすには、訓練が必要だ。周囲の人たちが激しく反発しているときも、落ち着いて冷静さを保てるよう、繰り返し、自分を鍛えなければならない。沈黙も一つの行動なのである。

メアリー・セレッキーは、一〇年以上にわたって、ワシントン州北東部の三郡合同保健区向けに公衆衛生プログラムを管轄した。[1] また、議案提出においても最前線に立ち、州全体で積極的な役割を果たし、成功を収めた。たとえば、エイズ関連法（エイズ関連の支援サービス提供を地方保健所に義務づける）や、州保健局を設立する法律などである。一連の成功はワシントン州保健局の長官代理就任に値するものだったが、実際、一九九八年一〇月一日、ゲイリー・ロック州知事によって、セレッキーはみずから設立に尽力した機関の長官に任命された。

就任した瞬間から、セレッキーは論争の渦に巻き込まれた。ＨＩＶウィルス検査で陽性反応が出た人を、名前を明らかにして保健局に報告すべきか、それとも固有の番号で報告すべきかという論争である。エイズ問題の活動家たちは、患者の身元特定につながらないようにするため、そして人々に検診を促すために、番号で報告するべきだと、一歩も譲らない構えだった。一方、公衆衛生局は、名前を用いるほうが公衆衛生に役立つと主張した。それが最も単純で間違いのない管理方法だと彼らは述べた。ＨＩＶ感染症拡大の追跡を素早く簡単に行うことができ、勧告や通知に役立ち、さらなる感染を効果的に防ぐこともできるというのだ。名前で報告することは、州の届出感染症リストにあるほかの五四の病気の場合にも行われる、標準的な方法だった。

前年二月の時点では、ＨＩＶおよびエイズに関する知事諮問委員会は、エイズ問題の研究者や活動家が優位に立っており、番号での識別を、一四対四の圧倒的多数で可決していた。番号による報告を支持する人たちは、知事がこの提案に賛同し、次いで、州衛生局に送ることを期待していた。州衛生局は、疾病報告の規定づくりに関して、制定法上の責任を持つ機関である。州知事は、番号による報告に賛成するゲイ・コミュニティから幅広い支持を得ており、政治家になって以来、プライバシー擁護の立場を強力に貫いてきた。だが今、知事は中立の立場を守っていた。問題解決のために臨時委員会を設置しようとしたが、双方が納得できるメンバーを集めることができなかった。

とうとう、知事は問題の解決を州衛生局に委ね、州衛生局は一〇月の役員委員会で議題に載せ、予備投票を行うことにした。委員会のメンバーは知事が任命した一〇名から成り、全員が医療従事者だ。セレッキーは、職権上のメンバーとして委員会に出席したが、長官就任後わずか二週間にして、意見の著しく対立する問題について票を投じなければならなくなった。州衛生局を束ねる立場ではないが、州保健局の長官たるセレッキーの言動は、成りゆきに大きな影響を及ぼすにちがいなかった。

郡レベルで仕事をしていた頃は、公衆衛生に携わる同僚の側につき、名前による報告を支持していた。だが、今のセレッキーは違う環境に身を置いている。多くの責任を負う新しい役割を担い、それまでとは違うさまざまな関係者が入り交じり、そして、任命者である州知事が導いてくれることはほとんどなかった。自分がかつて名前による報告への支持を表明していたことを、知事は知っているのだとセレッキーは思っていた。

委員会では議論と投票が行われ、セレッキーは態度を明らかにしなければならなくなる。この投票で最終的な決定がなされるわけではないが、規定の原案がつくられ、それをもとに、さらなる議論や公聴会が行われることになる。投票の結果によって、政治的に大きな流れが生まれるにちがいなかった。

職員の間では名前による報告を支持するほうが圧倒的に優勢だったが、委員会の日が近づいても、セレッキーは考えを全く明らかにしなかった。委員会では、投票前に広範な議論が行われ、名前による報告を支持する医療従事者たちが入念な下調べをしてきたことが明らかになる。議論が行われている間、セレッキーはひとことも言葉を発しなかった。やがて委員会メンバーが一人、また一人と票を投じ始めても、じっとして動かない。すべての人の目が、セレッキーに注がれる。結局、セレッキーは棄権した。結果は七対〇で名前による報告が採択され、セレッキー率いる州保健局で、投票結果を反映した仮の規約を起草することになった。

セレッキーの行動、つまり何もしなかったことに、およそすべての人が腹を立てた。自分たちを支持してもらえなかったことに両派はともにがっかりしたが、セレッキーが責任を放棄したという点では、意見が一致していた。知事オフィスからも同じ懸念が表明された。

委員会後のつらい時期を、セレッキーは耐え忍んだ。各方面から非難が殺到した。激怒したエイズ問題の活動家はデモを行って抗議した。だが、セレッキーは冷静さを失わず、非難に耐えた。立場をはっきりさせよという圧力に、屈服も反応もしなかった。

やがて少しずつ、初めはためらいがちに、セレッキーは両派と会って話をし始めた。まずは別々に、その後は両派同時に、である。どちらの側も、セレッキーが棄権したことを不快に思っていたが、もしどちらか一方の支持にまわっていたら、それよりはるかに腹を立てたにちがいなかった。ほどなく、両派は歩み寄った。HIV感染者の名前は九〇日後に破棄されることになった。地方保健所は、名前を記録するが、州保健局には番号のみを報告することになった。

セレッキーは自分が、問題の技術的側面、つまり二つの選択肢の善し悪しを見きわめられるかどうかではなく、むしろ非難に耐えられるかどうかを試されていることに気づいたのだ。彼女は、あらゆる人の怒りと失望を潔く受け、次いでそれを和らげなければならなかった。公衆衛生に携わる古くからの仲間は、何の疑いもなく、この件についての彼女の意見は昔のままだと思っていた。また、エイズ問題の活動家は、セレッキーと知事が、自分たちの主張に賛同してくれると確信していた。

この時期を耐え抜くのがきわめてつらいことを、彼女は知った。かつての大切な友人や仕事仲間や支持者からの厳しい非難に、耐えなければならないのだから。だが、冷静さを失わないことによって、彼女はすべての人と連絡を取り続け、ついに、両派に同じテーブルに着いて、どちらの考えも道理にかなっていると認め合ってもらうことができたのだった。

友人や仲間から非難を浴びるのは本当につらい。考えようによっては、対立している相手から罵倒されるほうが、まだましかもしれない。だが、敵対する「悪」に罵りながら追いかけられているなら、それはつまり、あなたが英雄のように何か「よい」ことをしているということにほかならない。怒りに満ちた群衆の前で話したり、非友好的なラジオのトーク番組で対談したりする人は、特別な勇気を持っているように見えるかもしれないが、そういう人は、状況を改善するコツを心得ている。敵対者から顔にトマトを投げつけられると、それによって自分のいわば格が高まるのを実感し、価値を再確認するのである。

ヘンリー・フォンダ扮する陪審やメアリー・セレッキーの事例からわかるとおり、リーダーシップの実践という挑戦に取り組んでいると、大切で不可欠な支持者から厳しく非難される場面が少なからずある。自分が苛立たせ、失望させている支持者――陪審にしてもセレッキーにしても、目標達成のためにどうしても力を借りる必要のある人々から、である。それほどまでの重圧を耐え抜くには、広い視野に加え、粘り強さ、熟慮、勇気、強さ、正しいことを進んで行う姿勢といった力が必要になる。

あなたと意見を異にする人は、自分たちがぶつける怒りにあなたがどんな反応を見せるかによって、あなたのゆるぎなさを試し、価値を判断する――まるで、怒りを爆発させても親の堪忍袋の緒が切れないかどうかを確かめようとする、ティーンエイジャーのように。守勢に徹することなく人々の怒りを受けとめると、信頼が生まれる。相応の期間にわたって冷静さを保ち、人々の痛みに絶えず敬意を払って対応し、わが身を守らねばと思うことなく自分の主張を貫けたら、結果として平穏がもたらされ、人々との絆が強まるだろう。

これができた人は歴史上、枚挙にいとまがない。ネルソン・マンデラ、マーティン・ルーサー・キング・ジュニア、ガンジー、マーガレット・サンガー、エリザベス・キャディ・スタントン、ジャンヌ・ダルク、ムハンマド、イエス・キリスト、モーセ――彼らはみな、怒りを進んで受け容れることによって、たぐいまれな信頼と倫理的権威を得たのだ。怒りを受け容れることは、私たちの最も繊細な部分が試されるため、神聖で侵すべからざる作業といえる。また、自分を超え、目的に忠実であり続けることや、人々が怒り狂っているときでさえも温かな心を持ってその力になることが求められる。進んで非難を受け容れることは、変化に伴う苦しみに対する深い配慮を伝えることなのである。

取り組むべき時機を待つ

あるコミュニティでリーダーとして行動するとき、あなたはコミュニティの人たちより先に考え、行動することになる。だが、タイミングが早すぎると、彼らがまだ取り組む準備が整っていないうちに問題を提起することになり、あなたと問題の両方を脇へ追いやる隙を与えることになってしまう。**機が熟すのを待とう。もしくは、熟すように行動を起こそう。**実のところ、意気込んで行動しようとする人は、たいてい辛抱強さに欠けている。だが、機が熟すまで待てなければ、人々のエネルギーを結集し、あなたの言葉を聞いてもらうことは、おそらくできない。

言うまでもないが、大半の組織やコミュニティが、いつどんなときも、多方面にわたる難題にぶつかっている。常識的に考えれば、すべての問題に一度に対処することはできそうにない。リソースを使えるか否かが先行きを左右することも多い——つまり、問題に取り組むためのリソースを用意できたら、取り組む。だがリソースは、人々が積極的に問題に取り組むかどうかを決める際の判断材料の一つでしかない。重要なのは、優先事項を検討し、何かを失う覚悟ができているかどうかだ。政治的には次のように問うことになる。その覚悟ができている人が、組織やコミュニティにおいて一大勢力となるだけの人数に達しているか。

対処しなければという切迫感が人々の間に広がったときが、問題解決の機運が熟成した合図である。あなたにはとんでもなく重要で、今すぐ注意を向けなければと思うことが、組織のほかの人には、少なくとも機が熟すまでは、そのようには見えないかもしれない。しかし、いつの日にか、彼らも重要だと思うようになるだろう。ときには、居留地のアルコール依存症問題に取り組んだマギー・ブルックのように、個人が積極的に行動することによって、問題に取り組む条件が徐々に整い、人々が、生活の中にある矛盾に注意を向けるようになることもある。あるいは、二〇〇一年九月一一日のテロ攻撃のようなショッキングな出来事によって、問題への全面的な取り組みが一気に加速することもある。

繰り返しになるが、これは視点の問題である。第3章のアマンダとブライアンの例を思い出してみよう。アマンダの介入は何の成果も上げられなかったが、少しあとでなされた、ほぼ同じ内容のブライアンの発言は、会議の出席者たちに注目された。同様の経験が、おそらくあなたにもあるだろう。なんらかの問題を会議で提起し、無視されてしまったのに、同じ問題がのちにふたたび提起され、今度は重要な議題になったという経験が。その成りゆきにあなたは戸惑い、困惑するかもしれないが、あなたの行動後に起きた結果に目を向けよう。すなわち、問題に取り組むべき時機が来たのである。

これは、アメリカにおける公民権運動の歴史にはっきりと示されている。デモが一〇年続いたのちの一九六五年、公民権運動はすでに大いに高まり、公民権法を求める動きを全米各地で生むまでに至っていた。デモという手段を使い、アメリカにおける空疎な価値観に注目を集めることによって、もうこれ以上問題を放っておくわけにはいかない状況が生み出されたのである。だが、南部の多くの地域では、黒人は未だ投票できずにいた。歴史的な一九六四年公民権法は制定されたものの、投票権の問題はまだいよいよという時機を迎えていなかった。一九六四年公民権法は、意図的にその問題を避けていた――黒人が白人のバスやレストランやトイレを使えるようになることと、黒人が政治に参加できるようになることは、全く別ものだったのである。

一九六五年、アラバマ州セルマで、投票権を求める行進に参加していた人々が警官らに殴打されるがままになったとき、もはや問題を放っておくわけにはいかない状況が生み出されたが、それができたのは、そのときまでに積み上げられた成果という土台があっただけでなく、人種差別の問題を明確かつ劇的に示したためでもあった。非暴力に徹してデモを続けても、この問題はどうしても法と秩序の問題に変わらなかったのだ。デモの参加者は、暴力がふるわれる現場を、テレビカメラがアメリカ中の視聴者に向けて流すにちがいないと踏んだ。また、デモ自体においても、中心的な関係者がそれぞれの役割を果たしている瞬間、つまり、投票できる年齢に達している黒人と、それを邪魔立てする白人の警官という構図が浮き彫りにされた。広範な政治的意志を刺激したデモは、リンドン・ジョンソン大統領にとっての障害を取り払い、大統領はこの機を逃さず、ほどなく一九六五年投票権法と呼ばれることになる法案を議会に提出したのだった。

時機が来たことは、次の例にも示されている。アメリカ合衆国では、一九八〇年代後半から一九九〇年代初めにかけて、薬物乱用の問題がもはや一刻の猶予もならない問題として取り上げられるようになった。一方、地球温暖化、貧困、医療サービスについては、そうした問題にはなっていなかった。医療サービスの問題は一九九三年から一九九四年にいっとき注目されたが、当時のクリントン政権が導き出した解決策は、この問題に対する一般の理解からかけ離れていたために、実現する見込みは皆無だった。だが、クリントンの壮大な構想は未来へつながる種を蒔いていた。何年も経ったのちに、問題の欠片たち――保険に入っていない子ども、高齢者向けの処方薬にかかる高コスト、皆保険制度――が、いよいよ取り組まれることになったのである。

問題が、もうこれ以上放っておくわけにはいかないというタイミングが来たのかどうか、あるいはそもそものような状態になるのかどうかは、どうやって判断すればいいのだろう。どうすれば、コミュニティ内の一部だけでなく大半の人々が切迫感を共有するようになるのだろう。要因は多々あるが、タイミングを判断するための問いは、主に次の四つである。

≫その問題に関わる必要のある人々は、ほかにどんなことを懸念しているか。

- 人々はその問題にどれくらい大きな影響を受けるか。
- 人々はどれくらい学ぶ必要があるか。
- 上に立つ責任者はその問題について何を述べ、どんな行動をとっているか。

一つめの問いは、**人々はほかにどんなことを懸念しているか**、である。組織の大半の人がもし何か重大な問題に取り組んでいたら、あなたがとても重要だと思う問題に注意を移してもらうことは、いっそう難しくなるだろう。ときには、自分が提起したい問題については後回しにしたほうが、耳を傾けてもらいやすくなることもある。一九九一年初めの湾岸戦争では、世界各国が中東に注目した。そうした国々では、中東以外の問題はどれも、国民の注意を惹きつけることができなかった。対照的に、同時期の旧ソ連では、資本主義経済の兆候によって市民の間に期待が高まり始めていた。それは、生活物資が手頃な価格で提供されるという期待であり、もしその期待にソ連政府が応えられなかったら、不満が高まり、生まれたばかりの資本主義経済が脅かされてしまうという状況だった。かくて、湾岸危機から目が離せずにいるNATO諸国の間でソ連政府の窮状について真剣に話し合ってもらうことは、きわめて難しかった。逆に、旧ソ連の経済危機で頭がいっぱいになっているソビエトの人たちに、中東の平和に関心を持ってもらうことも、きわめて難しかった。

ときには、じっと動かず、チャンスを待ったほうがいい場合もある。だが、ぐずぐずしているヒマはないと気づいたら、切迫感を生み出す戦略を練って、みずからチャンスをつくる必要が生じるかもしれない。一九六四年公民権法が議会を通過したのちに、リンドン・ジョンソンが、誰もが投票権に基づいて行動できるようになるには何年も待つ必要があるだろうと述べたとき、マーティン・ルーサー・キング・ジュニアはこう答えた。黒人はもう十二分に待った。明くる一月にセルマで行進を始めるつもりだ、と。ジョンソンはやめておいたほうがいいと助言する一方、もしキングとその仲間たちが国民全体に切迫感を広めることができたら、大統領としてその機会を逃しはしないと述べ、実際そのとおりのことを実行したのだった。[2]

二つめの問いは、**人々はその問題にどれくらい大きな影響を受けるか**、である。現状に何の影響も受けていないなら、人々は変革の必要性を感じない。感じるわけがない。だが、思いがけない出来事が起きて、問題が重大さを増し、機が熟す場合もある。また、適切に使えば、危機は学びをもたらす機会になる。

たとえば、一九六九年、リチャード・ニクソン大統領とウィントン・ブローウント郵政長官が、二〇〇年続いた郵政事業への政治的保護を打ち切り、同事業を公社にしようとしたとき、そんな大規模な改革を支持するほど郵政問題を深く懸念する人はほとんどいなかった。その提案に関していずれ投票することになる連邦議会議員にとって、郵政事業の保護は気になる問題ではあった。だが、選挙区の郵便局員から聞くのは賃上げの要望ばかりで、組織再編の必要性を訴える声は、ほとんど耳にしたことがなかった。

事態が一変したのは、ニューヨークで始まった郵便局員による非合法ストライキが、賃上げを求める全国的なストライキへと広がったときだ。ほとんどの人、とりわけサラリーマンはたちどころに甚大な影響を被った。何百万ドルもの損失が生じ、重要な書類が配達されず、社会保障小切手が遅延した。裁判所命令が出そうな気配を察知して、ニクソンは一九七〇年三月に州兵を派遣して郵便物を配達させた。軍を動員したことはストライキをやめさせる効果をもたらし、郵便局員たちは三月二五日に仕事に戻った。

この郵便ストは、全米でトップニュースになった。また、およそすべての国民がストの影響を受けた。多くの国民が郵便局員の賃上げを支持したため、政府は、ストのせいで改革が遅れてしまうのではないかと懸念した。だが、予想もしないことが起きた。国民は、自分たちが円滑な郵便事業にどれほど依存しているかを痛感したのである。郵便の混乱によって国民が大きな影響を受けたために、政府は、賃上げとあわせて組織再編を支持することを労働組合に強く要求できた。そして一九七〇年八月六日、連邦議会は賃上げと組織再編をセットにした法案を、ホワイトハウスへ送った。ストの目的は郵便局の組織再編ではなかったが、国民生活に混乱を来したために、郵便事業の問題が誰の目にも明らかになった。人々は、問題を身をもって経験したときに初めて、郵便物が有能な局員の手によって確実に配達されるよう、何かしなければと思ったのだった。[3]

一九七九年、スリーマイル島の原子炉でメルトダウンが発生したときも、いくつもの出来事によって、原子力の安全管理が、今すぐ対処すべき問題になった。長年にわたり原子力発電所におけるメルトダウンの危険性を警告していたのは、反原発と見なされ続け、社会の片隅に追いやられていた利害グループだけだった。彼らの主張が真剣に受けとめられることはなく、エネルギーを大量消費する市民は、政府や業界が、原子力発電は安心安全であり、何の心配も要らないと請け合うのを鵜呑みにしていた。だが、重大な事故が起きたのちには——たとえ、一人の死者も出ず、重大で長引く害はほとんどないと思われたとしても——、原子力発電所の安全性に関する業界の主張が、以前とは全く違って聞こえるようになった。折しも、原子力発電所での事故を扱ったフィクション映画『チャイナ・シンドローム』が、事故と時を同じくして公開され、問題の切迫感をいっそう高めることになる。原子力発電所の新規建設のハードルが、突如として高くなった。安全か、さらなるエネルギーの供給かという問題が、今や待ったなしの問題になる。人々は、何と何を引き替えにするかという重大な選択に向き合うことになったのだった。

タイミングを判断するための三つめの問いは、**人々はどれくらい学ぶ必要があるか**、である。問題が認識されなければ、機が熟すことはまずない。だが危機的な出来事が起きると、これがあっという間に変わる。原子力のリスクは、スリーマイル島やチェルノブイリの事故によって、ようやく十分に理解された。事故が起きたことで、多くの人がたちどころに理解したのである。さらに大規模な例としては、二〇〇一年九月一一日の出来事とその余波によって、国民と、広く国際社会は、テロという重大なリスクとそれに伴う結果、そして新たな国際規範と協調の必要性を学ぶことになった。一方、地球温暖化は、時間をかけて少しずつ、人々の意識の中に深い印象を刻みつけていく問題だ。気候のパターンが変化し、新たな傾向が生まれ、生活に影響が出るにつれて、知識が増え、問題が意識されるようになる。このような問題においてはおそらく、大惨事をもたらす異常気象が起き、人命と財産を奪われる経験をすると、知識が増える。

問題に取り組まなければという切迫感は、危機や悲劇によって生み出されるため、注目を集めて問題を前進させるには、危機的な状況を生み出すほかない場合がある。そういう危機的状況のうち、予算危機のような小さなものは、優先事項と方向性を再検討する必要性に注目してもらうために生み出される。あるいは、大きな危機的状況もある。マーティン・ルーサー・キング・ジュニアは常に命の危険と隣り合わせだったが、セルマでは、暴力行為がほぼ必至の状況を意図的につくり出した。自分の命だけでなく、ほかの大勢の命も危険にさらしていることを、彼は承知していた。人々はむろんその危険を理解して参加していたが、だからといって、その判断を彼がいささかも楽にできたわけではない。三人が命を落としたとあっては、なおさらだった。

学ぶ難しさを考慮しなければ、鼻つまみ者だの、役立たずの夢想家だの、あるいはもっとひどいレッテルを、組織やコミュニティから貼られてしまうだろう。あなたは少しずつ前進するほかないかもしれない。危険にさらされているものを理解し、覚悟を決められる程度にまで、組織の中で問題の切迫感を高めるには、長い年月がかかるかもしれない。第1章で紹介したように、一九九四年時点でのＩＢＭの企業文化においては、インターネット・ビジネスという新たな挑戦が認識されていなかった。当時の

ＩＢＭは、課題山積の中で運営がなされており、インターネット・ビジネスにまで手がまわらない状態だった。みな、ほかの業務に追われていたのである。そのため、もともとエンジニアだったグロスマンと、中間管理職のパトリック、これといった権限を持たない社内ボランティアの手によって、五年の歳月をかけてゆっくりと、問題に取り組むべきタイミングがつくられたのだった。

四つめの問いは、**上に立つ責任者はその問題について何を述べ、どんな行動をとっているか**、である。彼らがもっともらしい話をしても、積極的に関与すると約束したとしても、それだけで問題に取り組む切迫感を生み出せるものではない。それでもなお、彼らの存在は常に際立っている。公式の権限を持つことで、彼らは人々に注目されることを認められ、実際に注目されるのである。

郵便局の組織再編と、セルマでの行進との、重要な違いを考えてみよう。郵便局の組織再編を目指したニクソン政権は、直接関係のない出来事を利用して問題に注目させ、政治行動へ向けていよいという段階にまで問題の切迫感を高めた。一方、セルマで行われた行進では、問題の切迫感を極限まで高めるのに、キングはみずから主導した。権限を持たない以上に深刻なことに、彼は、アラバマ州の警察に始まり、次いで連邦裁判所、さらに議会と、アメリカ中の権威と戦わなければならなかった。グループとして問題を解決しようという準備があまり整っていなければ、リーダーはいっそう権威と戦わなければならなくなるのだ。

言うまでもないが、キングも最高の権威を持つ強力な協力者――つまりリンドン・ジョンソン大統領——を得ていた。そのため、この疑問を持つ人がいるかもしれない。「大統領が主導権を握り、『黒人に投票させないのは間違っている』と議会を説得すべきだったのではないか」と。つまるところ人間というのは、何をすべきかを、リーダーなら自分たちをきちんと納得させてくれるものだと思っている。さらに言えば、権限を持つ者がリーダーシップを発揮するというルールや手順が、社会には整っている。会議を運営する人が、協議事項を準備する。大統領は、一般教書演説を行う。労働組合の代表は、次の交渉へ向けて、目指すべき一連の目標を提示する。

リーダーは、協議事項を準備するだけでなく、注目すべき課題を選ぶことも期待される。もし組織が反対する課題を選んでしまったら、その組織でリーダーを続けることはできない。つまり、まだ機が熟していないのに問題を提起しようとすると、リーダーは立場を危うくすることになるのだ。ビル・クリントンを例に挙げよう。一九九三年、ホワイトハウスで執務を始めた一週目のこと、夜明け前にジョギングをしていたクリントンは、記者たちに囲まれ、「同性愛者の米軍入隊」について意見を述べてしまい、窮地に立たされた。世論や議会や軍がその問題に取り組む機会を持つよりはるか前に態度を明確にしてしまったために、不注意にも非難の矢面に立たされ、笑いぐさになってしまったのである。その結果、立場を確立して守ることに膨大なエネルギーを注がざるを得なくなり、彼は、ほかの優先事項を定め、大統領としての責務を果たすのに必要な信頼と評判を甚だしく損ねてしまったのだった。

それに引き替え、リンドン・ジョンソンは公民権問題に対し、戦略的に対処した。彼は前線に立って態度を明確にしたりしなかった。代わりに、ほかの人が問題の切迫感を極限まで高めるのを手助けし、彼自身は次に起こる対立を、みごとに調和へ導いたのである。たとえば、一九六四年公民権法案に関して、南部民主党議員のフィリバスター（長演説による議事進行妨害）をやめさせられるだけの共和党の票を得たいなら、共和党リーダーのエヴァレット・ダークセン上院院内総務に会うようにと、ジョンソンはみずから、ロイ・ウィルキンスや公民権運動のリーダーらを促した。加えて、次の大統領選およびその後の選挙で、黒人の有権者の支持を得られる可能性を示唆した。ジョンソンには、公民権運動の戦略家よろしく根回しをし、共和党の支持を得るコツを活動家らに助言するような権限は全くなかった。もし表沙汰になっていたら、信用をなくしてしまっていただろう。ジョンソンは自分に権限のない行動を取ったが、立場を危うくするリスクが最小限になる方法を選んだ。たとえば、公民権の優先順位を明言するような記者会見を行うことはなかった。彼はあくまで、ほかの人が万全の態勢と完璧なタイミングで問題に取り組めるよう手助けしたのである。

権限を持たずに、あるいは権限を超えてリーダーシップを発揮する場合、完璧なタイミングで問題に取り組むことはいっそう困難になり、もっと劇的な、ゆえにリスクの高い手段が必要になる。たとえば、議長が協議事項を設定する会議で、あなたはこう考える。重要だと自分が思う問題に注目してもらうには、無遠慮なくらい積極的になって、会議の流れを変えるのがいちばんだ、と。新たな議題を提案するタイミングが訪れると、あなたは立ち上がり、話し始める。とたんに、あなたは注目の的になり、その問題を具現化し、問題ではなく自分が個人的に非難を受ける格好になる。その問題について別の考えを持つ人たちは、あなたは脅威であり、現状を混乱させている、と考える。あなたを黙らせる方法を探することによって、おそらくはあなたのやり方を批判するか会議の進行が遅れると指摘することによって、バランスを回復させようとする人もいる。議長がその問題を無視することを期待する人もいるかもしれない。だが、冷静さを保ち、非難に耐え、介入を短くシンプルにするなら、あなたが成功する見込みは高くなる。おそらく、見解に耳を傾けられ、危険に身をさらしたことで一目置かれるだろう。だが、早々に主張を撤回するなら、やはり信用ならない奴だったと思われてしまうだろう。

問題に注目してもらう

厄介な問題に注目してもらうのは、至難の業だ。これは大規模な組織やコミュニティで顕著である。というのも、面倒な問題を避けるさまざまな方法――厄介な作業を避ける仕組み――が、長い年月をかけて編み出されているからである。面倒を回避する例として最もわかりやすいのは、拒絶だ。その仕組みを簡潔に示す表現は、私たちがふだん使っている言葉の中にも数多くある――「臭いものに蓋をする」「なかったことにする」「壊れていないものを直すな」。面倒を避ける典型的な仕組みには、次のようなものもある。責任を転嫁する。再編成する。面倒を押し付ける（新たな委員会を設置する）。外部に敵を見つける。リーダーを非難する。誹謗・中傷する（人格の暗殺）。肉体を傷つける（肉体の暗殺）、などである。本当の暗殺はたいてい、面倒を避ける極端な行動として行われる。

こうした仕組みのために、厄介な問題から注意が逸らされ、変わる必要のある人たちから責任がよそへ移され、結果として、組織やコミュニティの苦痛が軽減される。だが、リーダーたるあなたは、**注意を逸らすそうした行動に直面しても、冷静さを失わず、それらの行動がもたらす影響を弱め、人々に注意と責任をもう一度、目の前の問題に向けてもらう必要がある。**実のところ、本書は、あなたとあなたの組織を危険に陥れるそうした仕組みを察知し、効力をなくすことに主眼を置いているのだ。

繰り返すが、人々に注意を向ける先を変えさせることは、地位の低い人より権限を持つ責任者のほうが楽にできる。どこに注目するかという仕組みは、権限を持つ人物によって確立されるものでもある――会議を招集するときにしろ、メモを送るときにしろ、記者会見をひらくときにしろ。だが、その方法は、うまくいっているとはかぎらない。もしあなたが注目させる方法としてありがちな仕組みを使っているなら、人々は問題をよくあるものだと認識し、無視してしまう。そのため、権限を持っているとしても、独創的な方法を見つけて、新たな状況はこれまでとは違うのだというサインを送る必要がある。

ジョン・レーマンは、一九八一年に海軍長官に就任したとき、主要な建設請負業者に対する海軍の支配権をあらためて認めさせるという難題にぶつかった。業者には、ゼネラル・ダイナミクスと、その子会社で海軍の潜水艦を建造するエレクトリック・ボートも含まれていた。[4] エレクトリック・ボートは、一九八〇年に納入するはずの潜水艦を未だ一隻も納めていないうえに、莫大な超過コストを抱え、それを海軍が負担することを求めていた。任期中に六〇〇隻の船を有する海軍をつくることを大きな目標として掲げているレーマンにとって、それは資金と製造両面に影響する問題だった。彼はゼネラル・ダイナミクスに対し、金銭面の要求を取り下げ、製造スピードを大幅にアップさせることを要求したが、なんらかの圧力をかけないかぎり、どちらも実現しないだろうと察していた。

レーマンはまず、型どおりの戦略を使って、主要関係者を問題に注目させようとした。海軍中将を議会聴聞会に送って証言させた。さらにゼネラル・ダイナミクスのCEO、デイヴィッド・ルイスを国防総省に呼び、新しい攻撃型潜水艦の入札申請を取り消して、同社の唯一のライバルである企業と独占供給契約を交渉するつもりだと述べた。これに対し、製造の遅れとコスト超過の責任を逃れることに余念のないゼネラル・ダイナミクスは、懇意の上院、下院の議員からいっそうの支持を取り付けるという、ありがちな方法で反撃した。そうした議員の一人は、元海軍長官の故ジョン・チェイフィー上院議員だった。その地元のロードアイランド州は、州境に近いコネティカット州グロトンにエレクトリック・ボート社があるおかげで、大きな経済的利益を受けていた。チェイフィーはレーマンをグロトンに呼びつけ、もっと穏やかなものの言い方をしなければ、上院議員の味方が離れることになるぞと圧力をかけた。

春から夏の間はほぼずっと、事態が進展することはなかった。会議、報告、脅し、仕返しが繰り返され、大半がマスコミに取り上げられた。レーマンも、迷いを見せたり、批判を口にしたり、和解を申し出たり、かと思えばその申し出を撤回したり、を続けている。ルイスとレーマンは、チェスの込み入った局面に入り、しかし二人ともかなり忠実にルールブックに従って行動していた。ところが八月初めのこと、なんとかしてレーマンに要求を取り下げさせようと、ルイスがレーマンの頭越しにホワイトハウスへ行って大統領顧問のエドウィン・ミース三世と面会した。レーマンは、何か目を見はるようなことをしないかぎり、勝ち目はないと判断した。そこで、過去六カ月にわたって繰り返していた記者会見、話し合い、情報のリークというパターンを改め、ワシントンのナショナル・プレス・クラブでスピーチをすることにした。このプレス・クラブでは広範な報道が保証されており、関係者全員――ゼネラル・ダイナミクス、ホワイトハウス、議会――に決定的な行動をとらせることになる。だがそれは、きわめてリスクが高く、信用がまともに危険にさらされることにもなる。もしホワイトハウスと議会と利益団体から十分な支持を得られなかったら、戦略は裏目に出て、目的を達成できず、今の地位にとどまることも危うくなるにちがいなかった。

プレス・クラブでスピーチをしたことによって、それまでのパターンをみごと脱却することができた。海軍長官がプレス・クラブでスピーチをするなど、異例だったかもしれない。だが、そのスピーチが報道され、続いて『ワシントン・ポスト』の特集ページにレーマンの署名入りの論説が掲載されたことによって、関係者全員がいやでもこの問題を最優先の協議事項にせざるを得なくなった。ゼネラル・ダイナミクスとの交渉が始まって以来初めて、全員の注意が一点に集中するようになったのである。スピーチをした一週間後、レーマンとルイスは、困難だが真剣な話し合いを行い、その一カ月後に、海軍とゼネラル・ダイナミクスとで合意に達することができた。政府の財務リスクについては上限が定められ、エレクトリック・ボートに対しては、より多くの作業を求める代わりに、成果の評価基準を明確にすることになったのだった。

いつものやり方からの脱却を示す例には、もっと日常的なものもある。ゼロックス社の経営陣は、一九九〇年代初めに、迅速に顧客に対応する企業になるという並々ならぬ挑戦に関心を寄せ、経営幹部を交えた三日間のリトリートを何度も行った。さらには、コストを抑制していた時期であったにもかかわらず、高額のコンサルタントを雇って、文化的規範を変える必要性への賛成意見を展開してもらった。当時のゼロックスでは、最前線に立つ販売サービス担当者に、顧客の要望に素早く発想豊かに対応する裁量が、全く与えられていなかった。それどころか、たとえ顧客を不必要に怒らせることになろうと、規則どおりに行動することが求められていた。社員は、仕事を任されているのではなく、あらゆる点で管理されていたのだった。

社員を本社に集めて、いつものように意見交換を行えば、経営陣にとっては楽だっただろう。だがそれでは、なんら特別なメッセージを伝えることにならない。数カ月かけて社員にインタビューし、ゼロックスを評価した社外コンサルタントに、プレゼンとディスカッションを巧みに指揮してもらうことによって、さらにはそれをオフサイト・ミーティングで行うことによって、経営陣は、本気であることを示すとともに、適応への新たな取り組みに社員の注意を集中させたのだった。

権限を持つ立場でない場合、人々の注意を適応課題に集めることはいっそう困難になり、リスクも伴う。そんなときは、もっと地位の高い人と力を合わせると、人々の注意を課題に向けることができる。先述したＩＢＭの事例では、グロスマンは幸運にもパトリックに出逢えた。パトリックはグロスマンよりずっと大きな権限と信用を持っており、おかげで、単身、本社に乗り込んで直談判するよりはるかに穏やかな方法で、会社全体の注意をインターネット時代に適応するという挑戦に向けることができた。

上司の関心を惹きつけるためには、行動や言葉を、わが身を危険にさらすレベルにまで段階的に強めていく必要がある。たとえば、マスコミになんらかの情報を持ち込むのも一手ではある。記者に情報をリークすれば、注目してもらいたい問題に注意を向けてもらうのに効果があるだろう。だが、リークしたことが明るみに出たら、組織に対する裏切りだと見なされてしまう。あるいは、全社的な屋外パーティーで、論議を呼ぶ問いをCEOに投げかけたら、たしかに注意を集めることはできる。だが、注目されるのは、問題ではなくあなた自身だ。無遠慮な言動をとると、クビになるおそれさえある。少なくとも、同僚たちはあなたとの間に、安全な距離を置こうとする。

ある友人の女性が、こんなことを話していた。重要な問題に対して、全員に注意を向けてもらいたいと思っても、権限を持たない立場であることが乗り越えられない障壁になる、と。彼女が小規模な会社で経営幹部チームの会議に出席していたとき、就任したばかりの部長が、至極もっともだと思われる疑問を口にした。ところがCEOは激怒し、「こんなくだらない発言は聞いたことがない」と言ってその疑問を非難した。全員が凍りつき、疑問は撤回された。会議の質が低下し、押し黙るほかない空気が漂う。発言がCEOの気に障り、また口にしにくい問題が明るみに出されてしまったと彼女はすぐに気づいたが、ほかの出席者同様、自分の立場では、それ以上は踏み込めない気がした。彼女はまた、新部長から提起された、もっともであり重要でもある疑問が、そのまま捨て置かれるだろうということにも気がついた。のちに彼女が知ったところでは、CEOの怒りの根底には、自分の負担を少しでも減らしてもらいたいという、新部長への期待があった。するべき仕事が多すぎて、CEOは疲労困憊の体《てい》だったのだ。そのため、そんな疑問を口にするというのは、CEOの役に立つだけの経験も知識もない証拠だと捉え、強い失望を覚えたのだった。

彼女が、自身の身を危険にさらすことなくその状況に介入することは可能だったのだろうか。新部長の疑問を、もう一度協議の対象にすることはどうだろう。さらに重要なことには、彼女が介入すれば、CEOと会議の出席者に、CEOの過剰な負担および、より優秀な人材の必要性という問題に取り組んでもらえたのだろうか。出席者にもう一度注目してもらうには、どうすればよかったのだろう。

いくつかの可能性がある。少し時間を置いたのちに、同じ問いを、違った角度から投げかけてもよかったかもしれない。新部長の疑問に対するCEOの反応はあまりに強いのではないかと意見を述べてもよかったかもしれないし、なぜ怒りを覚えるのかをCEOに尋ねるのも一手だったかもしれない。あるいは、会議の方向が変わったあとで、全員が事実として認識していることを確認し、実りある会議になるのを何かが邪魔していると指摘してもよかったかもしれない。

権限を持たない立場で、人々に厄介な問題に注目してもらうことには、必ずリスクが伴う。だが、中立の立場を守って話し、さらに、論議を呼ぶ解釈をするのではなく、共有され、目に見えるデータを指摘するにとどめると、リスクを下げることができる。あるいは、根本的な問題を表面に浮かび上がらせるためには、率直に問うだけで十分かもしれない。

権限を超えて行動しているときには、人々がちらっと目を向ける程度に役割を逸脱している状態と、問題が（あるいはあなた自身が）はねつけられてしまうほど極端に逸脱している状態との間で、あなたは綱渡りをしている。マサチューセッツ州出身の連邦議会議員だった故シルビオ・コンテは、あるとき下院で、豚《ポーク》の仮面をかぶってマイクを手に取り、この予算案にはかなりの額の「助成金《ポーク》」が含まれているように思うと述べた。コンテは少数党に所属しており、彼が疑問視する予算項目の削除が支持されることは望み薄だった。実際、ほとんどの議員が、彼が提起した問題の価値に目を向けようとしなかった。それでも彼はあえて、議員として、大勢の前で、攻撃され、冷笑される危険を冒した。一方で、彼の行為は共感を呼び、記者や多くの議員の注意を引き寄せた。結果として、予算案はいくつかの修正がなされたのである。

本書でたびたび取り上げているマーティン・ルーサー・キング・ジュニアも、ことさらに事を荒立てるという賭けに出ている。公民権運動が始まって間もない頃、人種差別問題に取り組むことを国民に求めるだけの影響力を持たないまま、キングは各地でデモや暴力によらない市民的不服従を行った。この先、暴力行為が起きるかどうか、たしかなことは言えなかったが、このまま活動を続けていけば、いざこざが起きることはわかっていた。彼には、暴力行為が発生した場合に、その場に確実にマスコミがいるようにすることしかできなかった。結果として、警察署長のブル・コナーが犬にデモ隊を襲わせたとき、キングは全米に目撃者を得ることになった。そして、ひとたび国民から注目されると、さほど事を荒立てる必要はなくなった。彼は道徳的なリーダーとなって影響力を持つようになり、その力が強まるにつれ、より広く注目を集めるための道具を自在に使えるようになった。一九六三年、全国民を公民権問題に注目させたのは、暴力ではなく、圧倒的な数の人々だった。実に二四万の人々が、彼とともにワシントンDCを行進し、彼が「私には夢がある」と語るのを聞いたのだった。

† † †

組織やコミュニティで、特定の価値観を持ち、対立を生む、厄介な問題を指摘したところ、出しゃばるなという圧力をかけられた経験、あるいはそういう現場を見たことは、誰しもあるだろう。簡単ではないが、冷静さを失わずにいると、いくつものことをいっぺんに達成できる。非難に耐えることで、あなたは建設的な不均衡、つまり創造性あふれる緊張を保ち、人々は衝突を解決する責任の重さに耐えられるようになる。冷静さを失わずにいることによって、問題に取り組む時機を腰を据えて待ったり、逆に、人々がまだ全く切迫感を持っていない問題について解決の機運を熟成させる戦略を、じっくり練ったりできるようになる。さらには、時間をかけて人々の立場を知ることで、核心的な問題にもう一度注意を集中できるようにもなる。

非難の集中砲火を浴びても冷静さを失わずにいることは、単に勇気の問題ではなく、スキルも関連している。ここまでの第2部では、批判にさらされているときでも平静を保つための、一連の方法を紹介した。たとえば、「バルコニーに立つ」「パートナー（協力者）を見つける」「温度を調整する」「ペースを調整する」「短くシンプルに介入する」「問題に注目してもらう」「人々が思い描く未来図とは違う未来図を見せる」などであり、いずれも、あなたが生み出す不均衡を元に戻すためのものである。状況を見きわめ対応策を講じるこれらの方法に加えて、さらに、リーダーシップの重圧に耐えるという個人的な挑戦に対処するための考え方および訓練方法についても、紹介したい。次の第3部で、詳しく見ていこう。

PART 3

己を知り、心をひらく

第8章

強烈な欲望の主《あるじ》になる

私たちの調査事例や個人的なつらい経験から明らかなように、組織においてリーダーを挫折させるには、自滅してもらうのが最も賢い方法だ。すると誰も責任を負わなくてすむ。いや実際、リーダーは、敵の思う壺にはまったり、攻撃材料をみずから渡したりしてしまうことが、あまりに多い。

こんなにもたびたびリーダーが挫折させられてしまうのは、第1部および第2部で述べたとおり、最善を尽くしてはいるが、周囲の状況について判断や関わり方を誤るためだ。だが、自分への注意を怠ったために自滅してしまう場合もある。大義名分にこだわるあまり、リーダーシップの実践とは、本質的には個人的な活動であることを忘れてしまうのだ。リーダーとして行動するとき、私たちは知性と心、感情、肉体を刺激される。だが、アドレナリンがどっと流れ出すと、どういうわけか、自分は特別だ、ふつうの仕事をするもっとふつうの人間ならともかく、自分には身の破滅を招くような弱点などない、と思い込んでしまう。そして、心身とも決して傷つくことがないかのように行動し始める。

ずいぶん前のこと、マーティは大がかりな州選挙を運営したときに、精神的に張りつめた日々を過ごした。毎日、早朝に出勤。深夜まで仕事に追われた。勤務時間は週七〇時間以上におよび、過労のせいで少しずつ、だが確実に、仕事の質が下がり始めた。ところが、本人にはまるで自覚がない。とうとう、選挙の主任アドバイザーに脇へ呼ばれて、一週間休めと命じられ、週六〇時間で仕事をやり遂げられないなら、別の人間を雇うと申し渡された。

一九九三年一月、ビル・クリントンは、睡眠不足で肉体的に疲れ果てた状態で、ホワイトハウスに入った。大統領顧問兼オブザーバーのデビッド・ガーゲンによると、クリントンは「これから始まる試練に備えて体調を万全に整える」のではなく、選挙から就任までの期間を、毎日毎日いつ終わるとも知れない仕事と遊びとパーティーに費やしてしまっていたという。[1] ワシントンに到着する頃には、「疲労困憊し、疲れすぎて逆にハイになっていた。集中力がまるで持続せず、まともに会話できるのはせいぜい数分でしかなかった」。クリントン政権が円滑なスタートを切れなかったのは、大統領の健康状態が一因だったと、ガーゲンは確信している。クリントンはなかなか休もうとしなかった。もしかすると、そんな過剰なペースを、彼は何が何でも守りたかったのかもしれない。私たちはみな、自分自身の強烈な欲望の虜になりやすい。そこで、自分を知り、戒めることが、生き残るための土台になる。

誰もが強烈な欲望を持っているが、これは人間なら当たり前に持つ欲求の表れである。だがときおり、そうした欲望のせいで賢く、あるいは目的に沿って行動できなくなってしまうことがある。欲求のどれか一つが強すぎて、私たちを隙だらけにしてしまうかもしれない。人として当たり前に持つ欲求が、活動している環境によって異常に強くなり、願望が増幅され、ふだんの自制心が呑み込まれてしまうかもしれない。あるいは、ただ単に人間的欲求がプライベートで満たされないために、強烈な欲望に歯止めが利かなくなるのかもしれない。

人はみな、親密さや性的快感だけでなく、影響力や支配力が欲しい、みんなに認められ重要な人だと思われたいという欲求を、ある程度持っている。何一つ支配できなくていい、大切に思われなくてもかまわないし、何の関心も持ってもらえなくて結構、などという人はいないのだ。だが、そうした当たり前の人間的欲求によって厄介な事態になる場合がある。自分を見失い、自制できなくなって、欲求を建設的に管理し、適切に満たせなくなる場合だ。

強烈な欲望は、一人ひとりが努力して、認識・管理しなければならない。なぜなら、人にはそれぞれに個性があるからだ。音楽に喩えて言えば、人をハープだと想像してみよう。その弦は、育った環境と先祖から伝えられたものの両方に合わせてチューニングされている。そして、ハープは一つひとつが独自の弦を持っているため、同じ刺激を受けても、共鳴の仕方は微妙に違う。完璧にチューニングされたハープというものもあり得ない。私たちはそれぞれが、特定の社会的ダイナミクスや問題にきわめて敏感に反応し、そうした個々の感じ方が強みと弱点を生み出す。誰より早くある問題に気づき、すぐさま解決に向けて準備を整える場合もあるが、問題などないのにあるように思ってしまうこともあるし、あるいは誤った方法や誤ったタイミングで対応してしまうこともある。さらには、微妙な聴き分けができないために、ほかの楽器の音が聴き取れない場合もある。

リーダーとして行動するときには、自分の欲求だけでなく、ほかの人の欲求にも注意を払うことになる。彼らの望みと不満に関していえば、彼らの欲しがるものは、それこそ山のようにある。だが、他人の欲求を満たしたいと思う気持ちが、力を持ちたい、重要な人間だと思われたい、親密な関係が欲しいといった自分自身の通常の欲望に影響をもたらすと、それは弱みになる。これは、自分にそもそも強烈な欲望がある場合、つまり自分の欲求が十分に満たされていない場合にとくに言えることだ。こうして、あまりにも多くのリーダーが自滅することになる。行動とエネルギーの渦に巻き込まれ、自分を見失い、賢明な行動を外れ、自制できなくなってしまうのである。

リーダーは通常の人間的欲求を抑える必要がある、などと言いたいのではない（後述するとおり、むしろ逆だ）。ただ、これまで再三述べているとおり、何度もバルコニーに立って、そこからの視点を取り戻し、どのように、そしてなぜ自分が感情を強く掻き立てられるのかを確認することが不可欠である。リーダーという仕事を引き受けると、周囲の人たちが表す多くの感情に必ず共鳴することになる。また、リーダーとして示す感情の中には、「受け継がれた」ものが間違いなくある。私たちはみな、両親やもっと前の先祖から受け継いだ長所と、変えがたい価値観の、両方を持っているからである。リーダーとして持つそれ以外の多くの感情は、仕事をする環境に共鳴することによって生じる。引き受けている仕事上の役割一つひとつにおいて、組織にいるほかの人の問題や感情に自分が気持ちの上でどのように対応する傾向があるかに注意し、また、周囲の人から自分がどのように影響を受けるかを知る必要があるのだ。

リーダーになると、集団の感情に巻き込まれ、それによって多くの衝動が生み出される。他人を支配したいという誘惑、重要な人物だと思われたいという願望、なんとかして親密になり性的満足を得たいという欲望――。だが、これらの感情と結びつくことは、それに屈することとは違う。衝動に負けると、リーダーとして力を発揮することもできなくなる。影響力を持つことはそれ自体が目的になりかねず、すると組織の目的に対する注意が逸れてしまうのだ。また、重要な人物だと思われたいという願望が大きすぎると、自分勝手な思い違いをしたり、その願望に執着するあまり役目を果たせなくなったりしかねない。さらには、不適切な性的関係を持つと、信用を傷つけ、混乱を生み、あなた自身や、問題に対するあなたの意見を排除するための、もっともな理由を与えてしまうことになる。では次に、そうした誘惑と、当たり前の欲望が歪められていく過程を見ていこう。

影響力と支配

影響力を持ちたいというのは、人間らしい強烈な欲望だ。どんな人でも自分の人生をある程度、支配したいと思っている。コントロールしているという実感を持ちたいのだ。だが中には、おそらくは育った環境のせいで、支配したいという欲求の強さが度を超している人がいる。ひょっとすると、規律の厳しい家庭で、あるいは全く無秩序な家庭で育ったのかもしれない。そんな彼らは、支配したいという強烈な欲望を満たして長年過ごしてきたために、どんな社会的混乱の中にあるときも強く反応する。混沌をやすやすと収めるが、それは秩序を求める、より強い欲求の表れだ。

そうした強烈な気持ちや対応のうまさが、失敗を招きやすくなる場合がある。そのような生い立ちを持つ人が、ストレスのかかる組織というサーキットに身を置いたらどうなるか、考えてみよう。次の場面を想像してみてほしい。人々は、難題に対し懸命に取り組みつつも、高いレベルの不均衡を感じている。大きな混乱と対立が生じているのだ。そこへ、ロンダという女性が白馬に乗り、その状況を引き受けようと、やる気満々で（心の中では、早く取りかかりたくてうずうずしながら）現れる。実際、組織の人たちにとって、彼女は神から遣わされた人のように見える。そして果たせるかな、ロンダは秩序を回復する。

これは、最初のうちはたしかに天の賜物といえる。ある社会システムが混乱を極めているとき、人々は適切に学習できないからである。その社会システム全体が学習するためには社会秩序への挑戦が必須だが、それは建設的な不均衡（創造性あふれる緊張）がある場合に限られる。そのため、混乱からうわべだけの秩序を取り戻す人は、許容できるレベルにまでストレスを軽減し、重要な役割を果たす。つまりロンダは圧力鍋が爆発しないようにする。

だが、支配への強烈な欲望によって、ロンダは本末を誤る。支配に対して過度の欲求を持つ人、影響力への強烈な欲望を持つ人は、するべきことを見失ってしまうのだ。問題解決への総力を結集した取り組みに目を向けるのではなく、ロンダはきっと、秩序を維持すること自体を目的とし、それに注目する。もし、本気であることを明確にして、何をあきらめ、引き換えに何を手に入れることになるかというつらい現実を突きつける本来の政治的作業を始めようものなら、ロンダには我慢のならない混乱に戻ってしまうだろう。ロンダはこう思う。「状況をコントロールできているのだから、何も問題ないはずだ」と。組織の人たちは、苦悩より平穏を好むので、満足に思う。万事うまくいっているように見える。残念ながら、物議を醸す問題に取り組みたくないという組織の願望に、ロンダは流され、そうした願望の仲介者になる。

ジェームズ・ケラシオテスは、私たちの知る中でとくに優れた公的機関のマネジャーだった。さまざまな仕事を成し遂げたが、わけても、一九九〇年代半ばに指揮していたビッグ・ディッグは彼の最大の挑戦だった。ビッグ・ディッグとは、一四五億ドル以上をかけたボストンの公共事業で、市内を結ぶ高架幹線道路を地下に移し、ローガン空港への第三の海底トンネルを建設するプロジェクトだ。誰もが、ケラシオテスはたぐいまれな仕事を、長期にわたって達成したと称賛した。だがその後、彼は、万事意のままだと実感したいという欲求の、悪い影響を受けた。予算を大幅に超えたのに、誰にも言わなかったのである。再選を目指して出馬しようとしている知事にさえ、報告しなかった。彼は自分を立派な人間だと思っていた。また、状況を支配して問題を隠し、自分で片を付けることが、みんなのためになると思っていた。

もし、最初に問題に気づいたときに知らせていたら、国、州、市の担当者および市民の知恵を結集して、解決策を考えられただろう。だが実際には、問題は外部調査によって明るみに出た。その結果、ケラシオテスの運営力が問題となり、彼は解雇された。思いのままにしたいという強烈な欲望のせいで、運営すること自体が目的になってしまった。彼は判断力を奪われ、みずからの評判を傷つけることなく生き残れる解決策を、関係者とともに模索できなくなったのだった。

ほかのどの組織にも増して、混乱のさなかでも自分を見失うことなく行動し、秩序を回復するために実力を発揮するよう、日頃からしっかり人々に準備を整えさせているのは、おそらく軍隊だろう。軍隊は、支配への欲求を持つ人をしばしば魅了し、実のところ、状況を取りまとめる力が備わるよう訓練するのだ。もし、結成して間もないグループが運営に苦労していて、軍関係者がメンバーの一人だったら、おそらくその人は、任せろとばかりに、組織がしっかり機能できるよう率先して行動する。そんな英雄的な行動の実例がある。ユナイテッド航空九三便の乗客らが、同機をハイジャック犯が墜落させ、地上の多くの人命を奪おうとしているという情報を、ペンシルベニア上空で携帯電話の会話からつかんだときのことだ。同機の制御権を取り戻すために、武道の心得のある軍関係者たちが、敢然と行動を起こしたのだった。[2]

はるかに規模の大きな例としては、政府が政治的に混乱し、国内の対立や苦境にもはや対処できないと思われるとき、安定を取り戻すための力――最後の包み込む環境――としてしばしば軍隊が機能する。切迫した危機的状況において多くの命を救う、そんな重要な役割を軍隊は果たしうるのだ。だが、混乱を鎮め、秩序を維持するよう訓練されているために度を超してしまい、政治的、経済的、社会的問題の進展に欠かせない多様な考え方を抑圧することがある。衝突を押さえ込み、秩序を押し付ければ、進歩に必要な条件をいくらか生み出せるかもしれない。だがそれは、進歩そのものではないのだ。

もし今、秩序を回復するという難局に敢然と立ち向かおうとしているなら、あなたが手にしている権限は、コミュニティの期待が生み出したものであることを肝に銘じておこう。自分が生み出したのだなどという考えは、幻想だ。そんな考えは頭から追い払おう。人々がそれをあなたに与えたのは、あなたが自分たちに尽くしてくれると期待しているからだ。もし、彼らが適応力を取り戻せるよう尽力せず、彼らがくれる称賛と影響力に溺れるなら、やがて、あなた自身の権限の源を危険にさらすことになる。

賛同を得ることと重要視されること

リーダーの考えには、反対する人もいれば、賛同する人もいる。第4章で述べたとおり、反対派に対しては、もっともな理由が多々あるために、密に連絡を取る必要がある。彼らの考えを理解し、彼らから学び、建設的に異を唱え、そしてもちろん、攻撃に警戒しなければならないのである。一方で、**肯定的な意見についても、厳しくチェックすることが重要だ。**賛同してほしいと思うのはみな同じだが、過度な称賛を鵜呑みにすると、思い上がり、つまり自分や自分の主張を過大評価することにつながる。人々から特別な影響力を与えられたような気になり、やがて本当に自分がそれを持っていると思い始めるのだ。また、苦しみの程度が強ければ強いほど、あなたに救い出してもらいたいという人々の望みや期待が大きくなる。そして過剰な信頼が寄せられるようになる。

ときには、戦略的にもっともな理由のために、少なくともしばらくの間、人々の幻想をそのままにしておくべき場合がある。深刻な苦しみに見舞われているときには、見込みのない希望でも、それを持ち続ける必要が、人々にはあるのだ。そしてリーダーは、実際以上の自信を見せる必要がある。二〇〇一年九月のテロ攻撃の直後、ジョージ・W・ブッシュ大統領は毅然として、誰もが求めてやまなかった安心を国民に与えた。そしてこう宣言した。犯行に荷担した者は必ず捕らえられ、裁判にかけられる。テロとの戦いはきっと長く困難に満ちているが、われわれは平穏な日常を送れるし、送らなければならない、と。彼の支持率はほぼ二倍に跳ね上がった。言うまでもないが、引き替えとなる困難が前途には待ち受けていた。

組織が危機のさなかにある場合、悪い知らせを伏せておくと、リーダーはいっとき人々に自分を尊敬させることができる。この戦略を使えば、少し時間を稼いで、人々がどの程度までなら対立に目をつぶれるのか、待ち受ける挑戦にどれくらい素早く立ち向かえるのかを確認できる。ただし、考えを常に明確かつ戦略的にして、人々が支持してくれるからといって自己満足や自信過剰にならないよう気をつけること。人々は、問題とそれに伴う変革に取り組めるよう、できるだけ早く真実を知る必要がある。また、実際以上に多くの答えを持っているふりをすると、やがて真実があなたに悪い影響を及ぼすようになり、しまいには、見かけ倒しであったことが知れて信用が傷つくことになる。

同様に、支持者の中には熱狂的な人がいて、あなたの主義に熱烈に賛同し、なんとかしてあなたに影響をもたらそうとする人がいるだろう。彼らは盛んに、ペースを調整するためにとったあなたの戦略は、問題を回避していると主張するかもしれない。そして、熱心に新たな可能性を探ろうとするが、反対派の考えや利害や失うかもしれないものをないがしろにすることによって、誤ったペースを設定してしまう。実を言えば、リーダーを惑わすものの一つは熱狂的な支持者から生み出されている。彼らは、支持を求めるリーダーの気持ちに対応して行動し、リーダーに効果的に行動するよう強く働きかける――ただ、うっかり、崖から飛び降りさせてしまうことがある。言ってみればそういう状況だったのが、医療保険制度改革を一気に、あまりに性急に進めたときのビル・クリントン大統領だった。[3]

古代ローマの皇帝は、自分がいずれは死を迎える一人の人間であることを忘れないために、常に人をそばに立たせていた。政治的にどこまでも狡猾で残忍な環境に身を置くリーダーにとって、誰かにその役目をさせることが、日々を生き残るために、むろん成功するためにも、必要だったのだろう。これは、あなたが抜本的で、おそらくは望まれない変革を進めようとするときも同様だ。この役目を果たしてくれる人、つまり、リーダーとしてのあなたの立場に左右されない人をぜひ見つけよう。

リーダーはなんらかの形で思い上がってしまいがちだが、これを防ぐコツは、人々はあなた個人ではなくリーダーという立場に立つあなたを見ているのだと、常に肝に銘じることである。実際、職場の人はあなたを、自分たちの目標を達成させてくれる味方なのか、それとも、厄介な問題を持ち込む敵なのか、という目で見ている。あなたの顔ではなく、そこに映る自分たち自身の欲求や懸念を見ているのである。そしてこれが、あなたに対する認識として大勢を占める。自分にはもともと能力が備わっているのだと思い込むと、あなたも彼らも、のっぴきならない状況に陥る。長期的には、人々は依存の罠にかかり、あなたは、もっと依存してもらいたいと思う気持ちと戦わなければならなくなる。ただし、あなたのとんでもない欠点が発見されると、依存は軽蔑に変わる。おまけに、重要な人間だと思われたいという欲求のせいで、自分が危険な状況にあるという明確なサインをつい軽視してしまう。シェークスピア作『ジュリアス・シーザー』の中で、群衆の誰かに「三月一五日にご用心」と警告されたとき、シーザーは「占い師の戯れ言だ、捨て置け」と気にも留めない。自分の地位ではなく自分自身がこの世の中心だと勘違いをし、思い上がっていたのだった。[4]

傲慢にならないよう自分を管理するには、人々の窮地を救う勇敢で孤独な戦士になるのをやめることだ。その役割を演じてほしいと、懇願されるかもしれない。だが誘惑に負けないようにしよう。あなたが戦士になると、自分たちの強みを伸ばし、自分たちの問題を解決する機会を、彼らから奪ってしまう。問題には、あなた自身がみずから取り組み、解決しなければ、と思わないこと。仮に取り組むことになったとしても、彼らが問題に対する責任を持とうと思い、実際持てるようになるまでとして、期間を区切ろう。

第4章で、精神疾患の患者向けホームの建設にあたり、土地選定に奮闘したピートの話を紹介したが、彼が失敗したのも、自分を過大視したことが一つの原因だった。ある意味、自信過剰だったのだろう。私たちが、敵が近づいてくるのがなぜわからなかったのかと尋ねると、彼は次のように答えた。「法的な問題はすべてクリアしていると思ったし、裁判になっても勝てたはずだった。政治的なバックアップも得ていると思った。実は一九九二年に、陸軍基地だった土地を使うのを近隣住民に反対された経験があった。一年くらい話し合ったが、結局折り合いがつかなかった。それで、ああいうやり方をしてみたが、うまくいかなかった。今回は、政治家という政治家を味方につけた。だがそのために、この計画が受け容れられないはずがないという思い違いをしてしまった。聞こえてくるのは、これでいい、ここに建てるのが適切だという声ばかりだった。理事の何人かに注意を促されたが、彼らの懸念に私は一度も注意を払わなかった」。焦りと思い込みのせいで正しい判断ができなくなり、彼は肯定的な声しか聞かず、批判的な声に耳を傾けるのをやめてしまった。そして後者によって挫折に追い込まれた。

むろん、人間なら誰しも、重要な人物だと思われたい、賛同を得たいと強烈に願うものだ。みな、人生において価値ある存在でありたい、少なくとも誰かにとってそうありたいと思っているのだ。だが、その影響を、ほかの人より強く受ける人たちがいる。著者である私たちも実はそうである。必要とされたい、重要な人だと思われたい、という気持ちがとても強いのだ。そのため、この欲求を持つ多くの人と同様、私たちは長年にわたって、ほかの人のために問題を解決する方法を学んだ。学校教育および研修で、膨大なエネルギーを傾けて訓練も受けた。人々の問題を解決できれば、私たちはその人たちにとって重要な人物になる。そういう論理だ。

必要とされたいという思いが極端に強い人たちは、解決できそうな問題を探してあちこちを見渡す。誰かの難題解決を手助けしていないと退屈し、問題が難しければ難しいほど自分を重要な存在だと感じる。「難問を抱えてるって？　私が解決してあげるよ」がモットーなのだ。ある意味、彼らはかさぶた取りのプロフェッショナルだ（「コンサルタント」を思い浮かべてみよう）。かさぶたを取り、できて間もない傷を診て、少し出血させ、それから言うのだ、「治療法がわかった！」と。たしかに、彼らは優秀で、素晴らしい貢献をすることもよくある。ただ、人の役に立ちたくてたまらない気持ちが、重要な人物でありたいという欲求と裏腹であることに留意しよう。自分は理由があってこの世界にいるのだという感覚は、バランスが保たれていれば、意味と思いやりを生み出すが、その欲求は失敗と隣り合わせなのである。あなたが、必要とされることを過度に求める人だとしよう。業績不振の会社に入り、重要な問題を一つか二つ解決したところ、人々が「すごい！」と目を見はり、無批判に依存して、われ先にあなたに解決を求めるようになる――あなたが望んだまさにそのとおりに！　問題は、人々の思い違いを真に受け、自分はすべての答えを知っている、あらゆる種類の欲求を満たせると思い込むようになることだ。周囲があなたに異を唱えなかったら、そしてあなたが自己批判できなかったら、無意識に共謀し、正しく判断できない人間が、やはり正しく判断できない人間を導くことになる。

共謀は、はるかに恐ろしい行動に変わることがある。歴史を振り返れば、カリスマ性を持ち、尊大で、いかにも自信たっぷりなリーダーが、答えを求める人々を刺激し、行動へと駆り立てた例が山ほどある。ごく最近の悲惨な例としては、ジム・ジョーンズ、デビッド・コレシュらカルト教団の教祖や、さらにはウサマ・ビン・ラディンのイスラム過激派組織がある。典型はヒトラーだ。彼は危険なダイナミクスを、想像を絶する規模で具現化した。そして、苦しみと混乱の渦中にある人々は、「どうすればいいかを知っている」人を切望し、煽動者の思い上がりと結託した。

伝道や教育を行う人の多くは、この魅力をある程度、知っている。「あなたはまるで神だ」と言われたら、そう信じたくてたまらない気持ちになるのだ。もちろん、たしかに優れた英知を持っていることもあるだろう。だが、ことさら重要な人物でありたいという欲求は危険な状況を生み出し、人を惑わすリーダーシップが行われてしまうかもしれない。

　中には、幸運にも、誰かを傷つけてしまう前に、早々につらい経験をして目が覚めた人もいる。シアトルにあるプリマス会衆派教会の上級聖職者、トニー・ロビンソンは、尊敬される立場から転がり落ちた経験を、次のように語った。「聖職者になったばかりの頃、ホノルルに赴任した。引き継いだのは、前任者が自殺した教会だった。就任して、私は自問した。『この教会で、自分のすべきことは何か』と。聖職に就いた多くの人と同様、自分を神と混同してしまったのだ。私は教会を正しい道に戻そうと思った。だが、実際には教会が私を正しい道に戻した。リーダーとしてこの失敗を経験したおかげで、私は、自分が何者で、どんな使命を負い、何ができないかを、深く理解できるようになった」。同様のことは、やはり聖職者のピート・パウエルも、若い見習い聖職者向けの助言を引用して、次のように述べている。「キリストのように行動すると、キリストのような結末を迎えることになる」[5]

　結局、何も学ばない人もいる。一九六五年、フェルディナンド・マルコスがフィリピンの大統領になったとき、国民は彼を救済者として歓迎した。マルコスは、貧困を撲滅し、国を正常に戻すと約束したのだ。だが、自分こそが知恵と秩序を生み出すのだという態度で政治を支配し続けて二〇年、国民は相変わらず貧しいままだった（一方で、マルコス夫人はおびただしい数の靴を買いそろえていた）。国民の強烈な思いはコントロール不可能なほどにふくれあがり、一九八六年、ついに大統領夫妻を国外へ追い払った。

思い上がると、失敗の手はずを整えることになる。なぜなら、現実から切り離されてしまうからである。とりわけ、組織やコミュニティを前進させるときに「疑問に思う」ことがどれほど創造性あふれる役割を果たすかを忘れてしまう。疑問に思うと、見逃した現実の一部が見えるようになる。何の疑問も持てなければ、自分の能力を肯定してくれるものしか目に入らなくなってしまう。

言うまでもないが、能力を超えて行動することも、リーダーには必要だ。会社やコミュニティが直面する絶え間なく生じる無数の適応課題に対し、対処できるだけの十分な知識やスキルが自分に備わっているなどとは、どう考えても思えるはずがない。実際、適応へ向けた取り組みとは、経験したことのない複雑な現実の最前線に立つことだ。能力の範囲内でしか行動しないなら、技術的問題への対処に終始することになってしまう。ただし、大胆であることと虚勢を張ることを混同してはいけない。これからどうすればいいか確信がなくても、思いきって新たな領域に飛び込むことは可能である。また、能力の限界を認識すると、先頭を切って行動しながら、どんどん学べるようになる。

最盛期のディジタル・イクイップメント・コーポレーション（ＤＥＣ）は、一二万の従業員を抱え、コンピュータ業界においてＩＢＭと肩を並べていた。創業者のケン・オルセンは、多くの起業家と違い、興した会社を業界トップに導くことにも成功した。組織において、オルセンはきわめて寛容で、従業員をとても大切にし、さまざまな人事施策を試して、創造性とチームワークと従業員満足度を高めようとした。そして目を見はるような成功を収めたために、重要な経営判断はオルセンがしてくれるものと、経営幹部は当てにした。オルセンは常に、どうすべきかを知っていて、「正しいことをする」ように見えた。実際、確実に成果を上げたことも、過去に多々あった。

だが、成功は破滅の原因にもなった。オルセンは一九八〇年代初めに、自分用のコンピュータを持ちたいとは誰も思わないだろう、と予測した。その予測は、道理ではあった。持つ理由がないからである。彼曰く、各自の机にある端末を通じてメインフレーム・コンピュータを使うほうが、絶対的に費用効率が高い、というのだった。その結果、ＤＥＣはコンピュータ市場に参入するのが完全に出遅れてしまった。

むろん、どんな経営者でも、予測や判断を適切に行うこともあれば誤ることもある。このケースにおける失敗の原因は、オルセンの判断そのものではなく、周囲からの依存度を高めてしまったことだった。それはつまり、会社の仲間たちが彼の判断に異議を唱えることのない時期が、あまりにも長く続いたということでもあった。対照的なのが、一〇年後のビル・ゲイツだ。彼は判断を誤り、マイクロソフト社をインターネット事業に参入させなかったが、その後すぐに進路を一八〇度転換した。急速に変化するコンピュータ業界を注視し、仲間の意見にしっかり耳を傾けた彼は、プライドにこだわらずに考えを翻した。そして、進路を素早く変更したために、どうやら評判を高めたのだった。

最後にもう一つ。仕事で認められ、報われたいという強烈な欲望があると、視野が狭まり、そのせいで、個人として負うべき責任や大切なものをぞんざいに扱ってしまうことがある。ある近しい友人が、処女作を出版したのちに、まさにその経験をした。一〇年の歳月をかけて書き上げた作品だったので、彼は全国をめぐって売り込み、自分の主張に耳を傾ける必要性をさまざまに話してまわった。六カ月の間、彼は週のうち二日は講義をし、あとの五日は方々へ出かけて、新聞やラジオやテレビの取材に応え、聞いてくれる人なら誰とでも話をした。

ある夜、宣伝のためにしばらく家を空けて帰宅した彼は、子どもたちが寝たら一緒にお風呂をどう、と妻に誘われた。「わお」と彼は思った。「宣伝に奔走したあとの、ちょっとしたお楽しみだな。当然のご褒美ってとこか」

子どもたちを風呂に入れ、歯をみがき、本を読んで聞かせる。その後、夫婦はバスルームへ向かった。湯を張り、うっとりするような香りの入浴剤を入れ、服を脱ぎ、湯舟に入る。だが、彼のとりとめもない想像は、体を沈めきらないうちに砕け散った。ようやく、彼は理解した。それは、官能的なお楽しみなどではなく、話し合いだったのである。

二人は二時間をかけて、湯舟の中で、言うなれば彼のジェット・エンジンを冷却しようとした。妻は、彼が宣伝に夢中になっている間に家庭と職場でどんなことが起きているかを指摘した。そしてこう言った。彼の心がよそに向いている間も、家庭も職場も猛スピードで進み続けている。もし注意を払わないなら、戻ろうと思ったときに、すっかり変わってしまっているだろう、と。

妻の言葉に対し、彼は知っているかぎりの方法を使って応戦した。まず「耳を傾けた」。「自分がいないことに神経質になりすぎではないか」とも言ってみた。怒ってもみた。優しくなだめてもみた。論理的に説明し、歩み寄ろうともした。哀れっぽく訴えるという手段さえもとってみた。妻は、むきになって反論することも言いくるめられることもなく、冷静なままだった。一時間以上、話し合い、湯舟の湯が完全に冷めてしまった頃、彼はようやく理解し始めた。妻の言わんとすることをやっと呑み込めたのは、こう言われたときだった。

「あなたは自分を完全に見失ってる。いつもいつも飛び回ってばかり。こっちのラジオ番組に出たかと思えば、あっちの番組にはまだ出ていないと文句を言う。『ニューヨーク・タイムズ』に載ったのに、『ワシントン・ポスト』はまだだと愚痴をこぼす。おまけに、家を空けてばかりで、自分のことに夢中になりすぎているから、子どもたちにとって父親なんていないも同然になってる。それにこのままじゃ私、いいいいいいいいいとうてい博士課程を終えられないいいわ！」

湯舟の中で、彼は今では「貪欲の領域」と呼ぶものに気がついた。そこに入っている間は、どんなに多くのことをこなしても、どんなに素晴らしい結果を出しても、決して満足することがない、そんな領域である。必要とされることを過度に求める人間として、彼には、「かけがえのないものは何か、犠牲にできるものは何か」という問いに、答えようがなかった。むろん、何カ月にもわたって、何度となく話し合った。そして、父親として、協力的な夫として信奉される価値観か、それとも、そうした価値観以上にキャリアを優先させることを示す具体的な行動かの選択を迫られた。彼はすべてが欲しかった。本が売れ始めると、とたんに、彼を必要とする人々から電話がかかり、ときには高額の報酬と引き替えに、本当に重視すべきものについて診断してほしいと依頼されるようになった。まさにそのときだった――彼という飛行機が滑走路を離れたときに、妻がストレートな表現で、エンジンを冷やすように言ったのだった。

彼は、「僕の夢になぜこんなひどいことをするんだ」と訴えた。だがそのとき、妻が救命ボートを投げてくれていることに、彼は気がついた。重要な人物だと思われたい、認められたいという際限のない欲求、つまり貪欲の領域に入り込んでしまったら、世界を手に入れ、引き替えに自分を失うことになるのである。

親密さと性的快感

人には親密な関係が欠かせない。気持ちの上でも物理的な意味でも、触れられ、温かく包み込まれることが必要なのだ。だが、**親密さに対するこの欲求に過度な影響を受けてしまう場合がある。**たとえば、幼い頃に親を亡くしたために孤独に対して過敏になり、少しでも寂しさを感じると、とたんにおろおろと慰めを求める人がいる。あるいは、拒絶に強く反応する場合もある。見捨てられた気がすると、たちまち分別をなくし、簡単に受け容れてくれさえすれば相手を選ばなくなるケースだ。ときにはそこに性的な親密さが混ぜ合わさることもある。

あなたは、組織的、政治的、社会的変化に伴う緊張をはじめとする自分自身の経験から、ほかの人のために包み込む環境を整えるのがとてもうまくなっているかもしれない。意見や価値観がぶつかり合う中でグループをまとめるのに必要な、強い精神力や心も培ったかもしれない。包み込む環境に、まるで圧力鍋の側面のような強固さや復元力が必要なのはたしかだ。

しかし、あなたは誰に包み込まれるのだろう。包み込む人を包み込むのは、誰なのか。「器」の役割を務めることにあなたが疲れ果てたとき、親密さと安堵への欲求が満たされる場所を、誰があなたにもたらしてくれるのだろう。

緊張や疲労を感じたり、「ハイに」なったり、あるいは単に飽きたりすると、呼応するように、私たちは破壊的な行動をとってしまう。男女の交わりを例に考えてみよう。言うまでもないが、それは期待の渦巻く刺激的な時間であり、そのために人はときに性生活において自己破壊的な行動をしてしまう。これはむろん、男女で違いがある。男性の場合は、特別な人物だと認められると、うぬぼれとともに貪欲さがふくれあがる。そのため、愛に飢えた状態に陥った男性の中には、越えてはいけない一線を越え、不適切な関係を結んでしまい、相手の女性（あるいは男性）や、自分自身や、解決すべき問題や、職場に害を及ぼしてしまうことがある。

その例として、アメリカ史上最も有名なのは、ビル・クリントンかもしれない。だが、彼が特別だったわけではなく、似た例はほかにも数多くある。しばし、彼が大統領であることや、彼の政策や主張を忘れて、巨大組織で大きな力を持つ中年の男性として見てほしい。そのうえで、彼と当時の彼の状況を、本書で述べてきた観点から考えてみよう。彼は、自分の強烈な欲望を管理できなかったために、相手の女性と、自分の家族と、自分自身を傷つけ、危うく地位を追われそうになった男性なのである。

ビル・クリントンは大人の仲間入りをする頃からずっと、三〇年もの間、大統領になることを夢見てきた。そして一九九三年一月、実際にその職に就く。大半の人には理解しがたいレベルで胸を躍らせながら、大統領としてホワイトハウスに入る。

胸を躍らせているだけでなく、彼には野心的な計画がある――景気回復、医療保険制度改革、犯罪の減少、財政赤字の抑制、連邦政府改革、NAFTA（北米自由貿易協定）の締結、環境保護などである。彼はきわめて貪欲な人間であり、ほかの何人かの大統領同様、あまりに多くのことを、あまりに急いで実行するという過ちを犯す。適応課題をまるで技術的問題であるかのように扱い、自分の権限を過大評価し、変革の戦略とペースを見誤る。

一八カ月後、彼は最悪の事態を経験する。一九九四年の中間選挙で、多くの議席が民主党から共和党に移り、ニュート・ギングリッチと彼の掲げる「アメリカとの契約」が、下院の支配権はもちろん、人々からの圧倒的な支持を得る。

一九九五年、ギングリッチは国民の心を捉え、クリントンは失ったものを取り戻そうとする。大統領として、自分は今も公共政策に「関与」している、とクリントンは主張する。しかし、ギングリッチと共和党に注目が集まっているため、メッセージはほとんど伝わらない。クリントンの夢も希望も、風前の灯火だ。単に、完全に葬り去られることだけは避けようとしているにすぎない。

マスコミからも国民からも見向きもされなくなって一二カ月、クリントンは一九九五年末に、死に物狂いの、手の内をさらけ出すような、政治的な賭けに出る。共和党とチキンレースを繰り広げ、ついには政府閉鎖という事態にまで発展する。これは綱渡りというべき行為である。策をめぐらして共和党のイメージを悪くし、閉鎖の責任を負わせられるかどうか、賭けに出る段階ではクリントンにはわからない。彼にとって、これは一巻の終わりにもなれば、復活の足がかりにもなる。

一九九五年一一月に、政府が機能を停止する。その予期せぬ影響として、クリントンの補佐にあたるスタッフや協力者や側近の多くも、仕事ができなくなる。一二カ月にわたり極端に低い支持率が続き、今や、残されたあらゆる政治的資本を賭けている状況で、クリントンは、ホワイトハウスの西翼（ウェスト・ウィング）で日々支えてくれる味方までも失う。さらには、いちばんの相談相手であり、クリントンの自制心をつなぎ止める役目を担う妻ヒラリー・クリントンが、たまたまワシントンを離れている。最低限の人数で運営されているホワイトハウスは、機能し続けるために、何人かのインターン――給与が、政府閉鎖の影響を受けない――を雇い、大統領執務室で勤務させる。

ここで、クリントンの立場に立って考えてみよう。進退きわまりつつある中、みずからの政治生命を賭け、数千、ひょっとすると数百万の人々の幸せのかかった大勝負に挑んでいる。さらには、周囲には誰もいない。守ってくれる人たちの姿がない。未曾有の危機的状況にあって、あなたはたった一人で、巨大組織をまとめている。おまけに、最も大切な相談相手である妻も、そばにいない。

おそらく、まるで夢の中にいるような、軽くめまいがするほどの気持ちの昂ぶりを覚えながら、その実、心の中は切羽詰まり、追いつめられた気持ちになる。ただ、国会を膠着状態にして強大な力を示したことで、逆転の見込みが出てきている。このようなときには、誰であれ、オデュッセウスが使った方法で身を守る必要があるかもしれない。オデュッセウスは、もしセイレーンの美しい歌声を聞いてしまったら、自分がいかに強くても役に立たず、過去の多くの船乗り同様、海に飛び込み身を滅ぼすことになると知っていた。また、一人きりでいたら、強烈な欲望に我を忘れるだろうということも知っていた。そのため、部下の船乗りたちに彼の体をマストにきつく縛りつけさせ、船乗りたちには歌声に惑わされないよう蝋で耳栓をさせた。さらに、自分が縄を解けと叫んでも無視するように、と命じた。やがて、問題の海域に入り、セイレーンのうっとりするような歌声が聞こえてくると、みずから予測したとおり彼は暴れ始め、縄を解けと命じる。しかし、その命令を無視するようあらかじめ船乗りたちに指示し、また耳栓のおかげで船乗りには彼の怒鳴り声が聞こえなかったため、命拾いした。もしかしたらクリントンも、自分をよく知って、マストに縛りつけてほしいと誰かに頼んでおくべきだったのかもしれない。

次章では、未知の危険な水域へ流されないようにしてくれる、さまざまな頼みの綱を紹介する。さしあたっては、強烈な欲望や弱さを、もっといたわりの心をもって理解することが大切だ。捨て身の政治的な賭けに出てとてつもなく気持ちが昂ぶり、しかも、マストに縛りつけてくれる妻も側近たちもいない――そんな状況のさなかに、モニカ・ルインスキーがやってきて、大統領に夢中になる。大統領は、自制心をすっかり失い、欲望に屈し、つかの間の親密さと喜びのために大きな痛手を負う。

ルインスキーの行動も、抑制されない強烈な欲望がもとになっている。行動を促す力として、権力や名声や地位を持つ人の魅力ほど、わかりやすいものはないかもしれない。特別な立場にある人のそばに行くと、およそ誰もが胸を躍らせる。大統領執務室の近くで働くまでもなく、地位の高い人に近づこうとして人々がしのぎを削っていることは明らかなのだ。

本書を書いた私たち二人も、この強烈な欲望をじかに経験して知っている。愚かにも、地位の高い人に近づきたいという欲求の言いなりになり、幾ばくかの誠実さを、少なくとも品位を損ねてしまったのだ。しかし実を言えば、モニカ・ルインスキーの心にあった弱さを、多くの人が知っているのではないだろうか――「特別」な人のそばにいれば、自分の価値を高めたり確かめたりできるという幻想を。露骨な形としては、男性（女性）が女性（男性）を戦利品として扱うことによって自尊心を強める場合がある。また誰もが、大物とともにいたことを示す記念品を、たとえば写真やサインや染みのついたドレスを、大切に持っている。マーティの机の上方の棚には、政界や政府にいた頃に撮った、有名人と並んで写る写真が所狭しと並んでいる。いや実際、彼は六〇代になっても、有名人のサインを好んで集めていた。

むろん、幻想は幻想だ。人間の価値は、誰と知り合いかで決まるものではない。だが、多くの人が、この幻想にとても深く取り込まれて暮らしており、本当の自分というたしかな感覚を失い、道に迷っている。名のある人にその昔、会ったことがある、一緒に何かをしたことがあるという人に話を聞くと、誰もがこう答える。「特別な」人と近づきになるのは楽しく興味深い経験だったが、心の中の空しさは少しも埋まることがなかった、と。

このダイナミクスが変わることは、当分ないだろう。誘惑によって自制心を惑わされ、心の「錨《いかり》」を試されるのは、今後も変わらない。私たちとしては、地位や権限を持つ者と性的な刺激との切っても切れない関係について、もっとよく知る必要がある。クリントンのケースが特殊だったわけではないのだ。公式、非公式を問わず権限を持つ多くの人が、性的衝動の昂ぶりを抑えることに苦労している。フランクリン・ルーズベルト、ジョン・F・ケネディ、マーティン・ルーサー・キング・ジュニア、数多のアメリカ上院、下院議員が、なんらかの危うい恋愛に政治生命を危険にさらしてきたのも、決して偶然ではない。マハトマ・ガンジー（モハンダス・ガンジー）も、大変な努力をして性欲を抑えていることを、きわめて率直に述べた。これはおそらく、多くのビジネスパーソンにも当てはまる。自制心との戦いは、地位や権限を持つ者の責任なのだ。性欲の強い人は権力の座を求める傾向があるかもしれないが、ヘンリー・キッシンジャーが述べたように、権力が強力な媚薬になりうることもまた事実だ。だが、強烈な欲望に屈することは、自制心をなくしている何よりの証拠であり、人々を利用し、自分の地位を悪用することにほかならない。

この弱さは誰もが持つわけではないが、人々が話してくれた話は基本的に二つのパターンに分類できることがわかった。自制心をなくした人の性的衝動の表現には二通りの方法が、つまり、地位に反応して人々があなたに近づいてくる場合と、あなたが権力を乱用して彼らに「性的関係」を要求する場合があるのだ。人々のほうから近づいてくるのは単なる見せかけである。性的にあなたに惹かれているというより、あなたの地位や力に魅せられているからである。嘘だと思うなら、地位を離れてもまだ性的に魅力を覚えてもらえるかどうか、たしかめてみるといい。逆に、あなたのほうから性的関係を要求する場合、あなたは信用を損ね、建設的な職場環境を破壊するだけでなく、自分自身や取り組みたい問題をしばしば脇へ押しやってしまうことになる。たとえ関係自体はなんとか隠せたとしても、職場が全く別ものになってしまうだろう。

女性の場合は、また別の性的ダイナミクスが働く、と聞いている。女性は、地位の高い男性とともにいれば自分の価値が高まるという幻想に取り憑かれてしまう。ときには、力のある男性に近づくために、自分の性的魅力を使うこともある。だが、そうした誘惑に屈してしまうと、空しさや心の傷や失望が残ることになる。

男性同様、女性にとっても、権力はときに強力な媚薬や魅力になる。ただ、私たちの文化にあるジェンダー規範のせいで、男性の場合と違い、女性は地位が高くなればなるほど、破滅する危険が増す。いまだ男性優位の世界にあっては、性交渉の相手を何人も持つことは、男女によって違った見方がなされる。つまり、男性なら大胆さや影響力の証として見られるが、女性の場合は、不名誉や無能さを示すものとして見られてしまうのである。クリントンがもし女性だったら、生き残れただろうか。おそらく、難しかったのではないだろうか。地位のある女性は、性的なスキャンダルを起こしたら、あくまで個人的な問題だったとしても、自分の信用と権威が深く傷つきかねないことを知っている。女性が男性に一線を、権威の境界を越えさせたら、たとえほかの誰にも知られていなくても、その男性に対する影響力を失ってしまいかねないことを知っているのである。さらには、もし事が公になったら、ほかの人たちに対する影響力までも失うおそれがある。本能のままに行動して、誰かに「現《うつつ》を抜かす」と、権威が損なわれてしまうのだ。

結果として、女性は境界を懸命に守ろうとする。日々、多くのキャリア・ウーマンが、意識的にせよ無意識にせよ、誰が何のために自分に近づいてくるのか、と注意をめぐらせ、多少なりとも警戒し続けている。やがて、それは女性の直観の一部になるが、当人は自分が用心していることに気づきさえしないかもしれない。

境界を守り続けるためには、女性は男性の近くにいるときに、行動だけでなく感情にも気をつける必要がある。狭い部屋で一緒に熱心に仕事をしていると、男と女としての欲望が生まれる場合があるのだ。気持ちを抑え、職場で親密な関係になるのを避けるために、女性はときに、女らしさを消すことがある。「そばにいる生身の女」より安全だとして、娘や姉妹、あるいは母親のように接することもある。また、「実体のない姿」、つまり見せかけだけの態度をつくり、本当の感情から自分を切り離して、安全を守ろうとする場合もある。

かくして、歴史や文化的規範の影響を色濃く受けるために、同じ問題なのに、男性か女性かで扱いが正反対になる。自制心をなくす問題は、男性のほうに多い。その強烈な欲望は、職場で強められ、行動に出して表現される。最近までずっと、そうした行動は、相手の女性と、自分の心と家族を傷つけたが、一方で、職場での責任ある地位に影響をもたらすことはほとんどなく、地域によってはむしろ評判を高めることさえあった。

それに引き替え、女性の場合は、一線を越えた結果として報われることはまずない。そのため、感情を抑制しすぎるようになったと、多くの女性が述べている。彼女たちは一日中、注意を払い、警戒することにエネルギーを使い続けているため、仕事が終わっても職場での役割から離れられず、気持ちをゆるめて、親密な関係を楽しめずにいるのである。

本書を書いた私たちは男性なので、よく知らない領域について述べていることは承知している。さらに言えば、この手の問題には固定観念が満ちあふれている。にもかかわらずここで言及しているのは、私たちの生活においてふつうは議論できないとされる側面について、男女とも理解を深められるようにと願って、女性たちが話してくれたからである。心や体に深く触れられるがままになるには、女性は相手を信頼できるようになる必要がある。しかし一日中、神経を張りつめて過ごしているなら、そう簡単に体や心を許せるものではない。そのため、仕事を終えて帰宅したあとでさえ、自分の人間的な欲求を満たし、本来の自分に戻るのは難しいと、多くの女性が思っている。

責任ある地位に就き、注目の的になると、多くの女性がやはり多くの男性同様、理屈ではない本能的な反応をする。特別な関心を向けられ、親密さや性的快感を求める強烈な欲望が増すこともある。そして人々は、権力を持つ男性に惹かれるのと同様、権力を持つ女性にも惹かれるものだ。誘惑はそこかしこにあふれている。みずからの欲望にとらわれた男性が、女性の側の欲望を察知し、誘いをかけてくることもあるだろう。だが、たとえそそられても、その感情は危険を知らせるサインでもある。ほとんどの女性はサインに耳を傾ける。しかし耳を傾けず、一線を越えて、自分を傷つけてしまう女性もいる。

たとえば、第3章で紹介した私たちの友人で、ある州機関を改革しようとしたが、その地位にとどまれずに終わったポーラを思い出してほしい。プレッシャーと地位のせいで、彼女は親密な関係への強烈な欲望に大きく影響されやすくなった。折しも、承認と親密さとを個人的に強烈に欲しているときでもあった。実はプライベートがうまくいっていなかった。結婚生活が破綻の危機にあり、まだ幼い二人の子どもを育てなければという重圧にさらされていたのである。仕事に対しても、彼女は全く自信を持てずにいた。地位のある立場、すなわち「最終責任を負う」立場に必要なものを、自分は持っているのだろうかと、不安に思っていた。

そうした欲求を、彼女は自覚していなかった。少なくとも、その強烈な欲望のせいで自分が攻撃されやすくなっていることに、はっきりとは気づいてはいなかった。うかつにも、強烈な欲望を不適切な方法で満たそうとし、また仕事上の関係者と親密になりすぎることによって、彼女は対立する人たちと共謀し、個人的に批判されることになってしまった。そして自分自身が問題になってしまったが最後、彼女の貪欲さばかりが取り沙汰され、取り組みたいと思っている重要な問題は、なおざりにされてしまったのだった。

本能的な欲望への対処法

そうした理屈抜きの本能的な欲望は、どうすれば主《あるじ》として適切に管理できるようになるのか。**まずは**

自分を知り、欲しいものについて正直になり、その後、そうした人間らしい欲求を大切に扱おう。人間なら誰もが、力を得て支配したい、認められ、重要な人物だと思われたい、親密な関係や性的快感が欲しいと思うものだ。そんな自分の欲求を正しく扱って初めて、リーダーとして行動し、生き残れるようになる。自分の強烈な欲望を主《あるじ》として管理するには、自分の弱さを知り、それを相殺する行動をとることが必要だ。その第一歩が、強烈な欲望を大切に扱うことなのである。では、性的な親密さへの欲求を管理するのに役立つ考えを二つ、紹介しよう。この特別な欲求にスポットライトを当てるのは、弱さとして誰もが持つものでありながら、言葉にして表現されないからである。

自分に戻る儀式

男性も女性も、なんらかの儀式を行うと、仕事上の役割を離れて本来の自分に戻りやすくなる。もし儀式を行わなかったら、プライベートでも、仕事中のガードを固めた自分のままでいることになってしまう。仕事中に身を守るのに役立つ仮面を、プライベートでもつい、つけ続けてしまうのだ。職場での自分からプライベートな場での自分への切り換えには、およそすべてのシンプルな行為が役に立つ。着替える、シャワーを浴びる、ジムに行く、歩く（走る）、瞑想する（祈る）、あるいはワインを一杯飲むといったちょっとした行為をするだけで、あらゆる役割を離れ、本来の自分に戻れるのである。どのような行為であっても、儀式化され、心して行えば、意識を、ある状態から別の状態へ変えられるようになる。自分に合う儀式が何であるかは、実際に経験して自分で見つけよう。

むろん、特別な役割を公私の別なく果たしているために、いっときでもその役割を離れるなど、考えるだけで空恐ろしいとか不可能だという人もいる。いや、そうでなくても、デジタル時代にあっては、重要な人物だと思われたいという気持ちを駆り立てるものが、以前よりはるかに手に入りやすくなっている。ふと気づけば、私たちは四六時中と言っていいほどデジタルの世界に浸っている。「今この瞬間、私を必要としている人がいるにちがいない」――そう思いながら。

行動をストップするには、私たちには許可が必要なのかもしれない。子どもを寝かしつけたあとでさえ、いったい何人の親が、一人で静かに過ごせているだろう。皮肉とも言うべきことには、デジタル世界を離れ、ペースダウンし、本来の自分に戻る時間を毎日つくるには、訓練が必要だ。親密さへの欲求を知り、満たせるよう、本来の自分に戻るためには、意識的な取り組みが欠かせないのだ。

しかしながら、その時間を過ごすときには、強烈な欲望を、寂しさや空しさという形で経験することになるかもしれない。すると、スイッチを切り換える儀式をつくるだけでは十分ではなくなる。その場合は、しばらくなおざりにされている家族や地域社会を、親密さや包容力のあふれる場所としてよみがえらせる必要がある。もし親密さを感じられる場所を得られなかったら、スイッチを切り換える儀式をつくったところで、何の役にも立たないのである。

愛をよみがえらせる

人は誰もが、魂や心が触れ合うだけでなく、肉体的にも触れられたいという人間らしい欲求を持っている。そのように生まれついているのである。本書の著者である私たちはユダヤ人だが、安息日に夫婦間で体を重ねなければならないとされている。なぜなら、愛の喜びによって、永遠の楽園という感覚がもたらされるからである。神の永遠性や神との合一という経験は、男性のためだけにあるのではない。ユダヤの戒律によれば、男性は女性に無上の喜びを与える義務を負っている。

親密な関係が長く続くと、往々にして触れ合うことが少なくなってしまう。だが、仕事が緊張感に満ち、意欲を保ちにくくなっているときにはとくに、自分の強烈な欲望に素直になることが重要である。もしそうした欲望を主《あるじ》として適切に管理できなくなったら、親密な関係を生活の中で適切に維持できるよう、助けを得よう。そうしないと、すでに述べたように、強烈な欲望が破壊的な方法であふれ出すか、あるいは人間らしいその側面を完全に放置することになってしまう。

もしかすると史上初めてかもしれないが、現代においては、用心深さを解き、役割という仮面を脱ぎ捨て、愛をよみがえらせるために助けを得ることが、もはやタブーではなくなっている。さまざまなセラピーやワークショップが行われている今日、親密さに欠ける関係に甘んじる理由はほぼない。近頃多い虐待の傷さえも、癒やす方法を学べるのだ。社会として、私たちは性衝動の問題を表舞台に引っぱり出し、この特別な能力について、より詳しく正直に理解する方法を、今まさに学び始めている。そのため、この手の助けをプライベートで求めたとしても、多くの人が同様なので、もはや恥ずかしく思う必要はないだろう。

むろん、私たちを縛る、恥や文化的タブーを乗り越えるには勇気が要る。できるかぎりの愛情を注ぐと同時に、抑制された生き方を教えた人たちに、私たちはどこまでも信義を尽くそうとするからである。たとえば、文化によっては、肌を合わせるのは全く楽しいことではないと女性は教えられる。肉体の交わりは男性への単なる奉仕であり、やがて男性の関心が薄れていけば未来が明るくなる。似た話を、私たちはずいぶん耳にしてきた。「この四年、彼がそばに来ないの。もう奉仕しなくてよくなって、やれやれよ！」

だが、適応へ向けた取り組みにおいては、このような個人レベルで行う場合を含めて常に、自分の信義についてじっくり検討し、過去から最良のものを選び、犠牲にできるものを切り捨てることが必要だ。プライドを保ったり、文化的前提を忠実に守ったりするために、警戒を解いて神性の輝きを、合一の喜びを経験する機会をあきらめるとすれば、ずいぶんと高い代償ではないだろうか。欲求を適切に管理するには、愛をよみがえらせるのが、最も健全な方法だと思われるのだ。

† † †

巨大な社会的ネットワークの中で暮らしていると、さまざまな感情が生まれるが、それを管理する能力を、人は生来的に持ち合わせていない。一方で、私たちはみな、比較的安定した状況下で、小さな集団の中で生きるよう、しつけられてしまった。そのため今、圧倒されたり及び腰になったりしていても、それは全く不思議ではない。実は、両親や文化やコミュニティからどんなに完璧な教育や「ソフトウェア」を与えられたとしても、あなたは訓練を続けて、自分の弱さを埋め合わせなければならない。また、自分をつなぎ止める心の「錨《いかり》」が必要になる。

第9章　自分の中に「錨《いかり》」を下ろす

公私にわたってさまざまな役割を果たし、人生の荒波に揉まれてなお、確固たる自分を持ち続けるためには、自己（確固たるものとして持ち続けられる）と役割（確固たるものとして持ち続けられない）を区別することがきわめて重要だ。組織やコミュニティやプライベートで果たす役割は、主として周囲の人の期待によって決まる。一方、自己は、周囲の期待に添っているかどうかではなく、人生を通じて自分の目で見て学ぶ力、判断を方向づける基本的価値観を磨く力によって決まる。

責任ある高い地位にある人の多くが、その地位を離れたときにショックを受ける。元CEOや元政治家になったとたん、重要で多忙な人たちへ電話をかけてもつながりにくくなり、電子メールを出してもなかなか返信が来なくなり、「支持者」から特別扱いを求められても速やかに成果を出せなくなってしまう。過去に受けていた恩恵は、人柄もさることながら、果たしていた役割や就いていた地位が大きくものを言っていたことに、無情にも気づかされるのである。

自己と役割を区別する

自己と、組織やコミュニティでの役割とを、私たちはたやすく混同してしまう。おまけに、仕事上の外面的なイメージが強められるために、いよいよ混同しやすくなる。あなたが果たす「役割」こそが、あたかもあなたの本質であり、本当のあなたであるかのように、同僚も部下も上司も接してくるのである。

一九八〇年代、アラン・アルダは映画『或る上院議員の私生活』で主役を演じた。大統領選への出馬をもくろむ、上院議員の役である。原題『The Seduction of Joe Tynan（ジョー・タイナンの誘惑）』にある「誘惑」には、二重の意味がある。昔ながらの肉体的な誘惑という意味では、共演スターのメリル・ストリープがリベラル派の活動家を演じており、二人はどちらからともなく相手を誘惑していく。だが、このタイトルにはもう一つの意味があり、アルダ演じる主人公は、有能で人望のある上院議員および大統領候補としての役割にのめり込んでいく。議場で行うのと同様に、わが子に向かって演説をしたり、党の方針に従う必要のある選挙スタッフであるかのように、妻に接したりし始めるのだ。演じている公的、職業的役割を、まさに自分そのものだとも考え始める。映画は、アルダが大統領になるのかどうかも、彼が夢を見たのちでさえ結婚生活が続くのかどうかも、はっきりしないまま終わる。だが、描かれたリスクは明らかだ。彼は役割に我を忘れるという、ありがちな落とし穴にはまったのである。

役割と自己を混同するのは、罠である。役割に全霊を傾け、情熱や大切にしているものや芸術的手腕を注ぎ込んでも、周囲の人たちが主に反応するのは、あなた個人に対してではなく、自分たちに関わる部分であなたが果たす役割に対してなのだ。あなたに対する反応がとても個人的に見えても、それは、彼らの期待にあなたがどれくらい応えているかを示しているのだと、まず解釈しよう。実は、これを理解することほど、あなた自身の安定と心の平安にとって重要なものはない。それができたら、人々の批判を胸に刻みつけるよりも前に、そうした批判を解明・解読できるようになるのである。

そんなわけで、自尊心が危うくなるかどうかは、あなたが決めることになる。もし、周囲の言葉を個人的なものとして受けとるなら、自尊心が問題になってしまう。だが、「役立たずだ」と言われ、個人攻撃に聞こえたとしても、必ずしもそうとはかぎらないのだ。人々は、あなたの役割の演じ方が気に入らないのかもしれない。問題に取り組むときに、あなたの気配りが足りないのかもしれない。温度を高くしすぎている、あるいは性急に上げすぎているのかもしれないし、人々が放っておきたいと思っている問題を提起しているのかもしれない。もしかしたら、あなたの気遣いのなさやペースに対する彼らの批判はもっともで、あなたにはやり方を修正するために学ぶべきことがいろいろあるかもしれない。ただ、彼らが批判しているのは問題についてであって、あなたについてではない。個人攻撃に見えて、実は、彼らはあなたの考え方の中に見える脅威を中和しようとしているのである。

あなたがある考えを提案したところ、攻撃を受けたとしよう。グループの取り組みを刺激するために介入したのなら、攻撃は取り組みの一環だと言える。これは、いい傾向である。あなたが感じる抵抗は、あなたに対する批判でも、あなたの考え方を拒絶することでさえもない。それどころか、あなたが述べた考えには反応する価値があったことを示しており、問題に積極的に取り組むよう促したということなのだ。

エリザベス・キャディ・スタントンは、女性の権利をテーマにした集会をアメリカで初めてひらいたが、その土台となったさまざまな出来事において、人々からどのような反応を受けたかを述べた。[1] 自伝に、彼女は次のように書いている。一八四八年のある夏の午後のこと、志を同じくする女性たちに、一〇代の少年や労働者や政治家を含めた男性たちの、凝りに凝り固まった考え方にぶつかってきたことを話した。すると、それが契機となり、ニューヨーク州セネカ・フォールズで、財産権について見直しを訴える集会を開催することになった、と。同志の女性たちのうち少なくとも一部は、女性に対する考え方を変えるために行動を起こさなければと決意した。そして、明くる週にふたたび集まることはもちろん、女性の権利宣言を起草・発表することも決定した。

話し合いを重ねたのちに、彼女たちは、女性の権利宣言と、アメリカの男性に法を変えて女性に参政権を認めることを求める決議を採択した。結果として全米で起きた騒動について、スタントンは次のように述べた。「店でも新聞でも教会の説教壇でも反対意見が圧倒的に多かったため、集会に参加し、宣言書に署名した女性のほとんどが、一人また一人と、署名を取り下げ、考えを翻し、私たちを迫害するほうへまわっていった。友人たちは、一連の出来事のせいで恥ずかしい思いをさせられたと感じ、私たちに対してよそよそしくなった」[2]

直接の犠牲を伴うそうした反応を、個人攻撃として受け取らないのは難しかった。スタントンは当時、次のように述べた。「集会のあとの出来事について、もしほんのわずかでも予兆があったら、思いきって開催する勇気を持てなかったかもしれない。正直に言えば、一カ月後にロチェスターでふたたび集会をひらくことに同意するときも、恐ろしくてたまらなかった」[3]

友人や元協力者から猛反発を受けても、自分の中に錨を下ろして、確固たる自己を持ち続ければ、耐えることが可能になる。彼らは一夜にして、あなたを人気者から社会のはみ出し者へ変えてしまうことがあるが、確固たる自己を持ち続けられたら、機敏に反応し、集中し、粘り強くあり続けるための持久力をきっと見出せるのだ。進歩には、ときに数十年かかることがある。一八四八年のセネカ・フォールズの集会は、女性の参政権獲得に向けたスタントンの活動の第一歩だった。その後、三〇年以上の長きにわたり、彼女はアメリカにおいて、問題の根底にある憲法上の欠陥に取り組んだ。一八七八年に参政権の修正条項について起草し、提出にまでこぎ着けるも、連邦議会によって否決され続けること四〇年。一九一八年にようやく、彼女が考えた草案のポイントを下院が承認し、さらに、修正第一九条として上院でも可決されたとき、彼女が亡くなってすでに一六年が経過していた。

スタントンのように、正真正銘の成功者として目を見はるような成果を上げたいと思うなら、どこまでも情熱を注いで仕事ができるよう、自分に誠実になって役割を果たさなければならない。両立は無理だと心得よう。もし攻撃されたり、信用を傷つけられたり、除け者にされたり、解雇されたりしたら、まるで刺客に襲われたかのように感じるかもしれない。だが、反発される可能性を受け容れずに、あなたの考えを人々が真剣に考えてくれると期待することはできない。このように心得て行動するのがリーダーシップの一環であることを受け容れると、あなたは個人的に自由になれる。考えを取り下げることも必死に自己防衛することもなく、ほかの人たちにあなたと同様、積極的に、あなたの考えに取り組んでもらう余地をつくれるようになるのである。

繰り返しになるが、自己と役割を区別することは、批判されたときはもちろん、称賛されたときにも重要だ。自分に関する褒め言葉をすべて信じるようになると、役割にのめり込んでしまい、本来の自分についても意識や自己イメージをゆがめてしまう。また、人々のほうも、称賛され続けたいというあなたの欲求のために、あなたを支配するかもしれない。役割にのめり込んでしまうのは、あまりに多くの個人的欲求を、組織やコミュニティに依存して満たそうとしているしるしであり、第8章で述べたとおり、さまざまな危険にさらされることになる。

役割と本当の自分を区別する問題を、軽く考えないこと。個人的に攻撃されると、私たちはつい、ムキになる。だが、個人攻撃と捉えると、バルコニーに立ち、全体を見て、自分のメッセージが人々にどんな苦しみをもたらすのかを、なかなか認識できなくなってしまう。スタントンが知ったように、攻撃してくる相手が友人や支持を頼む人たちである場合は、とくに難しい。しかし、大切に思う人たちから批判を受けるのは、リーダーとして行動する際にはつきものと言える。一九九三年、ビル・クリントンが党派を越え、ニュート・ギングリッチとともに増税と歳出抑制による厳しい財政再建案を作成したとき（一〇年にわたる好景気の一因となる）、妻であるヒラリーは、大統領と顧問たちを手厳しく批判した。

大統領の見解に正面を切って意見を述べるのが、彼女の務めだった。[4]

実は多くの場合、リーダーシップの実践とはつまり、支持者の境界を越え、ほかの党派や部門や利害関係者と共通の基盤を築くことだ。適応へ向けた取り組みを、いずれか一つのグループだけが実施しなければならないなどということは、めったにない。それぞれのグループが、なんらかの調整を余儀なくされるのだ。また、境界を越えるときには、よもや自分たちの考え方がひっくり返されたり異議を唱えられたりすることはあるまい、きっと擁護してもらえるはずだと思っていたグループの人たちの目に、あなたは裏切り者に映るかもしれない。期待に背くと、背信行為だという感覚が、ことによると激しい怒りが生み出されることもある。ただ、そうした感情をたとえ同僚や友人、配偶者、あるいはパートナーが抱いたとしても、それがあなた個人に向けられることはほとんどない。

攻撃を「あなた個人」に向けられたものと捉えてムキになると、ありがちな落とし穴にはまって動けなくなる。自分自身が問題になってしまうのである。選挙運動などを見ると、候補者の性格や個性が議論のテーマとして適切であるとされている。だが、政治を含めたほとんどの場合において、人々が攻撃するのは、あなたが述べる考え方によって自分たちの地位や信義が脅かされ、それに対して身を守ろうとするためである。先にも尋ねたが、あなたが大金を与えたりよい知らせを伝えたりするときに、人々があなたのやり方や性格を批判するだろうか。とてもそうは思えない。人々が攻撃するのは、あなたの伝えたいメッセージが気に食わないときなのである。

その人のメッセージよりその人自身を攻撃するほうが、簡単に問題を解決できる。たとえば、ある女性が勇気を出して組織の文化を変えようとしたら、脅威を感じた人たちはおそらく、出しゃばりだと批判する。彼らは、彼女のやり方や性格を争点にすることによって、彼女が発するメッセージから組織の人の注意を逸らす。彼女の信用を落とせば、彼女の考えに対する信用も落とせるのである。

ビル・クリントンは、多くの攻撃材料を与えて誹謗された。だが誹謗した人たちが、もし、アメリカが直面する課題に関する彼の考えを全面的に支持していたなら、あれほど執拗に攻撃しただろうか。彼の性格上の問題を争点にする人たちは、政策の多くについて反対し、さらに言えば、彼が求心力を強めるにつれ、地位の割り当て方に猛反発したが、それは偶然ではない。逆に、性格上の欠点に比較的寛容なのが、基本方針に大筋で賛同する人たちだったことも、驚くにはあたらない。たとえば男女同権論者は、女性を搾取したとして彼を攻撃するのではなく、むしろ弾劾手続きにおいて彼を擁護した。彼らの主張を、クリントンが強力に支持していたからである。

皮肉なことに、クリントン夫妻と政治コンサルタントたちは迅速で効果的な防御策を整えたと自負していたが、性格を焦点にして繰り広げられる攻防にはあまり効果を発揮しなかった。ホワイトハウスから防御反応を引き出すたび、攻撃者たちは国民の注意をほかの諸問題から引き離すことに成功した。また、夫妻が身を守る行動（書類の提出を控える、法的な議論を起こす、法律用語を使う、嘘をつくなど）をとればとるほど、攻撃はいよいよ激しさを増した。[5] 正真正銘の個人攻撃に対して守りの反応をすると、本来注目すべき問題とは別の問題に国民の注意を向けてしまうことによって、攻撃者と共謀することになる。注意を逸らせるこの仕組みは、ほぼ一〇〇パーセントの確率で成功する。個人攻撃されるとムキになるのが、きわめて自然だからである。

むろん、伝えにくいメッセージをもっとうまく伝える方法は、学んで身につけることができるだろう。ただ、残念ながら、悪い知らせを伝えるのが甚だ難しいという事実はどうすることもできない。医者が患者に「ペニシリンを飲めば、よくなりますよ」と伝えるのは何の苦労も要らず、楽と言ってもいいくらいだ。だが、深刻なメッセージの場合はどうだろう。「あなたを助けることはできないと思います。助けたいとは思いますが、たぶん無理です。これから起きることを、あなたとご家族がしっかり理解できるようお手伝いします。うまく調整を図りながら今後、暮らしていけるように」。このようなメッセージほど、伝えるのも受け取るのも、つらいメッセージはない。およそすべての教師が、生徒の評価にはCよりAをつけたいと思うだろう。上司にしても、部下を解雇するより雇用するほうがいいと思うものだ。だが、もし医者や教師や上司が、人々がメッセージを受け容れるのを手助けするという目標から注意を逸らし、代わりに自分が問題になってしまったら、その目標は達成されなくなり、貴重な時間が失われることになる。

究極の攻撃である暗殺でさえ、個人を攻撃するものではない。殺された人にとっては何の慰めにもならない事実だが、支持者や遺族が悲劇を理解し、乗り越えるための助けになる。それに、身体的な攻撃でさえ個人攻撃ではないと知ると勇気が湧き、リーダーたらんとする人は必要なリスクを冒せるようになるかもしれない。さらには、たとえ命が絶えても、自分が目指すものの本質は、ほかの人が生きていく中で意味を持ち続けるだろうと、内心思えるかもしれない。

たとえば、マーティン・ルーサー・キング・ジュニアが殺されたのは、変わりゆくアメリカにおいてその役割を排除するため以外の何ものでもなかった。イツハク・ラビンを暗殺したイガール・アミルは、目的はラビンの口を封じることであり、そのためには殺すほかなかったと主張した。脅威だったのはラビンのメッセージ、すなわち役割であって、ラビン自身ではなかった。[6]

役割と自己を区別できなければ、役割を適切なレベルで守り、保護することもできなくなる。ラビンは、兵士だったときに、何度も命の危険にさらされた。イスラエルの首相になるまでに、身体的な危険に慣れきってしまったのである。そのため、暗殺の危険性が高まっているので防弾チョッキを着てから大規模な集会へ出席するよう、護衛官に助言されても、聞く耳を持たなかった。長く軍隊にいて危険と名のつく領域に入り込んでしまったために、そしておそらく、勇気ある行動をとれるという昔の自負を引きずっていたために、彼は自分と役割を必要以上に危険にさらしてしまった。まさに悲劇と言うべき皮肉である。

ラビンが役割と自己を区別できていたら、身を守るためではなく役割を守るために、防弾チョッキを着たかもしれない――中東和平の推進において自分がきわめて重要な役割を果たしていることや、その役割を守る必要性が高まっていることを認識できたかもしれない。一歩下がって、バルコニーに立ち、どんな利害関係が危険にさらされているかをよく考えていたら、護衛官の助言を聞き入れたかもしれない。だが彼は、イスラエルと中東の未来における自分の歴史的役割ではなく、危険に対する個人的な許容度に基づいて、リスクを判断してしまったのだった。[7]

役割を守る例にはむろん、もっと一般的なものもある。親になると重要な役割を新たに担うことになるため、リスクを避けるようになる、といった場合だ。幸い、リーダーになろうとする大半の人は、命の危険を考える必要はない。身体的な危険よりよほど大きなリスクとなるのは、日常において、物議を醸す考えをあなたが打ち出し、人々から個人的な攻撃を受ける場合のほうなのだ。

攻撃されたり褒められすぎたりしたのちに、ふたたび問題に注目してもらうためには、あなたの個性、個人的な判断、やり方から、人々の注意を逸らす必要がある。個人攻撃から長期にわたって身を守る最強の方法は、個人として一切ミスをせず、完璧でいることだ。しかし言うまでもなく、完璧な人間などいない。人間らしい強烈な欲望や失敗は常にあり、私たちは人前でカッとなったり、どんな影響が出るかを熟考せずに電子メールを送信したり、追いつめられて反射的に嘘をついたり、影響をもたらしたい相手の気分を害する意見を言ってしまったりする。こうした行動は誰もがとってしまいやすい――誰もが、である。しかしながら重要なのは、本来、注意を向けるべきところ、すなわちメッセージや問題に、ふたたび注目してもらえるように、攻撃に対応することである。

大統領選の選挙運動に際し、ビル・クリントンとゲイリー・ハートはどちらも、浮気をしたとマスコミに批判された。だが対応の仕方には大きな違いがあった。ハートは反撃した。尾行した記者を非難し、良心が咎めないのかと疑問を呈し、自己防衛的になった。一方、ビル・クリントンは、全く違う方法を選択した。スーパーボウル生中継直後の調査報道番組「六〇ミニッツ」に登場し、妻と手をつないでカメラの前に座り、つまるところ浮気した、と率直に認めたのだ。ハートは個人的に反応し、クリントンは戦略的に、より正直に対応したのである。

二人の様子を見ていた人たちは誰も、二人がそれぞれ何人の女性と関係を持ったのか、はっきりとはわからなかった。誰もが知り、判断材料にしたのは、二人の状況の扱い方である。人々は、情事の説明をつぶさに検討するのではなく、目の前にあるデータ――つまり、見えるもの――を観察することによって、二人を判断したのである。非難の内容よりも、攻撃に対する対応の仕方が、運命を決める。クリントンへの攻撃はきわめて個人的だったが、彼はそれを、自分の信用に対する政治的攻撃だと理解した。そして、拍子抜けするほど正直に、ムキになることなく身を守り、信頼を得て問題を追い払い、やがて、選挙運動における議論の焦点を、政策に関する問題にうまく戻したのだった。

デンバー公務員委員会の議会指名を得るために騒動に加わるまいとした、私たちの友人、ケリーを思い出してほしい。騒動の間、彼女は公の場で何度も批判された。だが、批判（ときには称賛）が、本当は彼女自身に対するものではなく、コミュニティ内のさまざまなグループの視点において、彼女が象徴しているように見えるものについての批判であることに、彼女は気づいていた。もし、攻撃を過度に気にしていたら、ムキになって対応し、彼女のものではない危機のただなかに身を置くことになってしまっていただろう。議会指名も、ふいにしてしまったかもしれなかった。

役割と自己を区別することには、長期的な価値もある。役割にはいずれ終わりが来る。役割に夢中になってしまったら、そして、自己と役割を同一視するようになってしまったら、役割が終わったときに、どんなことが身に起きるだろう。ジャック・ウェルチは、「ゼネラル・エレクトリック社CEO、ジャック・ウェルチ」という役割を演じたのちに、自分自身のさまざまな要素を見出すのだろうか。長年その道一筋に、自分のすべてを役割に注ぎ込んだあとでも、どこを見るべきか、わかるのだろうか。[8]

子育ては人生のプライベートな側面の一部だが、自己と役割の区別が人生のあらゆる側面で必要であることを、強力に示してもいる。ロナルドが子どもを持ったとき、マーティは次のように述べた。「子どもがとんでもない態度をとっても、感情的に対応しなくなったら、親として成功したことになる。二人目ができたら、わかるよ」

その予言が正しいことを、ロナルドはやがて知ることになった。彼曰く、父親として最低の対応をしてしまったのは、子どもが怒って、父親を父親と思わないような行動をとったときに、ムキになってしまった場合だ。まず、頭の中でこう叫ぶ。「子どもたちはなぜ、よかれと思って私がしていることに感謝しないんだ。なぜ手にしているものをありがたいと思わないんだ」。ほどなく、そのお涙頂戴話は実際に声に出されることになる。ロナルドは、大声で怒鳴り、みっともないくらいに激怒し、その後カッとなったことに後ろめたさを覚え、我を忘れさせられたことでさらに怒鳴って事態をいよいよ悪化させた。「私が怒鳴らなければならないようなことを、なぜするんだ。私が怒るのを嫌いなことは知っているだろう！」数分にわたって荒れ狂ったのちに、彼は敗北の体で書斎に引きこもり、傷心を癒やした。ふたたび家族の前に現れる頃には、怒鳴った原因が何であったか、わからなくなっていた。

父親の鑑のように対応した場合には、ロナルドは冷静さを失わなかった。子どもの行動にムキにならず、するべきことを思い出したのである。まず、なんらかの制限を設けることによって子どもの行動を修正し、その後、問題点を突きとめるために、子どもの話にじっくり耳を傾けた。一日か二日、傾聴を続けると、やがて何があったのかが浮かび上がってくる。友だち関係か、野球場、あるいは授業中に、必ずと言っていいほど何かイヤなことが起きていたのである。問題がわかれば、どんな問題であれ、それを子どもが解決するのに手を貸してやることができる。ロナルドは注意を、自分の内に向けて傷を癒やすのではなく、外に、すなわち問題のあるところに向けたのだった。

この例ですでに明らかかもしれないが、ぜひ強調しておきたい。**私たちは、自己と役割の間に距離を置くべきだとも、自己を役割から切り離すべきだとも言ってはいない。「区別する」という言葉を使っているのは、自己と役割は、距離を置く置かないという話ではなく、別ものだと認識してほしいからである。**実際、私たちはあなたに、人や組織との関係の中で果たす多くの役割に全身全霊を傾けられるようになってほしいと思っている。裏返して言えば、自己と役割を区別することは、先述したとおりリスクはあるものの、重要な問題の象徴になるのを避ける必要があるということではないのだ。選択の余地がない場合もある。好むと好まざるとにかかわらず、誰の目にもあなたが問題を象徴しているように見えることがあるし、あなたが事を推し進めているように見えるために攻撃してくることもあるだろう。役割を果たすことを選択するなら、そうしたリスクを負うことになる。なぜなら、問題を前進させるには、それしか方法がないからである。

自己と役割を区別するのが極端に難しくなるのは、気の滅入るような方法で攻撃された場合だ。そんなときは、バルコニーに立ち、ほかの人からすれば私たちが象徴しているように見える難題と、本当の自分を区別し続けるのが、さらに難しくなる。

たとえば、ジェラルディン・フェラーロは、一九八四年に副大統領に立候補し、夫の商取引をめぐって手厳しく攻撃されたとき、大規模な記者会見をひらいた。ご記憶の読者もいるだろう。彼女は記者たちにこう言った。潔白を証明するために、どんなに時間がかかろうと、立ち上がり、すべての質問に一つひとつ返答する、と。実際、記者会見は数時間に及んだ。

これによって、人々の注意を本当の争点に引き戻すことができただろうか。答えはノーだ。彼女が質問に答えてなお、マスコミは読者と視聴者を代表して、新たな攻撃をしかけ続けた。なぜなら、フェラーロ家の財政状態は全く争点ではなかったからである。それは単なる目くらましだった。そして、長時間にわたる記者会見をひらいて、マスコミと国民をそんな目くらましに釘付けにすることは、はっきり言って間違っていた。本当の問題は彼女が体現している問題であり、アメリカにおいて間違いなく物議を醸す問題だった。女性が権力や仕事を持つとはどういうことか。女性が世界で二番目に強力な権力の座に就くことは何を意味するか。性の革命はわれわれの家族制度に何をもたらしたか。いずれも、公開討論や選挙で目の当たりにし続けてきたとおり、われわれの社会に今も存在する、簡単には答えの出ない難題である。

明らかな劣勢を挽回するため、体現している問題には触れないようにと、フェラーロは一九八四年の選対委員長に助言された。国際安全保障や貧困、税、予算の問題に的を絞り、女性の視点に立った話はしないようにとも指示された。さらには、女性にとって緊急を要する、たとえば機会均等のような問題は避けるようにともアドバイスされた。皮肉なことに、この助言に従ったために、彼女はみずからの経験によって形成された自分の意見ではなく、ありふれた見解を述べることになってしまい、ひいては、本当の争点とは何の関係もないプライベートな問題をマスコミに詮索させてしまったのかもしれない。

女性初の副大統領候補であった彼女は、その役割から、逃れたくても逃れられなかった。否応なく、女性の能力とものの見方に関する問題を体現しているように、国民の目に映ったからである。リーダーとして、彼女は役割を十分に果たす必要があった。そして、選挙運動の最後の四日間で、ついに、心からの言葉を紡ぎ出した。

私たちは、オリンピックで金メダルを取れるし、娘のサッカー・チームを指導することもできる。宇宙遊泳もできるし、わが子が最初の一歩を踏み出すのを手伝うこともできる。貿易協定の交渉もできるし、家計のやりくりもできる。……選択肢は無限にある。どんなものにもなることができるし、逆に、どれにもならなくてもいい。……私の立候補は、私だけでなく、すべての人のためのものだ。単なる象徴ではなく、突破口だ。単なる意見ではなく、全米の女性をつなぐ絆だ。私が立候補したことは、アメリカが平等を信条としていることの証にほかならない。平等を実現するときが、ついに来たのだ。[9]

ユダヤ系として初の副大統領候補となったジョゼフ・リーバーマンは、フェラーロを見て学んだ。二〇〇〇年の選挙運動中ずっと、敬虔なユダヤ教徒の役割をしっかりと演じたのである。およそすべての演説で、また機会を捉えて、彼はアメリカにおける信仰の役割について話をした。問題点に触れずにおくことも、当然と思われている役割を避けることもせず、自分が体現している問題を堂々と取り上げたのである。もしそうしなかったら、たやすく個人攻撃の的にされてしまっていただろう。

肝に銘じておこう。リーダーであるあなたを、人々は好きでも嫌いでもない。たいていは、よく知りもしない。彼らが好む、あるいは嫌うのは、あなたが象徴する地位なのだ。事実、誰もが知っているとおり、ある人を不意にがっかりさせると、ちやほやしていた態度があっという間に軽蔑に変わる。もし、モニカ・ルインスキーが、スーパーマーケットでショッピング・カートを押すビル・クリントンに出会っていたら、ハンバーガーを買おうとしているただの中年男性としか思わなかっただろう。

果たすべき役割とは別の、本当の自分を知って高く評価すると、役割の範囲内で、リスクを恐れず思いきった行動をとれるようになる。問題についての見解に人々に噛みつかれるときほど、彼らの反応によって自尊心をゆるがされることもなくなる。さらに言えば、現在の役割が一段落するか、あるいは行きづまった場合に、柔軟に、新たな役割を引き受けられるようになる。

どんなに大きな役割であっても、そこに表現される姿が、自分という人間のすべてであるわけではない。親、配偶者、子ども、さらには専門家、友人、隣人といった役割の一つひとつが、あなたという人間の一つの側面を表している。自分の中に錨を下ろして確固たる自己を保ち、それぞれの役割を認識・尊重すれば、リーダーゆえの苦悩にさらされることが、はるかに少なくなるのだ。

腹心を持ち続けよ。ただし、パートナーと混同するな

リーダーとして行動する際に孤軍奮闘しようとすると、おそらく壮絶に自滅して終わる。第4章で述べたような**協力者《パートナー》、そして腹心がいなければ、長期にわたって自分の中に錨を下ろすことは、おそらく誰もできないのだ。**

パートナーは、あなたの価値観の多くを、少なくとも戦略を共有し、組織やグループの境界を越えて行動してくれる。境界を越えて来るので、いつもあなたに信義を尽くすとはかぎらない。大切にすべき関係を、ほかにも持っているからである。実は、その点にこそ、パートナーの大きな意義がある。彼らは、競合する利害関係や、対立する意見や、状況把握のうえであなたが見逃している要素を、理解する手助けをしてくれる。あなたを強引にバルコニーへ引っぱっていき、「あそこにいる、あの人たちには注意したほうがいい。敵からもっと学ばないとだめだ」と助言してくれることもある。また、言葉巧みに相手を説得できる人なら、ほかのグループの人たちを積極的に関わらせて、あなたの連立関係を強固

にしてくれるかもしれない。

だが、私たちはときに、パートナーを腹心のように扱ってしまうという間違いを犯すことがある。腹心は、矛盾する忠誠心をほぼ持たない。彼らは基本的に、あなたの組織という境界の外側で行動する（利害があなたと完全に一致している、きわめて身近にいる人も、腹心の役割を果たせる場合がある）。実は、あなたにはパートナーと腹心の両方が、どうしても必要なのである。

パートナーにはできないことを、腹心はすることができる。彼らは、気がかりなことや考えていることを、わかりやすい簡単な言葉で言い直されることも、要するにこういうことだとまとめられることもなく、洗いざらい話せる場所を、あなたに提供してくれる。そこでは、あなたはどんな感情でも吐き出すことができるし、理路整然と話さなくても全くかまわない。やがて、ぐちゃぐちゃの気持ちや考えをすべて出すと、一つひとつを引き寄せて、価値のあるものなのか、それとも吐き出しただけのものなのかを分類できるようになる。

グロッキーになって一日の終わりを迎えても、腹心は元の状態に戻してくれる。また、目立つ存在となってリスクを冒すことがそもそもなぜ価値があるのかを、思い出させてくれる。

話を聞いてほしいと頼めば、問題よりむしろあなたのことを気にかけてくれる。あなたの関心事を共有する、でなければ、問題のことなどいっそ全く気にかけない。

腹心は、聞きたくないことやほかの誰も言ってくれないことをきちんと言ってくれる人、打ち明けた内容が職場に伝わる心配のいらない信用の置ける人でなければならない。彼らは、会議がうまくいかないときに電話のできる相手、さらには、事の次第をしっかり聞いて、どこで失敗したかを指摘してくれる人でもある。気持ちを吐露しても、自分の評判に影響するとも仕事に差し障るとも心配しなくていい。情報を管理する必要がなく、また、思うがままに話すことのできる相手なのである。

適応へ向けて取り組みを進めるときには、何度となく非難され、相当な苦しさや不満に耐えることになる。腹心の役目は、あなたが取り組みを完遂できるよう支えること、その過程であなたが負う傷を気遣うことだ。さらに言えば、取り組みがうまく進んでいるときには、得意になりすぎているぞと注意をし、自己満足に浸るあまり危険のサインに気づいていないときには、しっかり指摘してくれることも必要だ。

リーダーシップを発揮するという困難な経験を持つ、私たちの知り合いはおよそ誰もが、仕事をやり抜くために腹心の力を借りている。危機的な財政状況から州を脱出させるにあたり、苦しい選択を迫られている州知事は、近くに住む古くからの友人と夜にビリヤードをしている。新たな競争に勝つために、会社の価値観と文化を変えようとしているビジネスウーマンは、夜遅くに姉妹と長電話をする。組織で難しい変革を進めようとしている官僚は、二週間にわたる集中セミナーで出会ったばかりの、数千マイル離れたところにいる新たな仲間に電子メールを送っている。配偶者も、問題が夫婦関係や家族のあり方に関するものでないかぎり、優れた腹心になれる。ときには、腹心に直接的に関わってもらうこともある。「これから始めるプロセスはとても厄介だ。ときどき電話をして、思っていることを話すので、意見を聞かせてもらえないだろうか」。むろん、もっとさりげなく関わってもらうケースもある。

落ち込んで気が滅入っているときには、旧友や、一〇年以上も会っていないルームメイトや、いろいろなことを教えてくれた上司や教師、つまりあなたが果たす特定の役割ではなくあなた自身を気にかけてくれる人を思い浮かべてみよう。電話をかけて、話を聞いてもらえないか頼んでみよう。聞くと言ってもらえたら、洗いざらい話すこと。あなたのまわりだけでなくあなたの中で起きていることについて全体像をつかんでもらえるよう、抱いている感情についても包み隠さず話そう。

苦しくて誰かに話を聞いてもらいたいときには、腹心に相談するのと同様に、信頼するパートナーに相談したくなる。だがそれはやめたほうがいい。

第4章で紹介した、新聞デザイナーのサラを思い出してほしい。彼女はスタッフ、つまり、プロジェクト遂行のために雇ったデザイナーたちを、自分と同じくらい熱心に問題に打ち込んでくれるパートナーだと思っていた。たしかに、彼らは頼りがいのある支持者であり、有能なチームでもあった。そして、素晴らしいデザインを新聞の随所に展開し、独自の人脈を築き、見た目がものを言う時代に合わせるのを渋っていた記者や編集者の中に、味方を増やしていった。

だが、サラにとって、それは困難で孤独な仕事だった。昔からの仕事仲間は遠く離れた中西部にいた。家族はいなかった。信頼して何でも話せる相手が、新聞社の外に一人もいなかったのである。そのため彼女は、雇った若いデザイナーたちに信頼を寄せ、愚痴をこぼしたり、経営陣や頭の固い編集者や記者の中に扱いの難しい人がいることを打ち明けたりした。わけても不満を漏らしたのは、報道部を仕切っている古参の社員についてだった。忍耐強さもなければ聡明さもなく、彼女が導入しようとしている洗練されたデザインへの変化や、高品質な紙面づくりに対する彼女の高い基準に対応しようとしない、というのだった。

古参の社員たちは、この新聞社のいわば聖域を歩んでいた。多くは労働者階級の出身で、築いてきた仕事と専門的技術に高い誇りを持っていた。勤続年数が長く、順境のときも逆境のときも、新聞社とともに歩んできた人がほとんどだ。社内に親戚がいる人も多く、息子や娘が経営サイドで、あるいは記者や編集者として働いていた。彼らは家族だった。

若いスタッフを頼るとき、サラはパートナーと腹心を混同してしまっていた。補佐役のドンも、その一人だった。ドンは有能で、我が強く、神経質で、紙面の視覚的な要素をもっと重視することに、サラと同じくらい熱心だった。パートナーとして貴重な存在だが、だからといって個人的な味方というわけではなかった。それどころか、ドンはサラが癇に障る扱いづらい人だと気づき、人々の意識や習慣を変えるのも厄介だが、そこに彼女の性格という問題も加わっていると思った。

ドンは、サラの仕事を自分がやりたいとも思った。プロジェクトを進めるうえで、仕事量もスピードも自分のほうがはるかに勝っていると思ったのだ。残念ながら、何でも話せる相手を求めるあまり、サラは彼の疑念や妬みのサインに気づかなかった。実際には、ドンは機会あるごとにサラに攻撃を仕掛けていた。サラが社員の誰かについて批判的な考えを口にすると、ドンはあとでそれを誰かに、ときにはその社員本人に告げ口した。サラはドンを信頼していわば避難港になってもらい、感情を打ち明けていたが、ドンはサラが癇癪玉を破裂させると吹聴し、見苦しい行動だと述べた。ときには、そうした話がもとでサラは面倒に巻き込まれたが、わずかな間だった。編集長はたいてい、そんな話は根も葉もない噂だとし、味方であり続けてくれた。

そんなある日、サラはあるデザイン業界誌の取材を受けた。話す相手が自分が本来所属する業界の人とあって、サラは警戒心を解いてしまった。新聞記者が読むような雑誌ではなかったので、ニュース編集室にいるときほどには話す内容に神経を尖らせなかった。サラは、新聞記者の知性や能力を小馬鹿にし、彼らを手ひどく中傷する発言をした。ドンは、その雑誌の定期購読者だった。彼は記事を読み、侮辱的な言葉に気がついた。そして、何枚かコピーをとり、挑発的な発言にマーカーで印をつけ、経営陣に配布した。

今度ばかりは、編集長も、決定的な動かぬ証拠と認めないわけにはいかなかった。紙面を一新するサラの取り組みは素晴らしい成果を上げていたが、もうそれ以上彼女をかばうことはできなかった。数週間のうちに、サラは新聞社を去り、ドンが後任になると発表された。

サラは、誰もが犯しがちな間違いをした。孤独や不安やストレスなどの重圧に見舞われると、誰かに胸の内を洗いざらい聞いてもらいたいという思いが強烈に強まる。その心境になると、いともたやすくパートナーと腹心を間違えてしまうのだ。サラは、問題に対する考えが同じだからという理由で、ドンが個人的にも自分を支持してくれると思ってしまった。だが、パートナーを腹心にしようとしても、状況しだいで、いつ、彼ら自身の優先事項やグループに対する約束か、それともあなたに対する約束か、どちらを選択することになるか知れたものではない。ただ、先にした約束のほうが優先なので、先に決まった忠誠のほうが、ふつうは重視されることになる。

どんな状況になったら、選択することになるのか。ドンに関して言えば、それは明白だった。彼はそもそもサラが好きではなかったし、自分がリーダーになったほうがうまく速くプロジェクトを進められると思っていた。サラは彼に攻撃材料を与えてしまい、そのどれかが結果を出すのは時間の問題でしかなかった。ただ、パートナーが問題だけでなくあなたのことも気にかけている場合、両方を大切にしてほしいと頼むと、パートナーを難しい場に追い込んでしまう。この二つはできるだけ、別々に分けておいたほうがいい。

パートナーには、いちばんの親友がなることもある。親友というのは、人生のさまざまな面について互いに本音を打ち明けられるかもしれない。だが、仕事に関しては、利害関係や信義を尽くす先が、部分的には同じでも、完全には一致しない。関係を維持するためには、二人を隔てる境界を尊重すること、そして信義と信義がぶつかるときは、互いの信義を大切にすることが不可欠になる。もっとも、およそあらゆる職業で、それは言うは易く行うは難しである（例外は、立法政策に関わる人たちだ。彼らは、支持者からの圧力が対立していることについて、率直に述べることに慣れている）。第4章で紹介したトム・エドワーズとビル・モナハンは珍しいケースであり、彼らは対立する利害について夕食後に率直に話せたために、関係を守ることができた。「すまないが、トム、この件に関してはきみの味方になれない」。だがふつうは、パートナーは二つの信義の間で板挟みになり、どう言っていいかわからなくなる。そして、あなたとの間に距離を置くことになる。

経験から言って、**パートナーを腹心にしようとすると、その人を苦境に陥れ、大切な関係を危険にさらし、多くはパートナーも腹心も失う結果になる。**腹心はあなたを見限り、頼りになるパートナーもいつの間にか離れていってしまうのである。

心安らぐ場所を探す

信義に厚い腹心とともに、すぐに使える安らぎの場所を持つことも、なくてはならない物理的な心の支えに、そして活力源になる。ところが、水や食糧を持たずに険しい山を登ろうとする人はいないのに、気持ちを落ち着かせ、エネルギーを取り戻す場所を確保せずにリーダーシップを発揮しようとする人は数知れない。

心安らぐ場所とは、熟考と回復の場所、ダンス・フロアと大音量の音楽から離れて自分と対話できる場所、真の自分と目的を再確認できる場所である。バルコニーは、リーダーシップがもたらすダイナミクスを広い視野に立って見つめるための場所だが、それとは違う。バルコニーに立って行う分析は、骨の折れる作業になる可能性がある。一方、心安らぐ場所では、あなたは世界から完全に切り離され、肉体的にも精神的にも解放感を覚えることができる。日常の習慣やストレスも、しばし消え失せる。そこは身を隠す場所ではなく、気持ちを静め、苦しい経験から学びを得て、自分を立て直す安息の地である。

ストレスにさらされ、時間に追われると、私たちは心安らぐ場所というエネルギーの源泉を真っ先にあきらめてしまうことが、あまりに多い。そんなものは贅沢だと考えてしまうのだ。そして、心安らぐ場所が何より必要なときに、ジムへ行くことや日課にしている近所への散歩をやめて、オフィスで残業をする。だが、きわめて困難な仕事に取り組んでいるときこそ、日常にそうした場所を確保することが必要だ。それは、本質的で、何人《なんぴと》たりとも侵すことのできない本当の自分を思い出させ、健康を保ってくれる場所なのだ。

そんな心安らぐ場所として、特定の場所を勧めるつもりはない。それは、ジョギング・コースにしている道でもいいし、友人宅でお茶を楽しむときのキッチン・テーブルでもいい。セラピストのオフィスでも、アルコール依存症の克服を目指すグループでも、座って瞑想するための自宅の部屋でもいい。あるいは、家と職場の間にある公園や礼拝堂でもいい。心安らぐ場所がどんな様子だろうと、どこにあろうと、それは問題ではない。静かな場所である必要さえない。激しく打ちつける波のように、大きな音が響く場所であってもいいのだ。大切なのは、熟考を促す場所として自分に合っていること、その場所に毎日行けることである。週に一度では、十分ではない。

ロナルドは、公私ともに引っぱりだこになりすぎて、人生でとくに多忙を極めていたときに、子どもたちを毎日学校へ迎えに行くようになった。彼は、いくつかの委員会を辞め、出張を減らし、午後は予定を入れないようにした。学校が終わって子どもたちが出てくるのはたいてい午後三時半だ。当時一年生と二年生だった子どもたちを迎えに行くのは、生やさしくはない経験だった。

実際、三時になると、彼は無理にでもオフィスを出なければならなかった——「重要な」電話をまだかけられていなくても、するべき面白い仕事が残っていても、できたはずのことがまだあっても（彼はたいてい三時一〇分に、ダッシュでオフィスを出ていった）。

猛烈な勢いで車を飛ばすものの、学校に着くと、迎えに来た車の長い列に並ばなければならなかった。彼は一方の手に携帯電話を、もう一方にICレコーダーを持ち、寸暇を惜しんで仕事をした。「ここで私は何をしてるんだ。やらなきゃいけないことが山ほどあるのに！」と心の中で愚痴をこぼすこともしばしばだった。少しずつ前へ進んでようやく列の先頭に来ると、子どもたちの顔が見えてくる。一人ずつ乗るように言っても、全く聞きやしない。リュックサックを投げ込み、われ先に、よじ登るようにして、それぞれのいつもの席に着く。それから、子どもたちのお話が始まるのだが、それをロナルドは、夕食のときには聞いた覚えがなかった。というのも、どうやら子どもたちは一度だけ、最初に会った人にしか話さないらしかったからである（寝かしつけるときにロナルドが黙っていれば、二度目を聞けることは、あとでわかった）。

ロナルドはあっという間に、すっかり別の人になった。猛烈な勢いで仕事をする人間が消え、一人の父親になって冷静さを取り戻したのである。ほんの三分か四分の間、話したり笑ったりすることが、いや子どもたちの問題でさえもが、彼に癒やしの魔法をかけた。彼は、全く別の世界に錨を下ろし、深く結びついているのを感じたのだった。

リーダーとして行動しようと思う人はみな、心安らぐ場所を持つ必要がある。気を散らすものをはじめ、洪水のような情報、緊張、誘惑に流されないための錨も、すべての人にとって不可欠だ。リーダーとして行動する際には、当然ながらさまざまな感情を抱くことになる。そうした感情を整理する時間と場所を持たなければ、それらにうまく対応することはできないのだ。

†　†　†

人間は、絶え間なく変わる現代世界に対応できるように生まれついていないため、足りないものを補う必要がある。錨を手に入れ、持ち続けることは基本的に、自分を大切にできるかどうかの問題であり、行動規範であり、目的なのだ。実際、この気づきは重要だ——自分の価値観と大きな夢を十分に実現するためには、自分自身を気遣う必要がある、と。現代世界に負けないための対応策を持たなければ、私たちは大局的な視野を失い、重要な問題を危険にさらし、自分の未来を危うくしてしまう。一体何が危険にさらされているのかを、私たちは忘れてしまっているのだ。

第10章 なぜ最前線に立つのか

ここまで、「どうすれば、リーダーとして行動し、生き残ることができるか」という問題に対し、実地に役立つアドバイスを述べてきた。さまざまな答えを提供したが、いずれも生半可な気持ちで実践できるものではない。状況を分析し、問題と利害関係、および周囲の人々に合った変革のペースを理解できるかどうかにかかっている解決策もある。意見の衝突に対して戦略的な「包み込む環境」を生み出せるかどうかがカギを握る解決策もある。変わり続ける状況と、難題回避のパターンと、計画からの逸脱に、素早く対応する戦術的能力がものを言う解決策もある。さらには、個人としての強さ、人間関係、エネルギーを取り戻す習慣の中で見出される解決策もある。

しかし、「なぜ、リーダーとして人々を導くのか」という根本的な問題については、まだ探究していない。先頭に立って導くという挑戦を、なぜあえてするのか。なぜ、みずからを危険にさらすのか。なぜ、耐えがたいほどの抵抗を受けつつ、前進し続けるのか。椅子を円形に並べていたロイスのように、会議に招集をかけても誰も来ないとき、前進し続ける原動力をどこに求めればいいのか。

私たち二人はどちらも、神学については全く明るくない。一方で、マーティは政治学とメディア学に、ロナルドは医学と音楽に精通している。つまり、こう信じてやまないのだ。これらの問いに対する答えを得るには、あなた自身の人生の中で意味を与えてくれるものを見つけるほかない、と。

およそすべての人にとって、生き残るだけではだめだ。仮に、生き残ることが目的であるなら、最終的には間違いなく失敗することになる。私たちは永遠には生きられないからである。だが、この明らかな事実を受け容れるのは容易ではない。また、生き残ることがテーマの本なのに、死を受け容れるという考えを促されるのは、皮肉に思えるかもしれない。しかしながら、積極的にリスクを冒し、意義深い前進を図るという考えは、死が必然であるという気づきがいくらか土台になっている。leadという単語でさえ、「出発する」「死ぬ」を意味するインド・ヨーロッパ語に由来する。[1] 北アイルランド人の仕事仲間のヒュー・オドハティーがさりげなく諭すように、「死は、いずれ必ずあなたをつかまえる」。何ものも、永遠には続かない。**大切なのは、生きている間に、人生の意義をいかに深めるかだ。**

二〇〇一年九月一一日、ペンシルベニアの平地に墜落したユナイテッド航空九三便の乗客について、もう一度考えてみよう。ワールド・トレード・センターに激突した航空機の乗客と違い、九三便の乗客は、自分たちがこれから死ぬことを知っていた。確実な死を突きつけられた乗客らは、ハイジャック犯に計画どおりの行動をとらせず、地上の数えきれないほどの人命を救うことによって、人生に深く壮烈な意味をもたらした。

幸い、命を懸けなくても、意味と意義を生み出す源は無数にある。ＤＮＡ合成の研究に打ち込み、謎を解き明かす生物学者の驚嘆。バッハの組曲を演奏するときの、ピアニストの喜び。社会の人々に仕事と繁栄をもたらす、事業主の充実感。すやすやと眠るわが子の寝息だけが聞こえる、深い静寂。

意味の源には、稀なものもある。どんな才能やチャンスや経験を手にするかが、大きくものを言う場合だ。だが、誰もが、いつでも、どんな状況にあっても手にできる源が、少なくとも一つある。ほかの人とつながって、人生がいっそう豊かになるとき、人は意味を見出すのである。

最期を迎えようとしている人が、「会社でもっと多くの時間を過ごせばよかった」と言うのを、私たちは聞いたことがない。彼らが語るのは、無数にある、人生のほかの喜びのこと、すなわち、家族や、友情や、自分の人生がさまざまな形で人々の心を動かしたことや、自分の仕事がほかの人になんらかの意味をもたらしたことだ。生の源を、いのちの輝きを、何があっても信じ続けると、人はそのような絆を経験する時間をもっと持ちたいと思うようになるのだ。

そうした意味の源が究極にシンプルな形で現れるのは、不安定きわまりない戦場だ。兵士はなぜ、死の危険を進んで冒すのか。意味はあるが、権威への服従ではない。価値はあるが、崇高な理想のためでもない。言うまでもなく重要なことだが、自分が生き残るためでもない。彼らが塹壕から這い出て戦いの場へ身を躍らせるのは、同じ小隊の仲間を大切に思うからだ。もし彼らが出てゆかなかったら、仲間を危険にさらすことになる。仲間に対する信義と思いやりが、彼らを行動へ駆り立てるのである。[2]

それを、フィル・ジャクソンはこう表現した。「勝てるチームをつくる秘訣はこれだ。自分自身より大きなものと結びつくことで、選手は真価を発揮する。そこに訴えかけるんだ」。マギー・ブルックにとって、それは、友人や隣人に酒を断ってもらい、ネイティブ・アメリカンの居留地を救うことだった。イツハク・ラビンにとっては、神から賜ったと聖書に記されている土地と、心から欲しいと願う平和の両方を手にすることはできないという現実に適応させるべく、イスラエルの人々を動かすことだった。IBMのジョン・パトリックとデイヴィッド・グロスマンにとっては、かつてのグレート・カンパニー――彼らが勤め、心底大切に思うコミュニティ――が、変化の激しい世界に適応し、もう一度繁栄できるよう、手助けすることだった。

いずれのケースにおいても、また本書で紹介しているどの事例においても、ともに生き、ともに働く人たちに貢献したいという一人の人間の欲求に、リーダーシップは後押しされている。

かくして、「なぜ、リーダーとして人々を導くのか」という問いに対する答えは、シンプルであると同時に奥が深い。人生に最も本質的な意味をもたらすものは、他者との絆を求める切実な気持ちから生まれる。そして、リーダーとして行動すると、通常の利害――友人や同僚からの好評価、物質的利益、あるいは成功という一時的な喜び――を超えた意味が、人生に加わる。なぜなら、リーダーシップは私たちを、素晴らしい形でほかの人と結びつけるからである。そのような結びつきを表すために、基本的な単語を、私たちは使っている。「愛」である。

こういう文脈で愛について述べるなど、プロなのに何を甘っちょろいことを、と感じる向きもあるかもしれない。だが、人生に豊かな意味をもたらすものの中心に愛があることは、否定できない。愛は、組織や地域社会、クラス、家族、いずれにおいても、あなたの行動に意味を与える。私たちはもっともな理由、すなわち、人々の人生に大きな意味をもたらしたいと願うがために危険を冒す。リーダーとして先頭に立つと、愛を十分に注ぐことが可能になり、また、その意欲を掻き立てられるのである。

愛

人間は、いつの時代にもコミュニティをつくってきた。最初は拡大家族から始まり、それが百万年以上にわたって人間の基本的社会単位になっていた。近年（一万年前）になると、農業が興り、遊牧生活に終止符が打たれた。人間は、一つの場所にとどまり、富を蓄え、大規模に組織を築き、集落と社会をつくり始めたのである。しかしながら、あらゆる文明の永続的基盤は互いに対する情愛にあり、この情愛、つまり信義の心は、ほかの人たちに対して愛情や思いやりや関心を持つ能力が基礎になっている。家族への情愛は、社会生活の基盤になる。そして、家族への情愛の基本要素は、子どもを育てて守る哺乳類の能力である。

この一万年の間に文明が複雑さを増したために、信義を尽くす範囲が、家族や町や民族を越えて広がるという課題が生じている。実のところ、三千年紀に入るのが合図だったかのように、人間はグローバル化する社会の中で、リスクとチャンスを探究・経験するようになっている。その一つの例として、EU（欧州連合）は大胆にも、多様な国家が繁栄する構造をつくろうと挑んでいる。そんな散在する信義を、人々は文化、民族、信仰、言語、歴史的対立といった数々の境界を越えて維持できるのか。この挑戦の難しさを証明する悲惨な例は多々あるが、二〇〇一年九月にアメリカが見舞われたテロの惨劇もその一つである。

人間の世界は今、愛とコミュニティについて実験を行う場になっていると言っていいだろう。多様性を認め、やがてそのよさがわかったら、ますます多くの人がともに繁栄できるようなコミュニティを築く努力が始められる。CEOが事業を成功させて、新たな雇用、新たな富、新たな充実感や喜びの源を生み出すとき、基本的に、その大きな意義はほかの人たち（顧客、従業員、利害関係者）の人生に変化をもたらすことによって生じる。そして、そのような変化をもたらす根本的な力として、愛のよろこびが活用されている。

メドトロニック社（心臓ペースメーカーや除細動器をはじめとする医療機器メーカーとして素晴らしい成功を収めている）の株主価値は、一九八五年から二〇〇一年の間に年率三七パーセント（複利）で向上した。CEOのビル・ジョージは、年次株主総会で「株主は二の次、いや三の次だ」ときっぱり言い切ったことでマスコミに知られており、次のように述べている。「わが社が目指すのは、株主価値を最大にすることではない。われわれの医療機器を使う患者にとっての価値を最大にすることだ。情熱あふれる従業員が顧客に尽くし、おかげで優れたサービスを顧客に提供できる。そこから、株主価値は生まれるのだ」。彼の言うとおり、「メドトロニックのミッション、すなわち、患者に十分に回復してもらうことは、日々の努力や、市場シェアをめぐる戦い、株式市場の変わりやすさ、幹部職の定期的な異動に勝る。

ミッションという光は北極星のように、二万五〇〇〇人の従業員を照らす。われわれはその光を判断の基準として、各自の内なる羅針盤を修正していくのだ」。[3]

この羅針盤は、人々が針路を外れたときでさえも、さっと正しい方向へ導き、愛し愛されるという行動を指し示す。それは、哺乳類ならではの経験、わが子に対する母親の情愛であり、これを出発点として、人間は、わが家から遠く離れても愛することができるという、誰もが持ちうる能力を育ててきた。あなたの仕事は、心臓の鼓動を助けるメドトロニックの社員の仕事ほど直接的に誰かに貢献するわけではないかもしれない。しかし、成功すれば両親や恩師や家族や友人に誇りに思ってもらえることは、想像するまでもないはずだ。成功は愛の代わりになる。つまり、成功したという実感の重要な部分、いや核心は、愛する人たちとの絆をあらためて経験することによって生まれるのである。

リーダーシップが、誰もが実践でき、そんなにも強力に意味を生み出すなら、本書の最初に記した言葉を今一度じっくり考えてみよう。「リーダーシップを発揮する機会は、毎日、私たちの前に現れる」。一体なぜ、私たちは、現れる機会のほとんどをはねつけるのか。

本書では、大半を割いて、私たちに二の足を踏ませるリーダーシップのリスクについて、また障害を小さくし、危険を減らす方法について述べてきた。三〇年以上にわたり数千の人たちと行ってきた研究の中で、二の足を踏む理由として何度も登場するのは、突きつめれば次の二つである。

》「数字という物差し」の神話にとらわれ、動けなくなる

》「大切なのは形式ではない」ことを忘れる

「数字という物差し」の神話

成功が、見えたり、触れたり、感じたりできる、何より数字で表せる場合にしか、一歩を踏み出すことにリスクを冒す価値があるとは考えない人がいる。だが、**何かを成し遂げた回数によって人生に満足を覚えようとしても、その成功は結局、生き残ることを目標にする場合と同程度でしかない。**

意味を測ることはできない。ところが、私たちが生きている世界は何でもかんでも数字という物差しを使い、多くの宗教団体でさえもが、あろうことか市場占有率によって成功を測っている。布教競争における、目下の勝者は誰か。カトリック教徒か、主流派プロテスタント教徒か、それともモルモン教徒、福音主義者、イスラム教徒、仏教徒、ヒンズー教徒か。ユダヤ教を捨てた者は何人いるか。

布教の意味を、「より多くの人に影響をもたらす」という意味に歪めてしまっている宗教団体さえもある――魂が、あたかも数字で表せる商品であるかのように。有り体に言って、布教とは、善良で立派な人生を歩もうとする日々の努力に、本質的に数字で表せない精神性を加えるものであり、それを、数値一つで促進される競争世界で行うというのは、違和感を否めない。「布教」を表す mission という語はほかに「(外国への)使節」「(戦闘地域での)任務」などの意味を持つが、いずれもコミュニティの外部に対して行う事柄のことであって、内部の活動を促進するものではない。どうも、私たちはときおり、「一人の人間を救うことは、全人類を救うことに等しい」ことを忘れてしまうようである。[4]

数字という物差しがたいへん有用なのはたしかだが、意味に満ちた人生を送る方法を教えてくれるわけではない。本質価値を持つものは数字で表せないことを肝に銘じたうえで、日々数字を使うことが肝要なのだ。医療を例にとって考えてみよう。リソースも時間も足りないために、助けを必要とする全員を治療するわけにはいかない場合、トリアージを実施する。つまり、提供されうる処置を受けることによって治る、あるいは助かる見込みの高い人を選別する。結果として、残念ながら、最も可能性が低い人は、最も少ない治療しか受けられないことになる。だが一方で、測定ツールを使って、血圧や心拍数、血液化学物質などをチェックせずに医療行為を行うことは考えられない。計測ツールのおかげで、命を救うことができるのだ。ビジネスや公共施策においても、絶えず製品や結果の価値を計測したうえで対応し、磨きをかける。家計においても、家族が最も価値を置く活動に金を割り当てる。だが、計測ツールがどれほど有用であっても、いつも使っているからという理由だけで、むやみに用いるなら、誤った方向へ導かれてしまう。

天に召される順番がやってきたとき、裁きの天使にこう尋ねられるなどと、いったい何人が信じるだろう。「なぜ、一六人ではなく五人の子どもに、文字を教えたのか。なぜ、二万三四二一ではなく八〇三の雇用を生み出したのか。なぜ、七一八人ではなく四三三人の命を救ったのか」。歴史家の推定によれば、ハーバート・フーヴァーは、第一次世界大戦中、緊急救援事業を組織して一〇万人以上の命を救ったという。この事実よりも、一九二九年の株価大暴落の直後や、それに続く世界大恐慌の間に、アメリカ大統領として経済を回復させられなかった事実のほうが、はるかに重要なのだろうか。大統領時代の彼の失敗から多くの教訓が得られたが、だからといって、その人道的な取り組みの価値を測定したり下げたりできるだろうか。

ロナルドは、コロンビア大学を卒業する前に、二〇世紀最大の科学哲学者の一人、アーネスト・ネーゲル教授と話をした。ロナルドはこう尋ねた。「どんなことをいつも問いかけているのですか」。年配者らしい穏やかな物腰で、ネーゲルは次のように答えた。「『測れないものは何か』と、私はいつも問い続けている」。何もかも測れるわけではないことが示唆されているのは、言うまでもない。ロナルドは胸を躍らせて言った。「シェークスピアが書いた、ロミオに対するジュリエットの台詞と同じですね。『……差しあげれば差しあげるほど、私の中の愛が増えていきます……』」[5]

長く仕事をするうちには、およそ誰もが、数字という物差しの神話に巻き込まれ、その負の影響を受ける。なんだかんだ言って、私たちの文化には努力の成果を数字で測ろうとする強力な圧力があるし、「より大きな」責任を引き受けたり、「より大きな」権限や富や地位を得ると、とても誇らしく思うものなのだ。いや、ある程度であれば、そう思うのもいいだろう。だが、数字という物差しを手段にすることは、数字で示せばあらゆるものごとの本質価値がわかると信じることと同じではない。立派な行いを測定することはできないのだ。

アメリカにおいては、野球ほど多くの子どもに、数字で測るという行為を教える活動はないだろう。

実のところ、野球はありとあらゆる部分が数字で測られ、選手という選手が、歩く「統計データ」になっている。この統計の数字を、アメリカ中の子どもが記憶し、話題にする。

統計データから見て、ハンク・グリーンバーグは当時屈指の選手の一人であり、一九三〇年代から一九四〇年代にかけて、野球ファンは彼の出す記録に注目し続けた。グリーンバーグは、戦時中を除く一九三七年～一九四七年において（彼は従軍した最初の大リーガーの一人だった）、ほかの誰より多くのホームランを打った。また、生涯打率、通算打点、ホームラン数によって、殿堂入りを確実にした。打撃に関しては、一試合平均〇・九二五打点という一位タイ記録を含め、今なお歴代一位の記録を保持している。一九五六年に殿堂入りを果たす際の得票率は、実に八五パーセントだった。数字に異常なほどの関心が寄せられるスポーツにおいて、グリーンバーグの成績は当時の、いや、あらゆる時代の最高の選手の中でも際立っている。だが、彼の偉大な業績の一つ、野球に対する素晴らしい貢献の一つは、数字で表すことが全くできない。

グリーンバーグは、プロになってからずっと、デトロイト・タイガース一筋でプレーしていた。戦後に復帰したのち、やや精彩を欠くようになったことは否めなかったが、打撃の素晴らしさは相変わらずで、ホームランと打点の両方でリーグ・トップの成績を収めた。チームも、アメリカン・リーグで二位と、まずまずの結果を出していた。だが、一九四六年のシーズン終了後、タイガースのオーナーであるウォルター・ブリッグスとグリーンバーグとの間で気持ちの行き違いが生じたこともあり、唐突かつ驚くべきことに、タイガースはグリーンバーグをウェイバー公示し、彼に対する支配権を放棄した。アメリカン・リーグの球団オーナーは誰も獲得の申し込みをしなかったが、ブリッグスが事前に根回ししていたためであるのは明らかだった。結局、ナショナル・リーグのピッツバーグ・パイレーツが、グリーンバーグを獲得することになった。しかしながら、野球界屈指の偉大な選手にとって、そんな名誉を傷つけられるような現役生活の終わり方をすることに、どんな意味があったというのだろう。彼は、トップレベルのチームから最下位のチームへ、アメリカン・リーグからナショナル・リーグへ、プロになって以来ずっと過ごしてきたデトロイトから、一人として知り合いのいないピッツバーグへ移ったのである。いったい誰が、華やかだったキャリアを、まるで追い払われるような形で締めくくりたいと思うだろう。

だが、彼が移籍した一九四七年は、ジャッキー・ロビンソンが人種差別の壁を壊して、ブルックリン・ドジャースと契約し、黒人初のメジャーリーガーになった年だった。彼は、あらゆるチームのファンから、そして対戦相手の選手らから、たちの悪い嫌がらせを受けた。ユダヤ人のグリーンバーグも、プロになってずっと、さんざんヤジを飛ばされてきた。だが、忍耐と成功によって崇拝される選手になり、今は、新しいチームに加わって、ベストを尽くし、現役生活を全うしようとしている。ロビンソンのほうが自分より状況が苛酷だと承知しつつ、一方で、彼自身も心ない人種差別発言を受けてきたため、ロビンソンとは相通じるものがあった。同シーズンの早い時期に、グリーンバーグはこう述べた。「私には彼の気持ちがよくわかる」[6]

五月半ば、ロビンソンは彼にとって初めてとなるパイレーツとの対戦のために、チームとともにピッツバーグへやってきた。開始早々、ロビンソンは野次られ、侮辱された。ファンからだけでなく、グリーンバーグが所属するパイレーツの選手たちからも、である。

そのときの様子を、グリーンバーグは次のように振り返っている。「金曜の午後にジャッキーがピッツバーグにやってきたとき、そこには大勢の人が集まっていた。私たちは最下位、ドジャースは一位だった。南部出身の選手たちがベンチから、ジャッキーに向かってヤジを飛ばし続けた。『ヘイ、黒人野郎、ヘイ、真っ黒な黒んぼ野郎。ボコボコにやっつけてやる。おまえなんかに野球ができるかよ。……このろくでなしの黒人野郎め』」

試合が始まってまもなく、ロビンソンが一塁に出た。リードをとったが、盗塁させまいとしてピッチャーが牽制球を投げたため、戻らざるを得ず、一塁手のグリーンバーグめがけて勢いよくスライディングした——まさにそうした迫力あるプレーが圧倒的だったために、スーパースターになり、殿堂入りを果たしたグリーンバーグと同じように。

場内がしんと静かになる。ふつう、激突された一塁手は激しい言葉を投げつける、いや悪意のこもった目でにらみつけることさえある。少なくとも、スライディングした選手が立ち上がって土を払うのを、一歩下がって傍観する。実際、その年にロビンソンが見せたファイトあふれるプレーに対し、ピッツバーグでもほかの町でも、多くの選手が、土を払うロビンソンに向かって、怒ったり罵ったり悪態をついたりしていた。

だが、グリーンバーグは、そうした行動を一切とらなかった。さりげなく、ロビンソンのほうへ体を傾け、手を差し延べて、彼が立ち上がるのを助けたのである。スタンドと両ベンチの誰もが、目を留めないわけにはいかない光景だった。

ロビンソンが次に一塁に出塁したとき、彼とグリーンバーグは軽く言葉を交わした。グリーンバーグは、先ほどのスライディングで怪我をしなかったかどうか尋ね、心ない野次のことは放っておくようにアドバイスし、その日の夕食に誘った。

試合後、ロビンソンは、グリーンバーグをヒーローだと述べた。「一流はやはり違う。何もかもが一流だ……」

グリーンバーグの行為は、ロビンソンにとって大きな意味があっただけでなく、ロビンソンがたしかにメジャーリーガーの一人であることを、パイレーツとファンに知らしめた。グリーンバーグがロビンソンを認めるなら、ロビンソンはまず間違いなく、ほかの人々にも認められるにちがいなかった。

グリーンバーグの行為の価値を、数値で表すことはできない。たしかに、プロとして築いたホームランや打点の素晴らしい成績があったから、彼の信頼性が高まり、ロビンソンや野球界やアメリカ社会に影響をもたらすことができた。偉大な「ハンクス・パンクス」（彼のニックネーム）が正義のために立ち上がったからこそ、ファンやチームメイトが注目したのも事実だ。だが同時に、弱小チームでプレーした現役最後の年の彼の行為は、新たな状況と意味を、現役時代の全ホームランや打点を数値で示すだけの統計では決して表せない意味を、それ以前の年月に加えたのではないだろうか。

数値で示すことはきわめて有用なツールであり、その実用性をないがしろにしようとは思わない。

私たち（本書の著者）が教える授業でも、その四分の三が数字を頼りにしている――費用対効果分析にしても、経済分析、政策分析、財務分析にしても。これは、メディカル・スクールやビジネス・スクールでも同様である。だが、数字で表すことは、数多ある巧みな技術の一つにすぎず、人生や組織に価値をもたらすものの本質を示すことはできない。

「数字という物差し」の神話を認めてしまったら、二〇年か三〇年仕事をしたあと、どんなことが起きるだろう。重要な役割と責任を担う人間になったのちに、その役割を失ったとき、何が起きるだろう。おそらく、次の職や次の仕事も、やはり「重要」でなければならないと思うようになる。そうでなければ、する価値がない。そうでなければ、自分の存在意義がない。「数字という物差し」の神話を認めてしまうと、前職と同じく数字で測る以外、愛したり気遣ったり、与えたり大切にしたりする新しい方法を見出せない。退職や離職をしたあと、次にするべき大きなことを見つけられず、そのせいで生きる張り合いをなくしてしまった人が、あなたの周囲にもきっといるはずだ。

幸いにも、この罠にかからなかった人がいる。

ロナルドの父親のミルトンは、その専門的職業、すなわち神経外科において、当代十指に入る腕の持ち主と評価されていた。彼はまた、世界中の脳外科医が使う手術器具も考案した。直接的、間接的に、彼は数千人の命を救ったのだった。

引退後、ミルトンは若い頃に夢中になったことの一つ、天体観測を再開した。ところが、その分野の本に満足できるものが見当たらず、自分で書くことにした。[7] 子ども向けにと思って書いたその本を、彼は七人の孫に捧げた。その中にはむろん、ロナルドの二人の子ども、デイヴィッドとアンニも入っていた。

出版後まもないハロウィーンの夜のこと、ロナルドの家を両親が訪ねてきた。子どもたちは、菓子をねだりに家々をまわりに出かけた。リック・ステンプルが一緒だ。リックは家族ぐるみの古い友人で、学生時代にロナルドの家に下宿し、今は音楽教師をしている。晩のひとときをにぎやかに過ごし、リックが帰ろうとしたとき、ロナルドが父親のできたばかりの本をプレゼントとして差し出した。ロナルドの家族みんなに囲まれながら、リックが本をぱらぱらとめくる。それからミルトンのほうを向いて、ペンを貸してほしいと言った。ミルトンが微笑んだ――リックへのメッセージにさて何と書こうかと思案しながら。

リックはペンを受け取ったが、本を差し出した相手はミルトンではなかった。彼は片膝をつき、ミルトンの孫の名前が並ぶ献辞のページをひらき、デイヴィッドとアンニにサインを求めたのである。やりとりを注視していたロナルドは見た――幼い孫たちが、献辞のページに、三センチ近い大きさの文字でサインするのを見守る父親の目に、涙があふれるのを。臨床医学に携わって四〇年、数えきれないほど多くの命を救ってなお、ミルトンにとって、その瞬間の意味は何ものにも代えることはできなかったのだった。

大切なのは形式ではない

数字という物差しが、人生の本当の意味を理解するうえで重要でないのと同様、**どのように貢献するかというその形式も、中身の重要性に比べれば取るに足りない。**シェークスピアの壮大な悲劇『リア王』の中で、リア王は宮廷の役割と形式にとらわれるあまり、誠実な末娘コーディリアの愛情表現が淡泊すぎると思い、彼女を追い払う。そして、二人の姉娘の迎合と見せかけの愛にだまされ、二人に領土を与えてしまう。ようやく正気に返ったとき、王は言う。「今までわしはどこへ行っていたのだ。ここはどこだ」。だが、時すでに遅し。王は国もコーディリアも失ってしまう。[8]

どうすれば、リア王のような過ちを犯さず、手遅れにならないうちに形式と内容の違いを知ることができるのか。

ロナルドは、キャリアを積み始めて間もない頃に、ライフ・エクステンション研究所（ニューヨークにある、企業経営幹部を対象に健康診断を行う医療施設）で仕事をした。詳しく話を聞いた大勢の社長や重役が、五〇代も終わりに近づきつつある今、思い返せばずっと「市場を制する」ことに全力を注いできた、と述べていた。目を見はるような成功を収めている人も少なくなかったが、多くが、引き替えにあきらめたものをふまえて人生を理解することが、なかなかできずにいた。それぞれに悩みを抱えており、中には、もっと大きな使命感を会社に持たせることは可能だろうかと考え始めている人もいた。会社の目的に異議を唱えるリスクについて、識見をもって述べる経営幹部もいた。彼らは、前任者や同僚が、組織としてもっと大きな社会貢献をしたい、あるいは顧客価値を創造したいなどと言ったとたん、取締役へ「昇進する道を断たれ」、「好きなときに好きなだけ夢を見られる」外野へ追いやられるのを見てきた。そうこうするうちに、会社は、収益を上げることだけを目指してばりばり働く、四〇代の次のスター幹部を雇ったり昇進させたりする。このサイクルは何世代にもわたって続くことが、しばしばあった。

彼らは「裏切られた」ように感じていた。目標をまっすぐ見すえ、みごと達成しても、何かが足りなかった。身を捧げて得た成果なのに、空っぽな気がしてならなかった。自分を駆り立てた目標と、人生を豊かにしてくれる志とのギャップがどんどん大きくなり、不安感がつきまとって離れなかった。だがやがて、形式と内容の違いがわかるようになり、今では多くの人が後者を求めるようになっていた。

私たちが最近知り合いになったハイテク企業の若い億万長者たちは、同じ問いを、ただしもっと早い段階でみずからに問いかけている——人生の意味とは何か、と。彼らは運がいい。若くして大金を稼いだからではなく、若くして本質的な問いを見出したからである。

若者が仕事について考え始めたとき、世界には選択肢があふれているように見える。新聞広告を見ては、興味深く意味ある仕事のなんと多いことかとも思っている。年齢を重ねるにつれ、チャンスや、偶然に起きたように見える出来事、友人や家族、意欲を掻き立ててくれる指導者、目下の求人——そうしたあらゆるものによって、選択肢が絞り込まれていく。ほどなく、一つの選択肢と結ばれ、その職業的役割に専念することになる。

　選んだ職業はふつうしばらく、いやかなり長い間うまくいく。だがその後、往々にして危機が訪れる。プライドが傷つくことが起きるかもしれない。うまくいっていたのに行き詰まってしまうかもしれないし、医者なら、医療現場の構造や価値観が変わってしまうこともある。あるいは、勤め先の会社が巨大な複合企業に吸収合併され、あなたは脇へ追いやられてしまうかもしれない。それどころか解雇されてしまうかもしれないし、雇用は安定しているものの、何か違和感を覚え、二〇年にわたって家族を養ってきた仕事であったとしても、自分にふさわしくない、あるいは物足りないと感じるようになるかもしれない。また、育児のために家庭に入っていたが、みな巣立ち、生きがいを失ってしまうこともある。あなた自身が再選を逃したり、あるいは上司が再選されず、あなたは職を失うかもしれない。

　このとき、人々は混乱する。形式と本質を取り違えているからである。彼らは、仕事の価値を高めるのはその形式だと信じてしまっている。自分を役割と同一視してしまっているのだ。私は市長だ、私は専業主婦で母親だ、私は企業の重役だ、というように。彼らは、人生に参加する形式と、人生の意味・目的の本質とを混同してしまっているのである。

　人生の意味が、人とのつながりや貢献という経験から成り立っているなら、組織やコミュニティで過ごす時間が魅力的になるかどうかは、その時間を表現するために、いかに多くの形式を生み出せるかで決まってくる。特定の方法を一つ見つけるのではなく、さまざまな方法を見つけて、愛したり、日々の出来事に貢献したり、周囲にいる人の人生の質を向上させたりすることから、意味は生まれるのである。

　ベストセラーになった回顧録『モリー先生との火曜日』（ＮＨＫ出版）で、著者ミッチ・アルボムは、恩師モリス・シュワルツを、恩師の人生最後の一年間に訪ねた様子を語る。あるとき、シュワルツが尋ねるともなく尋ねた。「きみに満足を与えるものが何か、わかるかね」

「何ですか」とアルボムが応える。

「与えるべきものを、与えることだ」

「なんだかボーイスカウトみたいですね」。アルボムが感想を述べると、モリーがふたたび話し始める。

「お金じゃないんだよ、ミッチ。きみの時間。きみの思いやり。ストーリーを語ることだ。そんなに難しいことじゃない……尊敬とは、そのようにして得ていくものだ。持っているものを与えることによってね。機会はたくさんある。特別な才能が要るわけでもない」[9]

どのような手段を使って役立つかよりもっと重要なのは、すぐそばに、命が尽きる寸前まで常にある、人の役に立つ機会に気づくことだ。モリス・シュワルツは、命の火が消えつつあるときでさえ役立つことをやめず、アルボムに、いかに生きるべきかを教えると同時に、いかに死ぬべきかを教え続けた。

基本的に、形式は重要ではない。どんな形式であれ、人の役に立つことは、本質的に愛の表れなのだ。また、役立つ機会は常にあるため、誰もが人生の意味を、深く、豊かに実感できるはずである。最も多い失敗はおそらく、リア王のそれと同じだ。形式にとらわれ、本質的な真実を見失ってしまうのである。

ジミー・カーターは、選挙に敗れ、意気消沈してホワイトハウスを去ったが、新たな出発を切るにあたり、元アメリカ大統領とは想像もつかない形で役立つことを選んだ。その第一歩は、具体的かつ直接的だった。国際NGOのハビタット・フォー・ヒューマニティとともに、貧しい人のために住宅を建てたのである。また、キャンプ・デービッドでエジプトとイスラエルの間の和平協定をみごと締結させるという一九七八年の経験を土台にして、コミュニティや団体が意見の衝突を解決するにはどう手助けすればいいいか、その方法を探究するようになった。こうした取り組みはさらに、新興民主主義国を支援する、さまざまな構想へと広がっていった。ホワイトハウスを去って長い年月を経た現在、カーターは人々に対し、見まがいようのない貢献をしている。それを、ホワイトハウスでの業績と比べようとすることは、全くの見当違いというものだろう。愛情をもって人々に尽くすという個人的な哲学に徹し、それによって新たな形の意味を生み出すカーターの力は、変革のただ中にいるすべての人に、勇気と励ましをくれるのだ。

ホワイトハウスの住人、すなわち大統領という役割には、格別の魅力がある。だが、そこまで興奮と冒険に満ちているわけではない役割（つまり形式）でも、同様に魅力的になりうる。マサチューセッツ州政府での勤め口を求めて、知事オフィスにマーティを訪ねてきた人はほとんどが、慣れた形式の仕事でしか自分には貢献できないと思っていた。彼らは、州の機関を率いる自分は想像できても、州立病院でボランティアをする自分は思い描けなかった。有意義な仕事を見つけることは、仕事に付随するあらゆるもの——知事との連絡のつきやすさ、肩書き、給料、地位、オフィスの広さ——と、たやすく混同されてしまうのである。

仕事のそうした側面は、もちろん重要だ。喜びにつながるだけでなく、行動の原動力にもなるためである。だが、形式と飾り部分が持つ動機となる意味でさえ、それらの象徴的な意味と同様、やはり人にとって重要ではない。形式は、本当は違うのに、それこそが仕事の価値や本質であるように思えてしまう。結果として、人は重要な機会を見失うだけでなく、贈り物よりも、それを包む包装紙のほうに、自尊心や意味を見出すようになる。

史上最高のワイドレシーバー（アメリカンフットボールの攻撃的ポジション）の一人だったジェリー・ライスは、ナショナル・フットボール・リーグ（ＮＦＬ）を一時的に引退したとき、子どものための基金を開設した。そして、寄付を募るために、ＮＦＬの仲間に声をかけ、バスケットボール・チームをつくり、全米各地でエキシビション・ゲームを行った。そのうちの一つを、休暇中に家族とともに観たロナルドは、彼らがその楽しい催しの中で、州のオールスター・チーム相手に善戦し、数知れない子どもたちの目をキラキラと輝かせ、寄付を集めていることに驚嘆した。ジェリーにはたしかに疲れが見えた――なにしろ二日の間に、三都市で三試合を行っていたのだから。それに、もうじきＮＦＬに戻ることもあり、プロ選手として体に染みついているスリルを懐かしく思っているのも間違いなかった。だが、それと同時に、注目を浴びなくなったのちに何十年も途方に暮れたままでいる多くのスポーツ選手とは違い、みずから行った転換と、今まさに生み出しつつある意味を、大いに誇りに思っているのも見てとれた。

目的意識を持つことは、どのような特定の目的を持つこととも違う。特定の目的を、生きる意味にしてしまうとしよう。すると、特定の分野や業界や職業に二〇年か三〇年、あるいは四〇年携わるうちに、その特定の目的、特定の形式に執着し始める。

その特定の目的、特定の形式を失うと、自分には有意義な選択肢がないと考えるようになる。私たちの知り合いのベニーという七七歳の男性は、満額の給与と医療給付を得て引退することが可能だという。彼は同じ仕事に四〇年にわたって従事してきた。だが、その仕事に必要な作業をするだけの力がもはやない。それでも彼は、辞めないと言っている。毎日何をすればいいのかわからないから、というのが理由だ。

ベニーが引退を不安に思っているのは、人生の目的を考え直せないからである。形式を失ったら、人生に意味を与えてくれるものも失ってしまう、と彼は思っているのだ。だが、ベニーが本当に失ってしまっているものは、彼がおそらく子どもの頃には持っていたもの、つまり目的意識である。子どもは、生み出す力を持っている。起きているどんなこととも熱心に結びつき、意味を創造する。だが大人は、しばしばこの力を思い出せなくなってしまう。それは、楽しく、わくわくするような、独創性に満ちた創造力だ。そして、大人は失いがちだが、この力があれば、「今日は何をすれば人生が豊かになるだろう」とみずからに問うことができる。

意味の実現のために使う手段は目に見えるなんらかの形式を持つし、その形式がきわめて重要なのは言うまでもない。自分の関心や個性、スキル、性分に合う仕事もあれば、合わない仕事もあるからである。ポイントは、形式を探すことや、自分を個人的に満足させる役割を引き受けるのを後回しにすることではなく、さまざまな可能性を想像できた、子ども時代のあの能力をよみがえらせることだ。そうすれば、妥協せざるを得ないときや、大きな痛手を被ったときでも、生来の力をふたたび使い、さまざまな形式で、豊かに愛をもたらせるようになるのである。

† † †

リーダーシップを実践すると、人々の人生に貢献し、それによって自分の人生に意味をもたらすことができる。そして、最高のリーダーシップとは、愛ゆえの苦しい仕事である。その仕事をする機会は毎日のように目の前に現れる――自分自身の苦しい経験から、私たちは、その機会をつかむには勇気が必要だと思ってしまっているけれども。

第11章　尊い心

リーダーとして行動することは、活力みなぎる生を表現することである。だが、生き生きとしてあるためのエネルギー――創造力と大胆さ、好奇心と探究心、他者への思いやりと愛――は、あなたが打ちのめされたり、けなされたり、あるいは沈黙させられたりするうちに、だんだん弱くなってしまう。世界中の、さまざまな職業の人と仕事をする中でわかったのは、優秀な人々が自己防衛というマントをまとって、追い払われる危険から身を守っていることだ。自己防衛するのは道理ではある。危険は実際に存在するからだ。

だが、マントをまとう際には、大切なものを失う危険も冒している。なんとかして身を守ろうと必死になっていると、生き生きとしてあるために欠かせない性質のうち、あまりに多くのものを、たとえば純真さや好奇心や思いやりを、放棄することになりかねない。立ち直れないほど傷つくのを避けるためには、純真さは皮肉に、好奇心は傲慢に、思いやりは冷淡に、たやすくすり替わる。私たちにも経験がある。あなたにもあるのではないだろうか。

鏡を見ても、皮肉屋で、傲慢で、冷淡な自分が映ることはない。身を守るこれらのものを、私たちは飾り立て、理にかなう立派な名前で呼ぶ。皮肉は「現実主義」と名付けられ、傲慢さは「信頼できる知識」の名をかたり、そして冷淡さは「知恵と経験」という分厚い皮を被るのだ。下に示す表には、落胆したときに陥りがちな傾向をまとめてある。

皮肉と傲慢さと冷淡さに、もっと好ましい名をまとわせたとしても、本来の名がもたらす影響を覆い隠すことはできない。皮肉で傲慢で冷淡でいれば、最も安全に生きられるかもしれない。だが、私たちが必死で守ろうとする活力みなぎる生き方が、押しつぶされてしまうのである。

たしかに、現実主義は人生の醜い面と素晴らしい面の両方を、ありのままにとらえる。現実を徹底して精査するなど、勇気がなければできないことでもある。ただ、現実主義には最悪の事態を想定するという皮肉な面があり、絶対に失望することがないよう、志を低くすることによって身を守ろうとする。いわば保険契約のようなものである。問題が起きなければ、それはそれで結構というわけだ。だが、うまくいくことなど何一つないと思うなら、驚きを感じることが皆無になる。もっとはっきり言えば、裏切り行為を受けても平気になる。

また、信頼できる知識は、好奇心によって、いつどこで軌道修正すべきかを教えて

表　落胆したときの傾向

本来の心		落胆したときの心		飾り立てるための名前
純真さ	→	皮肉	→	現実主義
好奇心	→	傲慢	→	信頼できる知識
思いやり	→	冷淡	→	豊富な経験

もらって得られるものだ。むろん、周囲から確実な答えを切望されているときに疑問を持ち続けるなど、人間性の限界まで精神的に困憊《こんぱい》するかもしれない。だが、好奇心という健全な手段を持ち続けずして、なぜ学ぶことができるだろう。学び続けずして、なぜ知識豊かな信頼できる人であり続けられるだろう。

知恵と経験の分厚い皮に関して言えば、成長に応じてさまざまな役割をこなし、人生の苦難に耐えるにつれ、身を守る覆いをどんどん分厚くしていくのは自然なことではある。そうしなければ、苦境に耐えるのは無理かもしれない。だが、「頑丈な鎧に身を包まなければ、何かと要求の多い職業上の役割を果たして生き残ることは不可能だ」という神話が、鵜呑みにされすぎている――まるで、オフィスに入るときに思いやりを捨て去らなければならないかのように。指先の皮膚が硬くなれば、感度が失われる。同様に、傾聴する力がしだいに衰え、やがて周囲の人々が発する本当のメッセージが聞こえなくなり、言葉の下に隠れている歌を聴き取れなくなってしまう。戦略的に、つまり目的追求のうえで有用か、それとも障害となるかという観点からしか耳を傾けなくなる。身を守ろうと必死になる中で、自分も一員である世界に対して何も感じなくなるというリスクを冒してしまうのである。

さらには、最も深い知恵や、経験から生まれる最も重みのある言葉は、思いやりに根ざしている。相手の立場に立ち、その人が今どんな気持ちでいるかを想像できずして、なぜ、人々の先頭に立ち、意欲を掻き立てることができるだろう。それができずして、なぜ、人々の人生に意味をもたらすものに気づき、彼らが変化という喪失を乗り越えられるようにできるだろう。

厳しい真実として、リーダーシップを実践する報酬と喜びは、痛みにも向き合って初めて得ることができる。この容赦ない現実のために、多くの人が尻込みする。これまでずっと述べてきたように、リーダーシップに伴うリスクは、さまざまな人や場所から生じ、さまざまな形をとる。また、既知の敵対者だけでなく、近しい人の裏切りや信頼される責任者の優柔不断からも、もたらされる。

皮肉、傲慢さ、冷淡さはある意味、非常に役立っていると言えるかもしれない。しばしば、この三つというマントがあるから、立ち直れないほど傷つく出来事と自分を遮断できる気がする。そして今日という日を切り抜けることができる。だが実際には、この三つはあなたが明日、リーダーシップを発揮する力を弱めている。いやそれどころか、活力にあふれて生きるという、かけがえのない経験をつぶしてしまうのだ。

尊い心についての考え

リーダーの仕事の中で最も難しいのは、**感動する心を失わずに、苦しみを経験できるようになる**ことである。絶望に打ちひしがれているときでさえも、純真さと驚嘆、疑問に思う心と好奇心、思いやりと愛を持ち続ける勇気こそが、尊い心の素晴らしさなのだ。

すべてを受け容れる心の広さをもってリーダーシップを発揮することは、人々が離れていき、なす術のない最悪の状況のときでも、感動する心を失わず、仕返しをすることもなければ、ほかの防衛手段に頼ることもなく、人間の幅広い感情を理解する力を持ち続ける、ということだ。ある瞬間に、信頼が粉みじんになり、しかし次の瞬間、思いやりと許しを経験する。そんな感情の振り子を全く同時に経験し、緊張関係にある矛盾する感情を持ち続けることもある。尊い心を持つと、日々の仕事に追われるときでさえ、感じ、聞きとり、診断できるようになり、結果として、さまざまな状況を正しく評価し、適切に対応できるようになる。そうでなければ、何かを失うことに耐えてほしいと人々に頼んでおきながら、実際どれくらいの影響があるのか正しく評価できないし、彼らの怒りの背後にある理由も理解できない。広く何でも受け容れる心を持っていなければ、適切に対応して、成功したりよい結果を得たりするのは難しいか、ことによると不可能なのである。

数年前のこと、ロナルドは依頼を受けて、ローシュ・ハッシャーナー（ユダヤ暦の新年祭）と重なる週末に、イギリスのオックスフォード大学でリーダーシップについて講演した。そして翌朝、田園地帯を通って、ロンドンのシナゴーグでの礼拝に出席しようと、小旅行に出かけた。出発してまもなく着いたのは、映画『ドリトル先生不思議な旅』のロケ地だったカッスル・クームというおとぎの国のような村だ。村はずれに、数百年の歴史を持つ古く美しいマナーハウスが、広大な芝生と古い木々に囲まれて建っている。今は宿泊施設になっているため、ロナルドはその晩、泊まることにした。ローシュ・ハッシャーナー前日の午後のことである。夕闇が迫る頃、彼は、あらゆるユダヤ人コミュニティから遠く離れたその場所で、どのように祝日を祝おうかと考えをめぐらせた。

新年の始まりを告げる日没直前、彼はマナーハウスの片隅に建つ、可愛らしい古い英国国教会に気がついた。建てられて六〇〇年以上になる、しっかりとした石造りの小さな教会で、信者席は二〇列ほどしかない。彼は中に入り、最前列に腰を下ろした。英国国教会で十字架上のキリストと向き合うユダヤ教徒、といった図である。ほんの数週間前に、彼はあるユダヤのワークショップに参加した。教会一致運動（世界教会運動）についての、レブ・ザルマン・シャクター・シャロミがひらいたワークショップである（レブとは、先生を意味する「ラビ」の親しみを込めた呼び方である）。そのとき、レブ・ザルマンは尊い心について次のように説明した。尊い心とは、あなたが火や水に入らないようにするのではなく、あなたが火や水の中にいるときにあなたとともにある、という神の約束の本質、すなわち真髄である、と。[1]

ロナルドは、信念のために責め苦を受ける人間の姿を見上げた――そのような光景になじみのない者にとってはぞっとする姿かもしれないが、迫害の歴史を意識するユダヤ人にとっては、なおさらである。キリスト教徒による激しい暴力について、数十年にわたって怒りを胸の中でくすぶらせ続けてきたロナルドは、今この教会にいることは、深い溝を飛び越えられるかどうか試されているのだと思った。自分の複雑な感情を深く振り返りながら、イエスにとって、この祝日は生涯にわたり、どのようなものだったのだろうと思いを馳せる。いささか物憂げに、彼はこう思った。「レブ・イエス、あなたは偉大な師の一人だった。今、付近にいるユダヤ人は私たちだけだし、この教会にいるのも私たちだけだ。一緒に新年を祝うというのはどうだろう」

イエスを見つめ、考えをめぐらせる。「レブ・イエス、あなたの経験を話してもらえないだろうか。

十字架に磔にされたあなたがどんな経験をしたのか。今日はローシュ・ハッシャーナー。アブラハムが息子イサクを生け贄に捧げたことを考える日だ。何かメッセージをもらえないだろうか」。しばらく座っているうちに、ロナルドはひどく気持ちが高ぶってきた。彼は、日没間近の晴れた屋外へ出て、見上げるほど大きな古い松の木の下に腰を下ろした。

教会での経験を反芻しながら、彼は横になり、両腕をめいっぱい広げ、そのまま長い間、松の枝を見上げていた。どんな思いが胸を駆けめぐっていたか。それは、リーダーとはなんと弱く、簡単に傷つく存在だろう、という思いだった。

そして彼は思った。「これがメッセージだ。尊い心とは何か、に対する答えだ――それはあらゆるもの、あらゆることを感じる勇気だ。その勇気を、変革をあきらめることなく、持ち続けることだ。自分は正しいことをしている、自分の犠牲には何か意味があると信じたくてたまらないときに、荒野をさまようダビデ王のように、『神よ、神よ、なぜ私をお見捨てになったのです』と叫ぶことであり、ほとんど同時に、思いやりを持つことだ。『彼らをお許しください、父なる神よ、彼らは自分が何をしているかわかっていないのです』。イエスの心はあらゆるものに対して常にひらかれていた。彼はすべてを受け容れていたのだ」

尊い心とは、苦しくても裏切られても、無力さと絶望を感じても、それでもなお心をひらき続けることだ。冷淡になることも自分の殻にこもることもなく、人間のありとあらゆる経験を包み込むことだ。失意や挫折のただ中にあるときでも、人々にも、自分のどうしても達成したい目的にも、つながり続けることだ。

リーダーとして行動し、生き残ることはむろん可能だと、私たちは考えている。リーダーなら、この世界で立派なことをするために自分の身を犠牲にして当たり前、ではないのだ。だが、危険や困難にはきっとぶつかることになる。いや、すでにぶつかって、犠牲を強いられたかのように感じているかもしれない。想像できるだろうか――アルコール依存症という問題を抱えるコミュニティで、誰も座っていない円に並べた椅子を目の前にしながら、何週間も何週間も、マギー・ブルックが味わったにちがいない、見捨てられたような思いを。あるいは、国のために粘り強く尽力しながら、軍によって失脚させられることになった、ジャミル・マウアドの苦しみを。あるいは、暗殺者の銃弾に倒れた、イツハク・ラビンの悲しみを。

尊い心は、現代社会の難題に対する最もありがちで破壊的な「解決策」の一つ、すなわち無感動になることを防ぐものである。すべてを受け容れる心をもって人々の先頭に立つことは、活力に満ちて生き残る手助けとなる。逃げたり感情をむき出しにしたり手っ取り早い解決策に手を出したりすることなく、真実であるあらゆるもの――疑問を含む――に対して忠実であることもできるようになる。さらに、尊い心の力があれば、ほかの人たちにも同じこと――勇気が必要な難題に向き合うこと、自分を偽ったり逃げたりせずに変化という痛みに耐えること――をしてもらいやすくなるのだ。

純真さ、好奇心、思いやり——あらゆるものを受け容れる心の素晴らしさ

リーダーとして、情熱を持って行動することを選択しよう。一連の問題はあなたの心をゆさぶり、もしかしたら長期にわたって影響をもたらすかもしれないからである。問題の根は、あなたが生まれるより前の時代にあるかもしれないし、家族に、あるいは文化にあるかもしれない。あなたがずっと抱えてきた疑問や、人生の一時期もしくは一生を捧げて解決したいと思う疑問を反映している場合もある。尊い心を持ち続けるには、純真さと好奇心と思いやりを失わずに、自分にとって重要なテーマを追求することが肝要なのである。

純真さ

innocent（純真さ）という単語は、「罪がない、無罪である」などのような、「傷つけられたり害を及ぼされたりしないこと」を意味するラテン語の単語に由来する。本書では、そのような法的な意味では使っていない。むしろ、子どものような純真さ、素朴さの意味で使っている。つまり、ばかばかしいアイデアを面白いと思い、一風変わった、独特とも言える考えを思いつき、人生や仕事を楽しみ、組織やコミュニティにとって奇妙に映る存在になれる、ということである。

適応課題は文化的規範をゆるがすため、何か通常とは違うものが必要になる。これは、あらゆる規範が変わるということではないが、いくつかは変わらなければならない。そして、変わるためには、なん

らかの考えが外側の環境からもたらされるか、あるいは環境の内部からの、基準を逸脱した声が活用される必要がある。[2] 基準を逸脱したこの声は、状況を誤って捉えている場合が八〇パーセントあるかもしれない。だが裏を返せば、あとの二〇％には、奇妙でばかばかしい、しかし独創的な考えがとにかく必要な事態になっていることが示されているのだ。

リーダーとして行動するとき、最初はたいてい、組織やコミュニティに貢献したい、人々が重要な問題を解決するのを手伝いたい、人々の人生の質を高めたいと思っている。心は一〇〇パーセント純真というわけではないが、希望と人々への気遣いはある。だが、やがて多くの人があなたの志を、あまりに非現実的だ、ハードルが高すぎる、混乱を招くだけだとして拒絶するようになると、最初の気持ちを持ち続けることが難しくなる。結果はじわじわと現れる。やる気をくじく現実に対し、あなたは何も感じまいとするようになる。そして心が閉じていく。

健康な心臓は、器官として、片時も休まず開閉を繰り返している。どうすれば、心臓に宿る心を、困難な状況のただ中にあるときでも、閉じずに、ひらいた状態に保っておけるのか。どうすれば、リーダーとして行動する際につきものの危険を現実的に認識しつつ、純真さを失わずにいられるのか。どうすれば、困難な現実に直面し、傷つけられるかもしれないとわかっているときでさえ、進んで愛情を傾け、気遣いたいと思えるようになるのか。

純真さを持ち続けることとは、不必要に悲しみを引き受けることとは違う。かつて私たちの教え子だったある人物は、次のように話している。「この二五年、経済的な理由からにせよ、業績上の理由からにせよ、誰かの雇用を打ち切らなければならなくなるたび、本当に心が痛み、悩みます。回を重ねても楽にできるようになるものではなく、といって、見て見ぬふりをして、組織に悪影響をもたらす人を解雇しなくていいわけもなく。手をこまねいているということではないんです。ただ、私には冷淡さが足りない気がしてなりません。一体どうすれば、弊害が出るほど悩まず、うまく対処できるようになるんでしょうか。誰かを解雇するたび、少しずつ純真さを失っていく気がします。私は、私自身と仲間の心の中に、純真さをよみがえらせるか、もう一度結びつくための仕組みをつくらなければなりません」

限界には、誰もが達する。イエスでさえ、ときには心が折れることがあったかもしれない。疲れたこともあれば、手を引いたこともあった。制限を設けて癒やしを与えたことも、まれにはあった。限界が来たら、対応を選ぶことができる。心の中で、遠慮深く、こう思ってもいい。「今日はここまでだ。これ以上はもう対処できない。古い映画を観たり、家族のアルバムを見返したり、ゆっくりして、人生の楽しみを味わう時間だ。この世界に常にあるのは、苦しみだけじゃないのだから」。あるいは、周囲の人たちに対して、恐ろしく冷淡になったり皮肉を言ったりして、心を閉じることもできる。だが、そんなことをする必要はないのだ。

好奇心

仕事における見返りはほぼすべてが、あるものごとを知らない人ではなく、知っている人にもたらされる。学ぶためにこそある立派な大学でさえ、多くの教育関係者が日々、何を知らないかを打ち明けるより、知っていることをひけらかしたがる。ビジネスでは、自信が大きな役割を果たす。そのため、自分の生み出した成果について、人々はいつも、誇張して話をする。政治では、候補者は、自分に予測できる範囲をはるかに超えて未来を約束する。確実でないことを話すと、能力を不安視されてしまい、短期的にはあまり信頼されないかもしれない。しかし長期的には、本当のことを述べていたことがわかって、信頼を得られるかもしれない。

このダイナミクスは、早くから始まる。青年期に入る頃には、子どもはすでに、「正しく」理解することに執着するようになる。知らないことを知ることによって生まれる、あの素晴らしい好奇心を失い始め、それと同時に、「私」と違う意見を持つ人たちは、「私」と議論するだけでなく、「私」の考えを知るべきだと考えるようになる。しかしながら、子ども時代のとても貴重な、不思議に思ったり感嘆したりする心が急速に消えていくのは、毎日のように繰り返される議論が特徴的な構造を持つときだ。

「正しいのは私だ」

「いや、私だ！」

「違う！　私だ！」

不運な人たちは、議論に勝ち続け、「選り抜きの人材」になる。不運だというのは、リア王と同様に、過ちを犯し、いたずらに時を過ごしたのちに、ようやく目が覚めるからである。やがて、尊大な自信が失われ、後悔の念の混じった痛みを痛烈に感じるようになる。少数ではあるが、ベトナム戦争で重要な役割を果たしたロバート・マクナマラのように、みずからの過ちを振り返り、疑問に思う心を取り戻す人もいる。マクナマラが、自分の判断ミスを分析する思慮に富む回顧録を書こうと思ったことは、リーダーシップにまつわるリスクを引き受けるあらゆる人に、勇気と励ましをもたらすはずだ。[3] 優秀な人のうちいったい何人が、自分の過去について同様のことを言うだろう。そんなことを言うどころか、幾重にも自己正当化を重ねて、誤った自尊心を後生大事に抱えていく。のちの世の人たちへ教訓を伝えることもない。

だが、イエスが奉仕の人生の最後に神を疑問に思うことができたなら、私たちがみずからに疑問を投げかけられないなどということが、なぜあるだろう。

とはいえ、仮定の現実性をチェックする能力を磨きつつ、それでもなお、子どもの頃のあの素晴らしい好奇心を持ち続けることはできるのだろうか。不思議に思う気持ちを全開にし続ける方法があるのだろうか。

適応へ向けた変革をうまく導くためには、耳を傾ける力と、初めて出会う不安をかきたてるような考えでも受け容れる、そんな力を育てる必要がある。だがこれがなかなか難しい。なぜなら、リーダーなら答えを知っているはずだというプレッシャーがかかっているからである。そのうえ「自尊心をくすぐられる」と、自分はたしかに答えを知っている、と確信してしまう。また、けなされると、こう言うかもしれない。「なぜ彼らは、私が提供するもの（この新しい技術／この新しいプログラム）の価値を疑うのだろう」。ビル・ジョージが一九八九年にメドトロニックのＣＥＯに就任したとき、同社には医者を二つのカテゴリー、すなわち「わが社の顧客」と「競合他社の医者（競合他社とその製品に忠実な医者）」

とに分ける伝統があった。彼が見ていると、エンジニアたちは「競合他社の医者」の扱いに困っている。批判的で求めるレベルが高すぎる、というのがその理由だ。当時を振り返って、ジョージはこう述べた。「言うまでもなく、彼らこそ、われわれが最も多くを学べる医者だった」。そして、抵抗をものともせず、すぐに「競合他社の医者」という言葉を禁止し、そうした医者と彼らの考えを歓迎する方向へシフトした。

自分に正直になればわかるはずだが、多くの場合、未来を展望しても、それは現時点での最高の見通しにすぎない。すでに述べたとおり、計画とは単に、現下の最善の予測なのだ。あなたが勇気を持ち、「競争相手」の考えときちんと向き合わないなら、あなたの組織がなぜ、適応への取り組みを実行し、激しい競争環境の中で成功できるだろう。

リーダーシップの実践に欠かせないのは、自分自身に、そして組織やコミュニティの人たちに、根本的な問いを投げかけ続けることだ。私たちと同じくハーバードで教鞭を執るロバート・キーガンは、あなたがみずから抱いている前提とあなたを縛る前提の違いを教えている。あなたを縛る前提があると、ほかのどのような観点も理解できなくなってしまう。この前提に、私たちは特別な、ふさわしい名前をつけている。立証された事実、である。立証された事実とは、疑問に思うことが不愉快な侵入者と見なされてしまう前提である。また、主要な人間関係に根を下ろす信義を見直す勇気がないことによって、あなたに影響を及ぼし続ける。

思いやり

アリストテレスは、神を「不動の動者」と述べた。これに対し、二一世紀の哲学者、アブラハム・ヨシュア・ヘッシェルは、神を「最も心を動かされた動者」と述べた。[4] 神が感動するなら、私たちも、偉業や失敗や奮闘に積極的に感動すべきではないだろうか。

語源を考えてみると、compassion（思いやり）は「誰かの痛みに寄り添うこと」を意味する。接頭語のcomは「〜とともに」を意味し、passionという語は、たとえば「the passion of Jesus（イエスの受難）」という使い方があるように、pain（痛み）と語源を同じくする。本書ではずっと、変革に伴う痛みを畏れ敬い続ける、その実際的な理由と枠を逸脱した理由の両方を述べてきた。たとえば、「反対派とも連絡を密に」というアドバイスは、信頼に足る多くの戦略的・戦術的議論に基づいているが、最も激しく抵抗する人が最も多くを失う（そのため、彼らには最も多くの時間と注意、気遣い、スキルを傾ける必要がある）という、動かしがたい事実にも基づいている。

リーダーとして行動するときには、人々の強烈な願望や切実な願いも、丸ごと抱えて進んでいくことになる。もし心が閉じていたら、理解するなど望むべくもない——その利害関係を。すなわち、人々が、最も大切なものを守り、革新によって生まれる新たな環境で経験しうる繁栄を学ぶ一方で、耐え忍ぶことになる喪失を。

純真さや疑問に思う心はもちろん、思いやりがなければ、成功して生き残ることはできないが、それは人生を生きるうえでも同様である。思いやりを持つと、残されたリソースが何もないように思えるときでも、ほかの人の痛みや失うものに注意を払えるようになる。

マーティの父親は、彼自身もほかの皆もこれが彼の人生最後の一週間だと知って、病院のベッドに横たわっているときに、自分の死が家族に与える影響を慮り、残された時間についてかなり変わった使い方をした。まず、四人の孫と一人ずつ話をする時間をつくって、それぞれの価値観を確かめ、自分の八〇年近い経験を語った。運転免許の再試験を控えた孫娘には、頑張る気持ちが高まるように励ましの言葉をかけた（孫娘は合格した）。息子の嫁だった女性とも話した。息子と離婚後ずっと距離を置かれている気がしていたが、愛している、素晴らしい母親だと思っていると伝えた。最後に、そして息を引き取る一時間前に、ビールが欲しいとマーティに言った。

「何がいい」。マーティが訊く。

「バドワイザーを」

「ライト、それともふつうの？」

「ライトがいい」

涙を頬に伝わせながら、マーティは病院の階段を駆け下り、通りを挟んだ向かいの酒屋に向かった。六缶入りを買い、父親が最後の贈り物を、素晴らしい時間の使い方を成し遂げられるよう、病室に戻る。息子が、それぞれのグラスにビールを注ぐ。父と息子は、今一度グラスを合わせ、父の人生と愛を讃えた。

本書で使ってきた言葉で言えば、マーティの父親は、彼の死という適応課題に対処できるよう、家族を、もしかしたらみずからをも導いたと言えるかもしれない。だがおそらく、こう表現するほうがもっと適切だろう。マーティの父親は、みずから苦しみと喪失感を抱えながらも、生きること、死ぬことについて、あらゆる機会を捉えて人を愛し、影響をもたらすことについて、その一週間の間に自分が悟ったことを、家族みんなに伝えたのだ、と。

†
†
†

リーダーシップを発揮する機会は毎日、あなたの、そして私たちの前に現れる。リーダーとして行動することは、あなたにとっても周囲の人たちにとっても、計り知れないほど尊く、さまざまな成果をもたらす。ただ、自分の身を危険にさらすことは難しい。その危険が、桁違いだからである。私たちは、あなたとあなたの情熱に対する称賛と敬意から、本書を書いた。そして、願っている——私たちが述べたことが、実地に役立つアドバイスと、勇気と励ましをもたらしていることを。リーダーとして行動し、自分を守り、活力にあふれ続けるためのよりよい方法が、あなたに伝わったことを。あなたの努力が報われ、大きな実を結ぶことを願ってやまない。世界にはあなたが必要なのだ。

感謝の言葉

本書は、半世紀にわたって、私たちが教壇に立ち、コンサルティングを行う中で生まれた。根底にあるのは、学生やクライアント、友人、仕事仲間の経験と知見であり、彼らが体験や学びを話してくれたことに対し、心から感謝する。むろん、本書の記述について、彼らに責任は一切ない。

ハーバード・ビジネス・スクール・プレス社のチームは、驚くほど注意深く優秀だった。個人としてもチームとしても、著者と編集者という昔ながらの協力関係を時代遅れだとする考えが誤りであることを証明した。リンダ・ドイルとキャロル・フランコは、もうずいぶん前になるが、本書の執筆を初めて勧めてくれた。また、最初の編集者、マージョリー・ウィリアムズの信念が、執筆を進める中で重要な要素になった。サラ・ウィーバーの原稿整理のおかげで、興味を掻き立てない話や不要な箇所が一掃され、伝えたいことが明確になった。マニュスクリプト・エディターのアマンダ・エルキンは、いつもしっかりとサポートしてくれた。しかしながら、編集者のジェフ・キーオがやんわりと急かし、素晴らしい知恵を与え、励ましてくれなかったら、この仕事を終えることは決してできなかっただろう。少し前に親になったジェフは、線を引くべきところと私たちの好きにさせておくべきところを心得て、さりげなく子育ての技術を使った。残念ながら名前はわからないが、同社が選んだ匿名の読者にも感謝を申し上げる。彼らの忌憚のない意見のおかげで、きわめて重要なときに、大切な点に気づくことができた。

本書の完成には、八名の人が特別な役割を果たしてくれている。紹介する考えの多くを最初に述べたのは、ロナルドが長くともに仕事をしてきたライリー・シンダーだった。彼はリーダーシップと権威の違いを初めて直感し、枠組みを共同で築き、この原稿を念入りに検討してすべてのページについて詳細なコメントと提案を記してくれた。スーザン・アバディアンは、最後から二番目となる原稿を一行ずつ確認し、目標以上に素晴らしいものにするうえで、特別な役割を果たしてくれた。マーティの妻のリン・ステーリーは、重要なターニング・ポイントのいくつかで、デザイナーの見方と編集者の判断力をもたらした。また、完成に向かって追い込みに入るにつれ、マーティが家庭を顧みなくなっても、不平一つ漏らすことはなかった。ロナルドの妻、キャスリン・ハイフェッツは、論理が明瞭になる言葉遣いと、より前向きな表現と、人間的理解を、新たに加えた序文にもたらした。

執筆を進める中で、私たちは二人のブック・ドクターの力を借りた。ケリー・ラプーチは、最重要の目的が明らかになり、ロナルドの経験とストーリーをいっそう有効に活用できるようにしてくれた。ケント・ラインバックは、中核チームの一員になり、果てしなく続くミーティングに参加した。そして、私たちに構想や草稿を練り、磨きをかけさせ、書き直しをさせ、もっと高みを目指すように促した。つまり、本ができるまでずっと、目標達成のために、疲れを知らぬチアリーダーを務めてくれた。

ハーバード大学ケネディ・スクールの優秀な二人の学科助手、シーラ・ブレイクとキャスリーン・カミンスキーにも、心から感謝している。二人は、手際よく研究をサポートし、私たちが一丸となって取り組めるよう雑務を選別し、さらに、プロジェクトが佳境に入ったときに、私たちの生活のほかの部分に支障が出ないよう手を尽くしてくれた。

私たちはさまざまな段階で、原稿の一部または全部を、臆せず、多くの友人や同僚に読んでもらった。そして、どのページについてもきわめて詳細で建設的な意見を、次の人たち――トム・ベネット、チャールズ・ブキ、ロビン・チャンピオン、キャサリン・フルトン、ミルトン・ハイフェッツ、スティーヴン・ロススタイン――からもらった。また、デイヴィッド・A・ハイフェッツ、スティーヴ・ボイド、ベン・チーヴァー、ブレント・コフィン、フィル・エイマン、ジョン・ヒューブナー、バーバラ・ケラーマン、ジョン・コッター、スティーヴ・ラキス、ラリー・モーゼス、ヒュー・オドハティー、シャロン・パークス、リチャード・パスカル、バーニー・スタインバーグ、ウィリアム・ユーリー、ディーン・ウィリアムズは、有用なアドバイスを惜しげもなく与えてくれた。

最後になったが、本書を書くきっかけがもたらされたのは、実は一〇年以上前、ケネディ・スクールでリーダーシップ教育プロジェクトが開始されてまだ数年という頃だった。まず、デレク・ボークが、フィッシャーとユーリーの共著『ハーバード流交渉術』（三笠書房）――マーティはその編集者の一人だった――のような方向性で、リーダーシップの実践マニュアルを書くことを、私たちに提案した。そして、同教育プロジェクトの立ち上げに助力した、仕事仲間で才能豊かな教育者であるテレサ・モンロー・シニアが、執筆を軌道に乗せるために全霊を傾けてくれた。また、同教育プロジェクトの有能なコンサルタントであるジェニー・ゲルバーは、熱意と創意工夫によって、開拓者精神あふれる少数精鋭の大学院生チームをうまく導き、私たちとブレイン・ストーミングをさせ、勇気を与えてくれた。おかげで、ほぼ目標どおりに、本書を完成させることができた。

マサチューセッツ州ケンブリッジにて

ロナルド・A・ハイフェッツ

マーティ・リンスキー

5　ウィリアム・シェークスピア『ロミオとジュリエット』第2幕第2場を参照.

6　Hank Greenberg with Ira Berkow, *Hank Greenberg, The Story of My Life* (Chicago: Triumph Books, 2001), 181．グリーンバーグとロビンソンの関係については181-183頁，および "The Life and Times of Hank Greenberg," an award- winning documentary written, produced, and directed by Aviva Kempner, 1998に記されている．

7　Milton D. Heifetz and Will Tirion, *A Walk through the Heavens: A Guide to Stars and Constellations and Their Legends* (New York: Cambridge University Press, 1998).

8　ウィリアム・シェークスピア『リア王』第4幕第7場.

9　Mitch Albom, *Tuesdays with Morrie* (New York: Doubleday, 1997)〔ミッチ・アルボム著『モリー先生との火曜日』別宮貞徳訳，NHK出版，2004年〕.

第11章

1　1998年7月，ラビ・ザルマン・シャクター・シャロミは，ニューヨーク州ConcordのElat Chayyimで，ワークショップ「Deep Ecumenism」を行った．

2　Richard Pascale, Jerry Sternin, and Monique Sternin, *The Power of Positive Deviance : How Unlikely Innovators Solve the World's Toughest Problems* (Boston: Harvard Business Press, 2010).

3　Robert S. McNamara with Brian VanDeMark, *In Retrospect: Th e Tragedy and Lessons of Vietnam* (New York: Vintage Books, 1996)〔ロバート・マクナマラ著『マクナマラ回顧録――ベトナムの悲劇と教訓』仲晃訳，共同通信社，1997年〕，およびRobert S. McNamara and James G. Blight, *Wilson's Ghost: Reducing the Risk of Conflict, Killing, and Catastrophe in the 21st Century* (Public Affairs, LLC, June 2001)を参照.

4　Abraham Joshua Heschel, God in Search of Man: A Philosophy of Judaism (Northvale, NJ: Jason Aronson, Inc., 1987), xxxiii〔A・J・ヘッシェル『人間を探し求める神――ユダヤ教の哲学』森泉弘次訳，教文館，1999年〕.

3 ヒラリー・クリントンと，彼女がビル・クリントンの医療保険制度改革にもたらした影響に関するデビッド・ガーゲンの記録は，*Eyewitness to Power*, 296-309を参照のこと．

4 ウィリアム・シェークスピア『ジュリアス・シーザー』第1幕第2場を参照．

5 "Workshop on Leadership, Religion, and Community," Plymouth Congregational Church, Seattle, WA, 4 March 2000.

第9章

1 Elizabeth Cady Stanton, *Eighty Years and More* (New York: Source Book Press, 1970), 148.

2 同書149頁を参照．

3 同書149頁を参照．

4 Gergen, *Eyewitness to Power*, 298-299.

5 同書を参照．

6 2000年9月，イスラエル州検事事務局ヌリット・エルスタイン・モール労働争議部長と著者との個人的な対話より．

7 むろん，こうした判断を下したときにラビンが何を思っていたのか，誰にもわからない．本書での解釈は彼の政治家仲間との個人的な対話に基づいているが，あくまで解釈にすぎない．ここでは，伝記のようにラビンの行動を叙述するのではなく，自己と役割の区別を述べることに重点を置いている．

8 Jack Welch, *Straight from the Gut* (New York: Warner Books, 2001)〔ジャック・ウェルチ，ジョン・A・バーン著『ジャック・ウェルチ わが経営』宮本喜一訳，日本経済新聞社，2001年〕．

9 Speech at Valley College, Van Nuys, California, November 1984, in Geraldine Ferraro, *Ferraro: My Story* (New York: Bantam, 1985), 292 (italics in the original).

第10章

1 *American Heritage Dictionary*, fourth edition (New York: Houghton Mifflin Company, 2000).

2 S. L. A. Marshall, *Men against Fire: The Problem of Battle Command in Future War* (New York: William Morrow, 1947), chapters 9 and 10, および Edmund Shils and Morris Janowitz, "Cohesion and Disintegration in the Wehrmacht in World War II," *Public Opinion Quarterly* 12, no. 2 (Summer 1948): 280-315を参照．

3 William W. George, "A Mission for Life," unpublished manuscript, 2001, および2001年11月の著者との個人的な対話を参照．

4 タルムード，コーランなどの聖典より．*Mishnah, Tractate Sanhedrin*, chapter 4, *Mishnah* 5; and *Surat al- Ma'idah* (translation: *The Table Spread*) (Sura 5), verse number 32 in the *Qur'an*を参照．

3 Arthur Schlesinger, Jr., *The Coming of the New Deal* (Boston: Houghton Mifflin, 1958), 538.

4 1963年8月28日，リンカーン記念堂の階段で行われた.

5 より包括的な内容については，以下を参照のこと．"Ricardo de la Morena and the Macael Marble Industry (A)," Case 16-90-971.0 (Cambridge, MA: Kennedy School of Government Case Program, Harvard University, 1990)

第6章

1 この話は文献によって説明がさまざまだ．本書では，David Shields's profile of Phil Jackson, "The Good Father," *New York Times Magazine*, 23 April 2000, 60, および Phil Jackson and Hugh Delehanty, *Sacred Hoops: Spiritual Lessons of a Hardwood Warrior* (New York : Hyperion, 1995), 189-193を参考にしている．この2つは，中核的な事実については一致している.

2 「ニューヨーク・タイムズ」およびCBSニュースの世論調査によれば，演説の翌日，カーターの支持率は26パーセントから37パーセントに上昇した．"Speech Lifts Carter Rating to 37%; Public Agrees on Confidence Crisis," *New York Times*, July 18, 1979, p. A1, and Howell Raines, "Citizens Ask if Carter Is Part of the 'Crisis'," *New York Times*, August 3, 197を参照.

第7章

1 セレッキーの事例の詳細については以下を参照のこと．"Principle and Politics: Washington State Health Secretary Mary Selecky and HIV Surveillance," Case 1556 (Cambridge, MA: Kennedy School of Government Case Program, Harvard University, 2000).

2 ハイフェッツ著『リーダーシップとは何か！』第6章，第9章を参照.

3 米国郵便局の組織再編の詳細については以下を参照のこと．"Selling the Reorganization of the Post Office," Case C14-84-610 (Cambridge, MA : Kennedy School of Government Case Program, Harvard University, 1984).

4 レーマンとゼネラル・ダイナミクスとの関係については，主に以下から引用している．"John Lehman and the Press," Case C16-89-917.0 (Cambridge, MA: Kennedy School of Government Case Program, Harvard University, 1989). More comprehensive accounts can be found in Jacob Goodwin, *Brotherhood of Arms* (New York: Times Books, 1985); and Patrick Tyler, *Running Critical* (New York: Harper & Row, 1986).

第8章

1 David Gergen, *Eyewitness to Power: The Essence of Leadership, Nixon to Clinton* (New York: Simon & Schuster, 2000), 261.

2 "The Real Story of Flight 93: Special Report: 'Let's Roll,'" *The Observer*, 2 December 2001, 15.

第3章

1 行動しているさなかに熟慮するスキルについては，以下を参照のこと．Donald A. Schon, *The Reflective Practitioner: How Professionals Think in Action* (New York: Basic Books, 1983) ; and M. Weber, *Politics as a Vocation*, H. H. Gerth and C. Wright Mills, trans. (Philadelphia: Fortress Press, 1965).

2 Lee Kuan Yew, *From Third World to First: The Singapore Story 1965-2000* (New York: HarperCollins Publishers, 2000).

3 「ボールを持って走っており」は，1982年8月11日，著者と個人的に話したときに，海軍将校ジャック・ブライデンスタインが用いた比喩である．

4 2000年10月17日，リー・クアンユーと著者との個人的な対話より．

第4章

1 John Greenwald, "Springing a Leak," *Time*, 20 December 1999, 80を参照．アイベスターの在任期間および解任の顛末については以下に詳しく記されている．Betsy McKay, Nikhil Deogun, and Joanne Lublin, "Tone Deaf: Ivester Had All Skills of a CEO but One: Ear for Political Nuance," *Wall Street Journal*, 17 December 1999, A1; and Matt Murray, "Deputy Dilemma: Investors Like Backup, but Does Every CEO Really Need a Sidekick?" *Wall Street Journal*, 24 February 2000, A1.

2 この事例は，2000年9月13日，ハーバード大学ケネディ公共政策大学院（マサチューセッツ州ケンブリッジ）でレスリー・ウェクスナーが行った講義に基づいている．

3 『セント・ピーターズバーグ・タイムズ』紙のネルソン・ポインターとその責務に関する詳しい説明については，以下を参照のこと．Robert N. Pierce, *A Sacred Trust: Nelson Poynter and the St. Petersburg Times* (Gainesville, FL: University Press of Florida, 1993).

4 2001年4月24日，著者によるロバート・ハイマンへの電話インタビューより．

第5章

1 Donald Winnicott, *The Maturational Process* (New York: International Universities Press, 1965); Arnold H. Modell, "The 'Holding Environment' and the Therapeutic Action of Psychoanalysis," *Journal of the American Psychological Association* 24 (1976): 285-307; Edward R. Shapiro, "The Holding Environment and Family Therapy with Acting Out Adolescents," *International Journal of Psychoanalytic Psychotherapy* 9 (1982): 209-226; Robert Kegan, *The Evolving Self* (Cambridge, MA: Harvard University Press, 1982); and Edward R. Shapiro and A. Wesley Carr, *Lost in Familiar Places* (New Haven:Yale University Press, 1991).

2 Ronald A. Heifetz and Donald L. Laurie, "The Work of Leadership," *Harvard Business Review* 75, no. 1 (January-February 1997): 124-134.

原注

はじめに

1. Deborah L. Ancona, Thomas W. Malone, Wanda J. Orlikowski, and Peter M. Senge, "In Praise of the Incomplete Leader," *Harvard Business Review*, February 2007, 92-100.

第1章

1 この話は，Sousan Abadian, "From Wasteland to Homeland: Trauma and the Renewal of Indigenous Communities in North America" (Ph.D. dissertation, Harvard University, 1999)の翻案である．ただし，守秘義務により，名前やストーリーは変更している．

2 この事例は，ロナルド・ハイフェッツの観察および，キトでの主要関係者へのインタビュー（ジャミル・マウアド大統領との膨大な会話を含む）が基になっている．

3 Gary Hamel, "Waking Up IBM: How a Gang of Unlikely Rebels Transformed Big Blue," *Harvard Business Review* 78, no. 4 (July-August 2000): 138を参照．詳細については，Gary Hamel, *Leading the Revolution* (Boston: Harvard Business School Press, 2000), 154-166〔ゲイリー・ハメル著『リーディング・ザ・レボリューション』鈴木主税，福嶋俊造訳，日本経済新聞社，2001年〕を参照．

4 Hamel, *Leading the Revolution*, 155.

5 Hamel, "Waking Up IBM," 138.

6 Ira Sager, "Inside IBM: Internet Business Machines," *Business Week*, 13 December 1999. P. EB38.

7 Ira Sager, "Gerstner on IBM and the Internet" (interview with IBM Chairman Louis V. Gerstner, Jr.), *Business Week*, 13 December 1999. EB40.

8 Hamel, "Waking Up IBM," 143.

9 2000年10月16日の，マーク・ムーアと著者との個人的な対話より．

第2章

1 より包括的な話については，以下を参照のこと．"Diversity Programs at the New England Aquarium," Case C116-96-1340.0 (Cambridge, MA: Kennedy School of Government Case Program, Harvard University, 1996).

2 Ronald A. Heifetz, Leadership Without Easy Answers (Cambridge, MA: Th e Belknap Press of Harvard University Press, 1994)〔ロナルド・ハイフェッツ著『リーダーシップとは何か！』幸田シャーミン訳，産能大学出版部，1996年〕第7章を参照．

3 Warren Bennis, *The Unconscious Conspiracy* (San Francisco: Jossey- Bass Publishers, 1989).

4 Lani Guinier, "The Triumph of Tokenism: The Voting Rights Act and the Theory of Black Electoral Success," *Michigan Law Review* 89, no. 5 (March 1991): 1077-1154.

著者

ロナルド・A・ハイフェッツ

ハーバード・ケネディスクール（行政大学院）上級講師
同パブリックリーダーシップセンター共同創設者

1951年生まれ。コロンビア大学、ハーバード・メディカルスクール卒業後、外科医、精神科医の研修を経て1983年からリーダーシップ研究に専念。独創性に富んだリーダーシップの教育と実践手法は世界中から高く評価され、ハーバード卒業生の「最も影響を受けた授業」に選出。元国連事務総長の潘基文氏、コロンビア大統領のフアン・マヌエル・サントス氏、元ギリシャ首相のゲオルギオス・パパンドレウ氏、グローバル企業CEOらが卒業生として名を連ねる。IBM、マイクロソフト、マッキンゼー、世界銀行、CIAなどの企業、政府、NGOのアドバイザーも務める。チェリストでもあり、ロシアのチェロの名手グレゴール・ピアティゴルスキーの愛弟子のひとり。著書に『リーダーシップとは何か！』（産能大学出版部）、『最前線のリーダーシップ』（英治出版）。

マーティ・リンスキー

ハーバード・ケネディスクール非常勤講師

1982年からケネディスクールで教鞭をとり、うち3年間はマサチューセッツ州知事第一秘書を担当。ボストングローブ紙の社説担当記者、マサチューセッツ州議員、ハーバード・エグゼクティブプログラムの代表者などを歴任。ウィリアム·カレッジ、ハーバード·ロースクール卒。野球カードコレクターでもある。著書に『最前線のリーダーシップ』。

訳者

野津智子

翻訳家。獨協大学外国語学部フランス語学科卒業。主な訳書に、『チームが機能するとはどういうことか』『謙虚なコンサルティング』『サーバントであれ』『シンクロニシティ［増補改訂版］』（いずれも英治出版）、『仕事は楽しいかね?』（きこ書房）、『グレートカンパニー』（ダイヤモンド社）、『ＺＯＮＥ』（大和書房）、『夢は、紙に書くと現実になる!』（PHP研究所）などがある。

● 英治出版からのお知らせ

本書に関するご意見・ご感想を E-mail（editor@eijipress.co.jp）で受け付けています。
また、英治出版ではメールマガジン、ブログ、ツイッターなどで新刊情報やイベント情報を配信しております。ぜひ一度、アクセスしてみてください。

メールマガジン：会員登録はホームページにて
ブログ　：www.eijipress.co.jp/blog/
ツイッター ID　：@eijipress
フェイスブック　：www.facebook.com/eijipress
Web メディア　：eijionline.com

［新訳］最前線のリーダーシップ
何が生死を分けるのか

発行日　2018 年 10 月 11 日　第 1 版　第 1 刷

著者　ロナルド・A・ハイフェッツ
マーティ・リンスキー
訳者　野津智子（のづ・ともこ）
発行人　原田英治
発行　英治出版株式会社
〒 150-0022 東京都渋谷区恵比寿南 1-9-12 ピトレスクビル 4F
電話　03-5773-0193　FAX　03-5773-0194
http://www.eijipress.co.jp/
プロデューサー　下田理
スタッフ　高野達成　藤竹賢一郎　山下智也　鈴木美穂　田中三枝
安村侑希子　平野貴裕　上村悠也　山本有子
渡邉吏佐子　中西さおり　関紀子　瀧口大河
印刷・製本　中央精版印刷株式会社
装丁　竹内雄二
校正　小林伸子

ISBN978-4-86276-256-6　C0034　Printed in Japan